Georgius Agricola

GEORGIUS AGRICOLA, Kupferstich in: JOANNES SAMBUCUS: Icones veterum aliquot ac recentium medicorum, philosophorumque elogiolis suis editae. – Antwerpen 1574

Georgius Agricola – seine Zeit und ihre Spuren

Von Dr. sc. nat. et Dr. phil. h. c. Hans Prescher, Dresden,
und Prof. Dr. rer. nat. habil. Otfried Wagenbreth, Freiberg

Mit 96 Abbildungen und 26 Tabellen

Deutscher Verlag für Grundstoffindustrie
Leipzig · Stuttgart

Die Deutsche Bibliothek – CIP-Einheitsaufnahme

Prescher, Hans:
Georgius Agricola – seine Zeit und ihre Spuren : mit 26 Tabellen / von Hans Prescher und Otfried Wagenbreth. – 1. Aufl. – Leipzig ; Stuttgart : Dt. Verl. für Grundstoffindustrie, 1994
ISBN 3-342-00527-0
NE: Wagenbreth, Otfried:

1. Auflage

Gesamtherstellung: Druckhaus »Thamhayn« GmbH, Gräfenhainichen
Printed in Germany

Geleitwort

Im Freistaat Sachsen wird im Jahre 1994 GEORGIUS AGRICOLA, ein sächsischer Wissenschaftler von europäischem Rang, anläßlich seines 500. Geburtstages in vielen Orten gewürdigt.

AGRICOLA war ein Universalgelehrter der Renaissance. Er wurde in der sächsischen Stadt Glauchau geboren, studierte an der sächsischen Landesuniversität Leipzig, lebte vier Jahre in der böhmischen Stadt St. Joachimsthal, dem heutigen Jáchymov in der benachbarten Tschechischen Republik, und weitere 24 Jahre als Arzt und Bürgermeister in Chemnitz und wurde 1555 in der bis 1815 sächsischen Stadt Zeitz beigesetzt.

Sein Werk, insbesondere das von ihm verfaßte erste technikwissenschaftliche Lehrbuch »De re metallica« (Bergbau und Hüttenwesen) diente in aller Welt zweihundert Jahre lang der montanwissenschaftlichen Ausbildung, bis ab 1765 mit der Gründung der Bergakademie Freiberg in Sachsen eine neue Stufe technikwissenschaftlicher Forschung und Lehre begann.

Wie die erste moderne Übersetzung von »De re metallica« ins Englische durch HERBERT CLARK HOOVER, den späteren Präsidenten der USA, im Jahre 1912 und die 1968 erschienene Übersetzung des gleichen Werkes ins Japanische zeigen, hat AGRICOLAS Werk in unserer Zeit weltweite Bedeutung für die Technikgeschichte, die wir als wichtiges Teilgebiet der Menschheitsgeschichte betrachten müssen.

Möge das vorliegende Buch den Menschen im Freistaat Sachsen die Erinnerung an den großen sächsischen Gelehrten wachhalten und ihnen sowie den Besuchern unseres Landes zeigen, wo und wie Spuren vom Leben und Werk AGRICOLAS noch heute zu sehen sind.

Geschichte so erlebt ist ein gutes Fundament für das Finden der sächsischen Identität in der Gegenwart und für die Bewältigung unserer Aufgaben für die Zukunft.

Prof. Dr. KURT BIEDENKOPF — 16. September 1993
Ministerpräsident des Freistaates Sachsen

Vorwort

GEORGIUS AGRICOLA, ein sächsischer Gelehrter von europäischem Rang, soll mit diesem Buch anläßlich seines 500. Geburtstages im Jahre 1994 einem breiten Leserkreis nahegebracht werden. LUTHER und MELANCHTHON, KOPERNIKUS und PARACELSUS sind Namen, die seit langem zur Allgemeinbildung gehören. Ihr Zeitgenosse, der 1494 geborene und 1555 gestorbene GEORGIUS AGRICOLA ist heute wohl allgemeiner nur durch die Holzschnitte in seinem Buch »De re metallica« (Bergbau und Hüttenwesen) bekannt. Kaum je wird er gleichbedeutend mit seinen berühmten Zeitgenossen genannt. Und doch ist er es. Was LUTHER für die Theologie und die deutsche Sprache, MELANCHTHON für die Alten Sprachen, KOPERNIKUS für die Astronomie und PARACELSUS für die Medizin war, das war AGRICOLA für die Mineralogie und die Geologie, für die Technik und Technikwissenschaft.

Diese Fachgebiete galten zwar früher in Wissenschaft und Öffentlichkeit nicht so viel wie Theologie, Philologie, Medizin und Astronomie, und eben deshalb waren LUTHER, MELANCHTHON, PARACELSUS und KOPERNIKUS, nicht aber AGRICOLA allgemein bekannt.

Bei der heutigen Bedeutung von Naturwissenschaft und Technik aber ist es nötig, auch AGRICOLA denselben Rang wie den genannten Renaissance-Gelehrten beizumessen.

Daß das in breiten Leserkreisen erfolgen möge, ist das Ziel dieses Buches. Es zeigt im ersten Teil das Leben des GEORGIUS AGRICOLA, seine berufliche Tätigkeit als Arzt, Bürgermeister, Diplomat und Wissenschaftler und die Stätten, an denen wir heute noch sein Leben nachvollziehen können.

Im zweiten Teil wird dargestellt, welche Zeugnisse wir heute noch von den durch AGRICOLA beschriebenen naturwissenschaftlichen Sachverhalten finden können, und vor allem, wie die von ihm in Text und Bild erfaßte Bergbau- und Hüttentechnik nicht nur das Montanwesen auch der folgenden Jahrhunderte geprägt hat, sondern auch wo und wie wir Spuren dieser von AGRICOLA 1556 beschriebenen Technik heute noch finden können.

So wollen wir zum einen die Kenntnis von Leben und Werk AGRICOLAS in die künftige Allgemeinbildung einführen, zum anderen aber Anregungen für eine selbst erlebbare Erschließung seines Lebens, seines Werkes und seiner Zeit mittels der heute noch vorhandenen Spuren, vor allem des historischen Montanwesens, geben. Die Sachzeugen zu AGRICOLAS Leben, Zeit und Werken bringen so in besonderer Weise die historische Dimension in unsere tägliche Umwelt.

Für wertvolle Hinweise und Unterstützung bei der Erarbeitung dieses Buches danken die Autoren Herrn Berging. W. BÖRNER, Freiberg, Herrn Prof. Dr. H. BRÄUER, Leipzig, Herrn Dr. EICHHORN, Goslar, Herrn Berging. D. ILLING, Freiberg, Herrn J. KLÄHN, Andreasberg, Frau I. und Herrn. R. KRAUSE, Geraberg, Herrn Oberbergrat W. LAMPE, Clausthal, Herrn Dr. P. LANGE, Orlamünde, Herrn B. LOCHNER, Saalfeld, Herrn Dr. J. MÁJER, Příbram (ČZ), Frau E. MELZER, Greiz, Herrn L. RIEDEL, Chemnitz, Frau Archivarin Chr. WEISBACH, Dresden, den Herren R. NILICA und G. WERTH, beide Schwaz/Tirol, und Herrn ZIEGLER, Goslar, sowie den Stadtarchiven von Annaberg-Buchholz, Chemnitz, Freiberg, Marienberg und Schneeberg und dem Sächsischen Hauptstaatsarchiv Dresden mit seiner Außenstelle, dem Bergarchiv Freiberg.

HANS PRESCHER
OTFRIED WAGENBRETH

Inhalt

1 Einführung in die Zeit

GEORGIUS AGRICOLA lebte von 1494 bis 1555, also in der bewegten Übergangsperiode vom Mittelalter zur Neuzeit. In der Politik, in der Wirtschaft und in der Wissenschaft war es eine Zeit des Umbruchs – in Deutschland und speziell auch in Sachsen.

Politik

Das Deutsche Reich 1453 – 1555

Die Osmanen hatten 1453 Konstantinopel erobert. COLUMBUS entdeckte bei der Suche nach einem Seeweg nach Indien 1492 Amerika. Die Türken rückten 1526/29 und 1540 bis Ungarn und Wien vor. Der Islam bedrohte das christliche Mitteleuropa. Dem Kaiser MAXIMILIAN, dem »letzten Ritter«, folgte 1519 KARL V. auf dem deutschen Thron. Er war zugleich Herrscher über Spanien und die spanischen Kolonien in Südamerika und damit auch über das dort aus Indianertempeln geplünderte und aus Bergwerken zu gewinnende Silber und Gold, das in großen Mengen nach Europa strömte und hier den Edelmetallwert gefährdete. KARL V. mußte sich aber zugleich bedroht fühlen im Osten durch die Türken, im Westen durch den König von Frankreich und im Süden zumindest beargwöhnt vom Papst, da damals in Deutschland, im östlichen Teil vom Reich KARLS V., die Reformation um sich griff. Wenige Monate nach AGRICOLAS Tod, am 24. Februar 1556, dankte der Kaiser resigniert ab.

Die Wettiner 1089 – 1553

Unter den Fürsten des Reiches zählten die Wettiner in Sachsen zu den mächtigsten. Die Keimzelle des Kurfürstentums Sachsen war die von König HEINRICH I. um 930 am damaligen Ostrand des Reiches gegründete Mark Meißen, die ab 1089 von den Wettinern regiert wurde. Im Jahre 1264 erwarben sie nach Kämpfen durch Erbregelung auf Jahrhunderte die Landgrafschaft Thüringen. Mit dem östlichen Teil Niedersachsens um Wittenberg erhielten die Wettiner 1423 die Würde der Kurfürsten von Sachsen. Bis 1485 erstreckte sich das Kurfürstentum von Eisenach bis Bischofswerda und von Coburg bis vor die Tore Berlins, allerdings mit recht zerlappten Grenzen und vielfältig von anderer Herren Ländern durchzogen, z. B. von der Herrschaft SCHÖNBURG bei Glauchau und von den Bistümern Meißen, Merseburg und Naumburg–Zeitz (Abb. 1).

Die seit 1464 gemeinsam regierenden wettinischen Brüder ERNST und ALBRECHT vollzogen 1485 die »Leipziger Teilung« ihres Landes. ERNST bekam das Gebiet um Wittenberg und damit die Kurwürde sowie vor allem thüringische Ländereien, aus denen später die »Sachsen-ernestinischen« Herzogtümer entstanden.

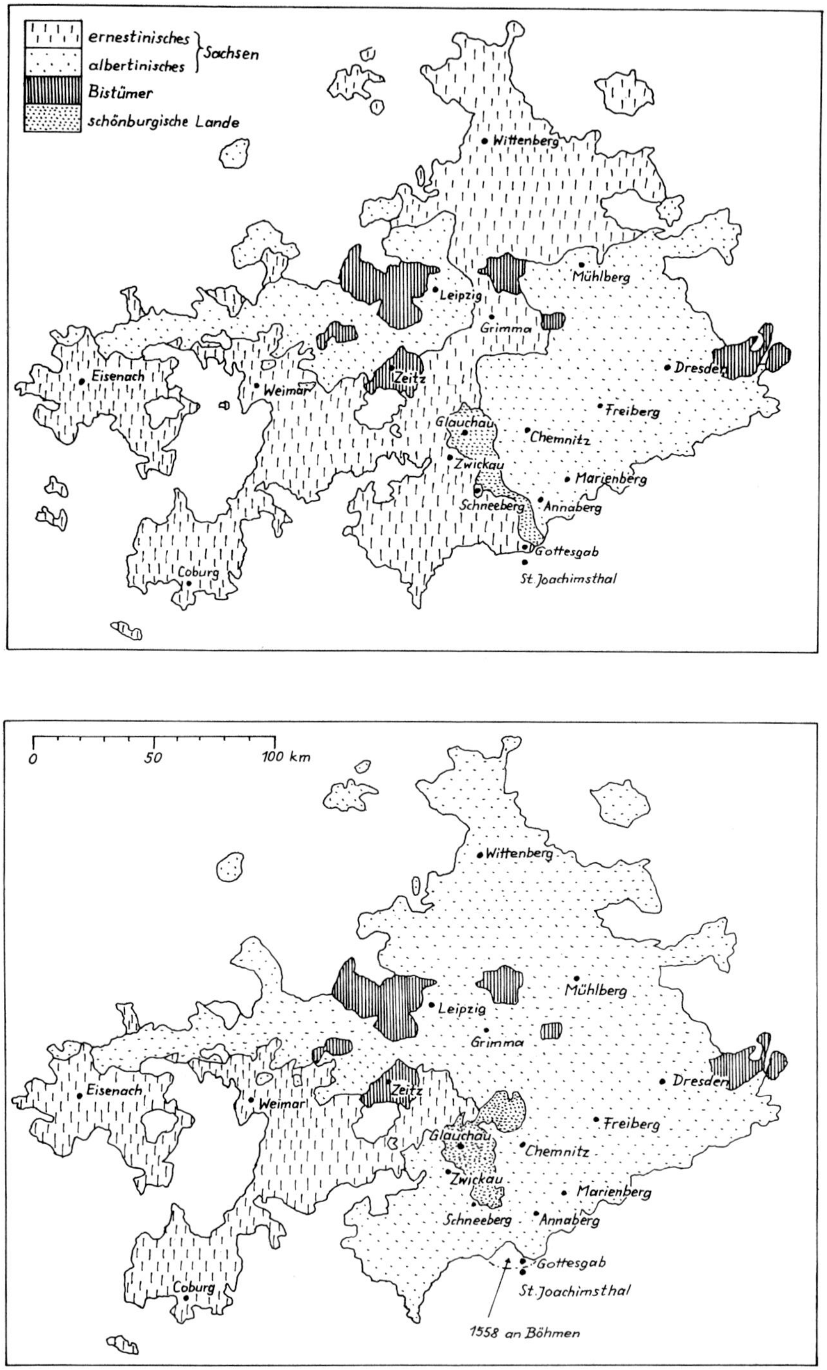

Abb. 1
Sachsen nach der Leipziger Teilung 1485 (oben) und nach dem Schmalkaldischen Krieg 1546/47 (unten)

ALBRECHT erhielt als »Herzog von Sachsen« insbesondere den östlichen Teil mit Dresden, Meißen, Chemnitz und Leipzig als den wichtigsten Städten, das spätere »albertinische Sachsen«.

Im 16. Jahrhundert wurde die Politik der Wettiner in besonderer Weise von LUTHERS Reformation bestimmt. Kurfürst ERNSTS Sohn, FRIEDRICH DER WEISE, war nicht nur einer der mächtigsten Reichsfürsten, dem 1519 nach dem Tode MAXIMILIANS sogar die Kaiserwürde angetragen worden war, sondern auch der Beschützer LUTHERS und der Reformation, sein albertinischer Vetter GEORG DER BÄRTIGE dagegen ein strenggläubiger Katholik. So wurde im ernestinischen Sachsen die Reformation schon 1517/22 eingeführt, im albertinischen Sachsen jedoch erst 1539 nach GEORGS Tod durch seinen nun regierenden Bruder HEINRICH DEN FROMMEN. Dessen Sohn, Herzog MORITZ (Abb. 2) besiegte 1546, nach LUTHERS Tod verbündet mit Kaiser KARL V., die anderen, im Schmalkaldischen Bund vereinten evangelischen Fürsten und erhielt dafür den Wittenberger Kreis und die Kurwürde, während sein ernestinischer Vetter den Weg in die Gefangenschaft antreten mußte. Noch nicht am Ziel seiner Politik angekommen, fiel Kurfürst MORITZ 1553 in der Schlacht bei Sievershausen, so daß sein Bruder AUGUST Kurfürst wurde und damit in den letzten Lebensjahren AGRICOLAS der Landesherr in Sachsen war.

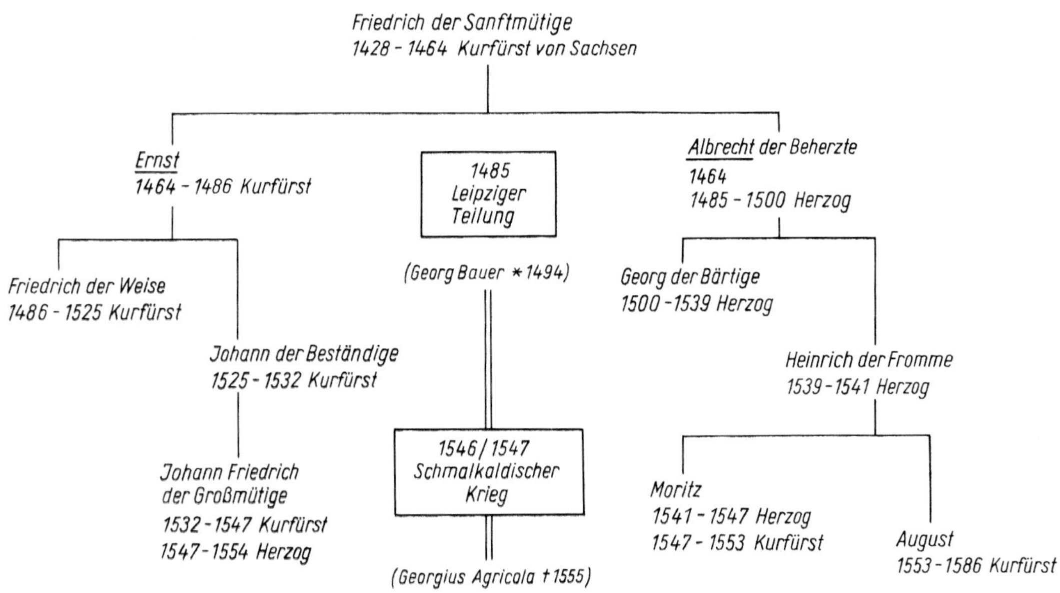

Abb. 2. Stammbaum und Regierungszeiten der ernestinischen Wettiner (links) und der albertinischen Wettiner (rechts) und die Lebenszeit des GEORGIUS AGRICOLA

Wirtschaft

Deutschlands Handel

Die Wirtschaft Deutschlands war während AGRICOLAS Lebenszeit insbesondere von den oberdeutschen Handelsstädten Nürnberg und Augsburg bestimmt. Hier wirkten im 15./16. Jahrhundert die Fugger, die Welser, die Paumgartner und andere Großkaufleute, trieben Handel bis in den Mittelmeerraum, nach Westeuropa und Mitteldeutschland, wo Leipzig sich damals zu einer aufblühenden Handelsstadt entwickelte. Allerdings war Sachsen damals im Osten Deutschlands ohnehin ein an Städten besonders reiches Land.

Der Aufschwung des Silberbergbaus im Erzgebirge

AGRICOLAS Leben deckt sich fast genau mit der Zeit des Aufschwunges des Silberbergbaus im oberen Erzgebirge. Zwar hatte man bei Freiberg schon 1168 bis etwa 1320 eine Blütezeit des Silberbergbaus erlebt und auch im Oberen Erzgebirge schon vor dem dortigen Bergbauaufschwung des 15./16. Jahrhunderts Silber in bescheidenen Mengen gewonnen, aber in den Jahrzehnten von 1465 bis 1540 entwickelte sich im Erzgebirge der Bergbau rasant und zu zuvor nicht gekannten Erträgen (Tabelle 1).

Tabelle 1. Die bedeutenden Silberbergstädte des oberen Erzgebirges

Bergstadt	Aufschwung des Bergbaus	Stadtgründung/ Stadtrecht	Bevölkerung (ungefähre Zahl)		Silberförderung in t			
					gesamt		maximale Jahresförderung	
Schneeberg	1465	1465/1481	1500:	8 000	1470–1590:	213	1477:	18
			1600: ca.	3 100				
Annaberg	1491	1496/1497	1509:	8 000	1492–1565:	266	1537:	14
			1530:	8 000				
			1550:	5 400				
Buchholz	1496	1501	1537:	2 500	1501–1600:	35	1544:	1,3
Joachimsthal (Jáchymov)	1516	1516/1520	1516:	1 050	1516–1577:	417	1533:	6,5
			1527:	15 000				
			1533:	18 000				
Marienberg	1519	1521/1523	1540:	5 000	1520–1580:	153	1540:	11
			1550:	4 000				
Zum Vergleich:								
Dresden			1540:	6 500				
Leipzig			1471:	6 000				
			1530:	10 000				
Freiberg			1550:	7 300				
Chemnitz			1542:	4 500				
Zwickau			1470:	3 500				
			1530:	7 000				

Der Aufschwung des sächsischen Silberbergbaus im 15. und 16. Jahrhundert war eine Folge der deutschen Wirtschaftsentwicklung in jener Zeit. Kapital aus den oberdeutschen Handelsstädten Nürnberg und Augsburg, aber auch Kapital der Leipziger Kaufleute, der Zwickauer Tuchmacher und der sächsischen Fürstenfamilie, suchte Anlage und fand sie in einer Schürfwelle, die zur Entdeckung der reichen Silbererze bei Schneeberg, Annaberg und Marienberg, aber auch zu kurzzeitigem Aufschwung kleiner Reviere führte. Die Stadt Schneeberg war noch völlig planlos gewachsen. Annaberg war schon mit einem relativ regelmäßigen Straßennetz projektiert worden. Marienberg war ganz regelmäßig entworfen und angelegt (Abb. 3). Der Freiberger Stadtarzt und Bürgermeister ULRICH RÜLEIN VON CALW konnte beim Planen der völlig neuen Stadt Marienberg das Idealbild einer Stadt der Renaissance so realisieren, daß wir von dem regelmäßigen Grundriß, von der Größe des Marktes und der Breite der Straßen heute noch fasziniert sind. Die anspruchsvoll mit Steinmetzarbeiten gestalteten Renaissanceportale am Markt und im Gegensatz dazu das einzige aus dem 16. Jahrhundert erhaltene, kleine und bescheidene Marienberger Bergmannshaus (Bergstraße 14), weit weg vom Markt gleich an der ehemaligen Stadtmauer, lassen uns auch noch die Verteilung der sozialen Schichten in der Stadt erahnen.

Der Niedergang des Silberbergbaus

Die kleineren Bergreviere und die für sie gegründeten Bergstädte (Tabelle 2) erfuhren meist schon nach wenigen Jahren einen starken Niedergang. In fast allen diesen Fällen war die Stadt ähnlich groß und großzügig angelegt worden wie Marienberg. Der Silbersegen und damit der Zustrom der Bergleute hörte aber auf, ehe der abgesteckte Stadtgrundriß voll bebaut war. Daß solche Bergstädte unvollendet geblieben sind, können wir heute noch in den Ortsbildern von Gottesgab (Boži Dar) und Sebastiansberg (Hora svaté Šebestiána) auf der böhmischen Seite des Erzgebirges nachempfinden.

Aber auch in den großen Revieren von Schneeberg, Annaberg, Joachimsthal und Marienberg nahm nach einigen Jahrzehnten das Silberausbringen stark ab. Die relativ kurzen Blütezeiten am Beginn des Bergbaus und sein plötzliches Nachlassen in den einzelnen Revieren sind geologisch bedingt. Im Bereich der Verwitterung, d. h. etwa in den obersten 50 Metern der Erzgänge (Abb. 4), waren diese besonders reich an gediegenem Silber und Silbererzen mit hohem Metallgehalt. Die verwitterte Gangmasse war leicht zu gewinnen, aus den geringen Tiefen das Wasser leicht zu heben und die Frischluftversorgung der Gruben einfach zu bewerkstelligen. Als nach einigen Jahrzehnten die reichen Erze in der »Oxydationszone« abgebaut waren, verursachten der Übergang des Abbaus in die tieferen Bereiche mit niedrigeren Silbergehalten, die feste, schwer aus dem Gestein zu lösende Gangmasse und die Wasser- und Frischluftprobleme einen plötzlichen, starken Ertragsrückgang. Dieser setzte – von zeitweisen Schwankungen abgesehen – erst in der zweiten Hälfte des 16. Jahrhunderts, nach AGRICOLAS Zeit ein. Er erlebte den Niedergang des erzgebirgischen Bergbaus also nicht mehr.

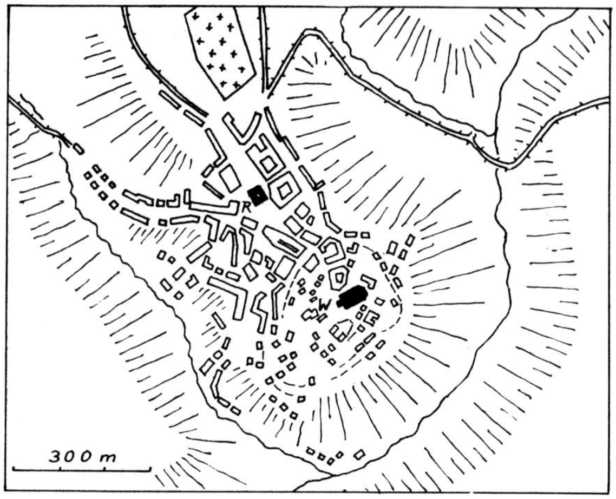

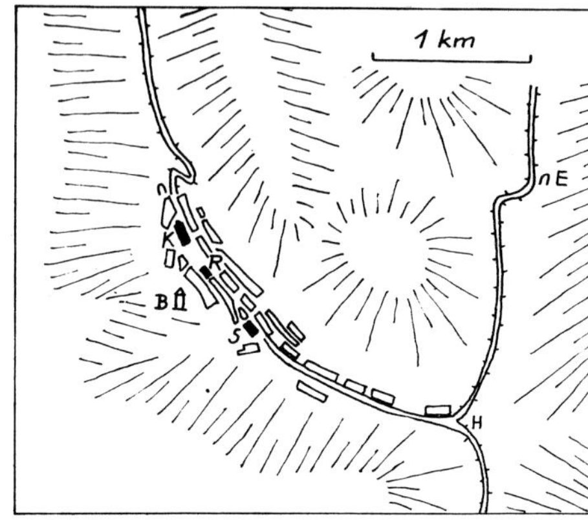

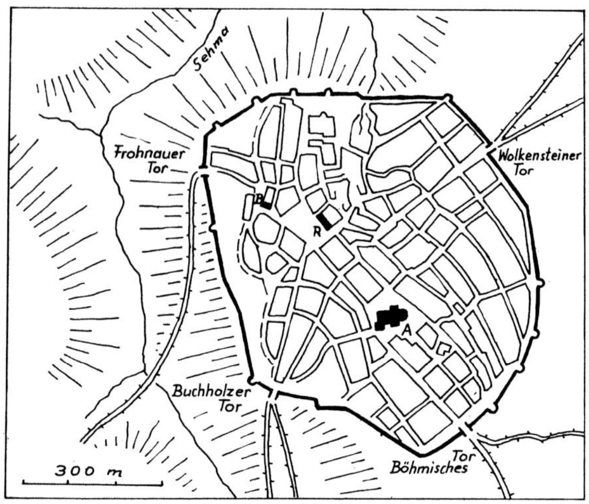

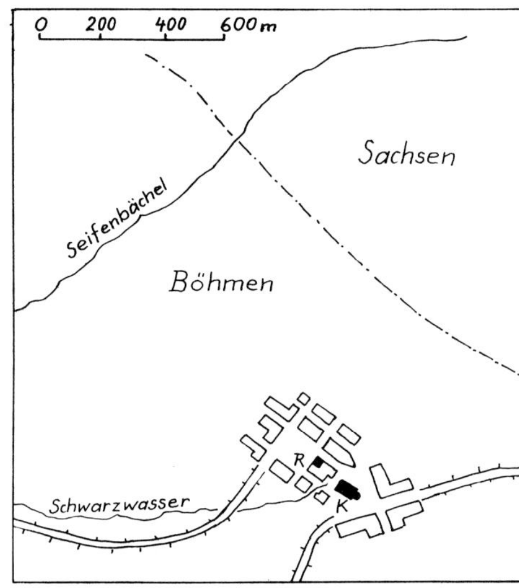

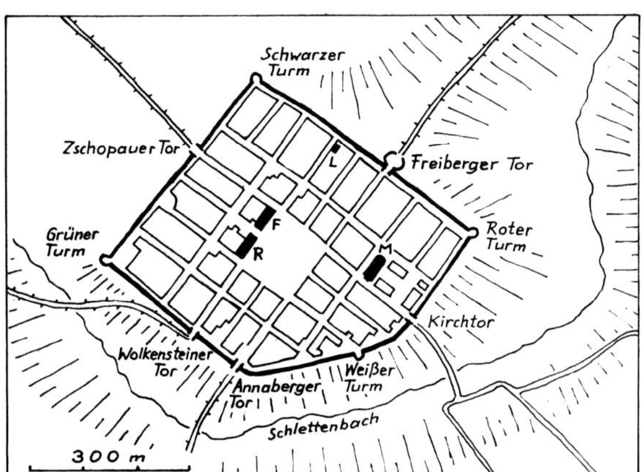

Abb. 3
Grundrisse einiger Bergstädte des 15. und 16. Jahrhunderts im sächsischen und böhmischen Erzgebirge

Links oben: Schneeberg, ab 1470, 1479 Stadtrecht; R Rathaus, W Wolfgangskirche

Links Mitte: Annaberg, nach Silberfunden von 1492 als »Neue Stadt am Schreckenberg« 1497 gegründet, seit 1501 St. Annaberg; B Bergkirche, R Rathaus, A Annenkirche

Zu Abb. 3:
Links unten: Marienberg, nach Silberfunden 1519 planmäßig ab 1521/23 angelegt; R Rathaus, F Fürstenhaus, M Marienkirche, L »Lindenhäusel« – ein aus dem 16. Jahrhundert stammendes Bergmannswohnhaus

Rechts oben: Joachimsthal (Jáchymov/Tschechische Republik), 1516 Silberfunde, 1520 Freie Bergstadt; B Burg der Grafen von SCHLICK, R Rathaus, K Kirche, S Spitalkirche, E Edelleutstolln, H ehemalige Schmelzhütte

Rechts unten: Gottesgab (Boži Dar/Tschechische Republik), 1529 Silberfunde und Vermessung des Stadtgrundrisses; R Rathaus, K Kirche

Tabelle 2. Kleine Bergstädte des 15./16. Jahrhunderts im sächsischen und böhmischen Erzgebirge (Auswahl)

Stadt	Bergbau-aufschwung	Stadt-gründung	Niedergang des Bergbaus	Bemerkungen
Ehrenfriedersdorf	1250/1300	1477	1544	Zinn und Silber
Berggießhübel	13. Jh.	1548		Eisenbergbau
Bärenstein/Osterzgeb.	14. Jh.	1501/04		Eisen und Zinn
Altenberg	1436/40	1451		Zinnbergbau
Geising	1436/40	1515		Zinnbergbau
Glashütte/Osterzgeb.	1490	1506	1600	1525: 2 t Silber
Kupferberg/Böhmen (Měděnec)	1485	um 1550		Schachbrettgrundriß
Eibenstock	1500	1532	um 1800	unregelmäßiger Grundriß
Jöhstadt	1513	1518	1580 (?)	Straßensiedlung
Scheibenberg	1515/16	1522	1545	Schachbrettgrundriß
St. Katharinaberg/ Böhmen (Hora svaté Kateřiny)	1517	1517/28	1580	Kupfer, Blei
Oberwiesenthal	1526	1527	1580	Schachbrettgrundriß
Gottesgab/Böhmen (Boži Dar)	1528	1529	1550 (?)	Schachbrettgrundriß
Abertham/Böhmen (Abertamy)	1529	1531	um 1540	Silber, Zinn
Böhmisch Wiesenthal (Loucná)	1530		um 1535	Silber
Niklasberg/Böhmen (Mikulov)	1540	1551	um 1565	Schachbrettgrundriß
Sebastiansberg/Böhmen (Hora svaté Šebastiána)	1540	um 1550	um 1565	Schachbrettgrundriß

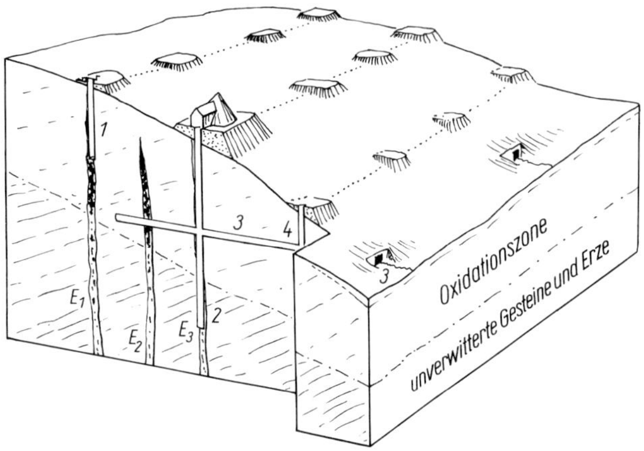

Abb. 4
Schematisches Blockbild eines (kleinen) Bergreviers
1 Handhaspelschacht, noch in der erzreichen Oxydationszone des Erzganges E_1, *2* Pferdegöpelschacht, hat in der Tiefe schon die erzarme Zone des Erzganges E_3 im unverwitterten Bereich erreicht, *3* Stolln, dessen Vortrieb den Handhaspelschacht *4*, den Göpelschacht *2* und den Erzgang E_2 in seinem erzreichen Bereich erreicht hat

Dieser Niedergang hatte für die Folgezeit starke wirtschaftliche Auswirkungen. Teils wanderten die Bergleute ab, so daß z. B. Joachimsthal wieder auf den Stand eines kleinen, armen Gebirgsstädtchens zurücksank. Teils wurden andere Gewerbe eingeführt, wie in Annaberg das Klöppeln. Teils lernte man andere Bodenschätze zu nutzen, wie bei Schneeberg das Kobalt. Das ab 1568 in den sächsischen Blaufarbenwerken aus Kobalterzen hergestellte Kobaltblau war für Sachsen ein dem Silber fast gleichwertiger Wirtschaftsfaktor, allerdings so wichtig erst im 17. und 18. Jahrhundert.

Der Silberbergbau und die Wirtschaft Sachsens

Der Silberbergbau im Erzgebirge hat im 16. Jahrhundert die Wirtschaft in ganz Sachsen und weit darüber hinaus gefördert. Er gab Tausenden von Bergleuten Arbeit, Lohn allerdings nur in solch bescheidenem Maße, daß mehrfach und in verschiedenen Revieren Streiks und Aufstände stattfanden (Tabelle 3). Die Gruben gehörten in der Regel Kapitalgesellschaften, den »Gewerkschaften«, bei denen die Gewerken je nach Ertragslage quartalsweise Ausbeute empfangen konnten oder Zubuße zahlen mußten. Wessen Kapital für eine größere Zahl von Kuxen in verschiedenen Gruben reichte, konnte auf einen Ausgleich der Zubuße durch Gewinne oder sogar auf mehr Gewinn als Zubuße hoffen (Tabelle 4). Der Annaberger Gewerke CASPAR KÜRSCHNER (1505 – 1572) ist allerdings ein Beispiel dafür, daß der Niedergang des Bergbaus auch zur Verarmung einst reicher Gewerken führen konnte.

Das erzgebirgische Silber hat damals nicht nur ganz Europa mit dem Währungsmetall beliefert, sondern in Sachsen außerhalb des Gebirges die Wirtschaft angeregt. Das fruchtbare Tiefland lieferte den Bergstädten Lebensmittel. Die Fürsten ließen mit ihrem Bergbaugewinn Repräsentationsbauten errichten wie die Residenzschlösser der ernestinischen und albertinischen Wettiner in Wittenberg, Meißen und Dresden. In den Bergstädten entstanden die gewaltigen Hallenkirchen und viel Ausbeute floß auch in das Bürgertum der verschiedensten sächsischen Städte. So zog auch der Chemnitzer Stadtarzt GEORGIUS AGRICOLA Gewinn aus seinem Kuxbesitz.

Tabelle 3. Streiks und Aufstände der Bergleute im sächsischen und böhmischen Erzgebirge in der Zeit 1470 bis 1560

Jahr	Revier	Ereignis
1471	Schneeberg	Aufstand der Bergleute
	Geyer	Unruhen
1478	Schneeberg	Lohnkämpfe der Bergleute
1496	Schneeberg	Bergleute streiken gegen Lohnkürzung und wandern nach Geyer ab
1498	Schneeberg	Aufstand der Bergleute
	Annaberg	2400 Bergleute kämpfen um bessere Bezahlung und Verkürzung der Arbeitszeit von 9 auf 8 Stunden
1511	Annaberg	Einsatz von Bewaffneten gegen streikende Bergleute
1517	Joachimsthal	1. Aufstand der Bergleute in der 1516 gegründeten Bergstadt
1519/25	Schneeberg	Bergleute treten geschlossen gegen mißliebigen Bergmeister auf
1522	Joachimsthal	2. Aufstand der Bergleute
1523	Marienberg	Bergleute gegen Beschränkung der Arbeitszeit bei niedrigen Löhnen
1525	Joachimsthal	3. Aufstand der Bergleute
	Buchholz	Bergleute unterstützen den Joachimsthaler Aufstand
	Annaberg	die Bergleute erheben Forderungen, sympathisieren mit den Aufständischen in Joachimsthal und lehnen Maßnahmen gegen erzgebirgische Bauern und Teilnahme am Kriegszug des Herzogs Georg gegen die Thüringer Bauern ab
	Marienberg	WOLF GÖFTEL und ANDREAS ZINNER, Führer der revolutionären Marienberger Bergleute, verbünden sich mit den Bauern, werden am 27. 6. gefangengenommen und im Juli hingerichtet
	Geyer	Aufstand der Bergleute
1546	Joachimsthal	Schmalkaldischer Krieg: Stadt und Bergleute gegen den Kaiser und böhmischen König, für den Kurfürsten von Sachsen

Wissenschaft

Die Gründung der sächsischen Universitäten

Die Geschichte der Wissenschaft stellt sich als ein vielfältiges Wechselspiel von Erkenntnissen, philosophisch-weltanschaulichen Grundhaltungen, Entwicklungen von Wissenschaftsinstitutionen und Einflüssen aus Politik, Wirtschaft und Technik dar. In einem solchen Feld von Wechselwirkungen lief auch das Leben des Wissenschaftlers GEORGIUS AGRICOLA ab.

Tabelle 4. Bergherren (Großgewerken) im erzgebirgischen Silberbergbau des 15. und 16. Jahrhunderts (Auswahl)

Name (Lebensdaten)	Wohnort (Herkunft)	Revier des Kuxbesitzes	Bemerkungen
MARTIN RÖMER (vor 1440 - 1483)	Zwickau	Schneeberg	Finanzier von Herzog ALBRECHT, machte Stiftungen im Wert von etwa 35 000 Gulden
Kurfürst ERNST (1441 - 1486)	Wittenberg	Schneeberg	} 1480: 159 Kuxe; 1470/1483 aus 3 Schneeberger Gruben 81 119 Gulden Gewinn
Herzog ALBRECHT (1442 - 1500)	Meißen		
Kurfürst FRIEDRICH DER WEISE	Wittenberg	Schneeberg	1511/12 in 44 Gruben etwa 275 Kuxe
MARX SEMLER (um 1500)	Leipzig	Schneeberg Annaberg Buchholz	ließ bei Schneeberg den MARX SEMLER Stolln anlegen, Kuxbesitz etwa 10 000 Gulden
FRIEDRICH RAPPOLT (um 1500)	Nürnberg	Schneeberg Annaberg	nach ihm wurden Gruben bei Schneeberg und Annaberg benannt
ULRICH MORDEISEN (gest. 1541)	Leipzig	Annaberg Marienberg Schneeberg u. a.	173 ½ Kuxe; 1537 von Himmlisch Heer bei Annaberg pro Kux 1 700 Thaler Ausbeute
Herzog GEORG DER BÄRTIGE (gest. 1539)	Dresden	Annaberg, Marienberg, Scheibenberg Geyer, Buchholz Joachimsthal, Oberwiesenthal Schneeberg	704 Kuxe in 41 Gruben; 1537 über 23 000 Gulden Ausbeute
Kurfürst JOHANN FRIEDRICH DER GROßMÜTIGE (1503 - 1554)	Wittenberg Weimar	Schneeberg	1534: 112 ½ Kuxe in 9 Zubußzechen, 22 Kuxe in 2 Ausbeutzechen (= 75 Gulden Zubuße, 1 071 Gulden Ausbeute)
		Marienberg	233 ½ Kuxe
		Buchholz	138 Kuxe
GEORG KREUZIGER (vor 1502 - 1544)	Leipzig	Marienberg Schneeberg Joachimsthal	1543: 593 Kuxe in etwa 105 Gruben, 1535/44 von 7 Kuxen 11 305 Gulden Ausbeute
ULRICH ERCKEL d. J. (1490 - nach 1541)	Annaberg (Nürnberg)	Schneeberg Annaberg Marienberg	Marienberg: 1523/41 insgesamt 100 000 Gulden Ausbeute
CASPAR KÜRSCHNER (um 1505 - 1572)	Annaberg	Annaberg	erbte 1514 128 Kuxe in 42 Gruben; 1536/41: 22 590 Gulden Ausbeute; lebte verschwenderisch und verarmte

Wie in anderen Bereichen des geistig-kulturellen Lebens zeigt sich in der Gründung der Universitäten in Bologna im Jahre 1119, Padua 1221 und Paris 1200 auch im Bildungswesen, daß die Entwicklung in Italien ihren Anfang nahm und über Frankreich Deutschland erreichte. Im Jahre 1348 gründete KARL IV. die erste Universität des Deutschen Reiches in Prag. Als nach einem Streit dort im Jahre 1409 die deutschen Studenten und Professoren auszogen, ins heutige Sachsen kamen und sich an den Markgrafen von Meißen wandten, nutzte dieser die Gelegenheit zur Gründung einer wettinischen Landesuniversität in Leipzig. Bei der Leipziger Teilung 1485 fiel die Universität den albertinischen Wettinern zu. Kurfürst FRIEDRICH DER WEISE gründete deshalb für das ernestinische Sachsen 1502 eine Universität in seiner Residenz Wittenberg. Diese kam mit dem Kurkreis um Wittenberg nach dem Schmalkaldischen Krieg 1547 auch an das albertinische Sachsen, so daß Herzog JOHANN FRIEDRICH DER GROßMÜTIGE 1548 für das nun kleiner gewordene ernestinische Sachsen die Universität Jena gründete, die 1558 vom Kaiser bestätigt wurde.

Außerhalb Sachsens bestanden in Deutschland zu AGRICOLAS Zeit u. a. die Universitäten von Heidelberg (seit 1386), Köln (seit 1388), Erfurt (seit 1392) und Frankfurt/Oder (seit 1506).

Die Gliederung der Universitäten

Gegliedert waren die mittelalterlichen Universitäten in Fakultäten. Die unterste war die der »sieben freien Künste« oder auch Artistenfakultät genannt (ars = die Kunst), aus der später die philosophischen Fakultäten hervorgingen. Die sieben freien Künste umfaßten nach spätantiker Überlieferung die Grammatik, Rhetorik und Dialektik sowie Arithmetik, Geometrie, Astronomie und Musik. Sie bildeten das Grundstudium, auf dem die Fakultäten Theologie, Jura und Medizin aufbauten. Diese Gliederung der Universitäten ist im gesamten 16. Jahrhundert erhalten geblieben und erst später und allmählich erweitert worden, indem die im 16./18. Jahrhundert entstehenden Naturwissenschaften der philosophischen oder auch der medizinischen Fakultät eingefügt wurden. Doch dazu gab es zur Zeit AGRICOLAS noch keinen Anlaß.

Scholastik und Humanismus

Gewichtiger war ein anderer Umschwung im wissenschaftlichen Leben, den AGRICOLA voll mit getragen, ja selbst gefördert hat: der Übergang von der Scholastik zum Humanismus, zur Renaissance-Wissenschaft (Tabelle 5).

Die Universitäten des Mittelalters, meist aus Domschulen entstanden, strebten eine Synthese des antiken, von arabischen Gelehrten überlieferten Wissens mit der christlichen Theologie an. Den Höhepunkt dieses Wissenschaftstyps der Scholastik bildet das Werk des THOMAS VON AQUINO. Naturwissenschaftliche Beobachtungen und Schriften fehlten zwar nicht, waren aber selten. Zu nennen sind von ALBERTUS MAGNUS die Bücher »De mineralibus«, »De animalibus« und »De vegetabilibus« und von dem Brixener Bischof NIKOLAUS VON KUES u. a. ein Buch über Versuche mit der Waage.

Tabelle 5. Wissenschaftstypen in Mitteleuropa vom Mittelalter bis um 1800

Wissenschaftstyp	Ungefähre Zeit	Merkmale	Vertreter und Fach (Beispiele)
Scholastik	1100 – 1500	Kirchenlehre und Antike	ALBERTUS MAGNUS: Theologie, Philosophie (1193 – 1280) THOMAS VON AQUINO: Theologie, Philosophie (1225 – 1274) NIKOLAUS VON KUES: Physik (1401 – 1464)
Humanismus, Renaissance-Wissenschaft	1500 – 1650	Antike und eigene Beobachtungen	ERASMUS VON ROTTERDAM: Philosophie (1467 – 1536) MARTIN LUTHER: Theologie (1483 – 1546) PHILIPP MELANCHTHON: Philologie (1497 – 1560) NIKOLAUS KOPERNIKUS: Astronomie (1473 – 1543) KONRAD GESNER: Biologie (1516 – 1565) GEORGIUS AGRICOLA: Mineralogie, Montanwissenschaften (1494 – 1555)
Aufklärung	1650 – 1800	Eigene Beobachtungen	GOTTFRIED WILHELM LEIBNIZ: Philosophie, Mathematik (1646 – 1716) IMMANUEL KANT: Philosophie (1724 – 1804) ISAAC NEWTON: Physik (1642 – 1727) CARL VON LINNÉ: Biologie (1707 – 1778) ABRAHAM GOTTLOB WERNER: Mineralogie, Geologie (1749 – 1817)

Mit der in Italien um 1350 aufkommenden Renaissance, gefördert durch die vor den Türken fliehenden byzantinischen Gelehrten, wurde man auf die antiken Quellen stärker aufmerksam. Als Hauptvertreter des Renaissance-Humanismus in Europa galt ERASMUS VON ROTTERDAM, der in England, Frankreich, Italien und Deutschland als Gelehrter arbeitete und ab 1521 hauptsächlich im schweizerischen Basel lebte, wo er 1536 starb. Die Architekten nahmen sich griechische und altrömische Architektur zum Vorbild, antike Funde wurden museal bewahrt, und in der Wissenschaft strebte man zu den Urtexten. Das zeigt sich in der kritischen Bearbeitung und Herausgabe wiedergefundener Werke aus dem klassischen Altertum ebenso wie in der Sitte der Wissenschaftler, ihre Namen lateinisch oder griechisch umzuwandeln, und in LUTHERS Reformation, in der er sich auch von den (jüngeren) Kirchenlehren trennte und allein das Evangelium, den Urquell des christlichen Glaubens, gelten ließ. Zu dieser Wiedergeburt der Antike, zu der Renaissance in der Wissenschaft, kam ein zweiter Aspekt hinzu: die Aufwertung des Menschen, des einzelnen Menschen, zum Ausdruck gebracht mit dem Wort Humanismus. Künstler wie ALBRECHT DÜRER und LUCAS CRANACH signierten nun ihre Werke, und Wissenschaftler gebrauchten ihre Sinne, brachten ihre eigenen Beobachtungen in die Wissenschaft ein. KOPERNIKUS stellte seine eigene Beobachtung gegen die Lehre des antiken Astronomen PTOLEMÄUS, PARACELSUS entwickelte seine eigene medizinische Lehre, und AGRICOLA ordnete seine zahlreichen Zitate antiker Wissenschaftler dem unter, was er selbst beobachtete. Vergleicht man ihn mit anderen Humanisten (Tabelle 6), so ist er wohl der vielseitigste von allen. Seine besonderen Leistungen sind die Begründung der Mineralogie als erste der geologischen Wissenschaften und die Begründung der Montanwissenschaften als erste Technikwissenschaft.

Auf Grund der Bedeutung, die die Technikwissenschaften in der Gegenwart erlangt haben, gehört das Wissen um AGRICOLA und sein Werk zu der heute erforderlichen Allgemeinbildung.

Die Ablösung der Scholastik durch Humanismus und Renaissance-Wissenschaft erfolgte nicht gleichmäßig und nicht ohne Kampf. Mit MUTIANUS RUFUS, EOBANUS HESSUS und EURICIUS CORDUS war die Erfurter Universität um 1500 eine der ersten, die dem neuen Wissenschaftsideal zum Durchbruch verhalfen.

An der Leipziger Universität faßte der Humanismus erst um 1515 mit RICHARD CROCUS Fuß, und GEORGIUS AGRICOLA war dort einer der ersten Studenten der neuen Zeit.

Das Schulwesen im 16. Jahrhundert

Mit dem Humanismus an den Universitäten nahm das Schulwesen in den Städten einen Aufschwung. Ratslateinschulen wurden gegründet, auch in den erzgebirgischen Bergstädten (Tabelle 7). Auch diese Schulen waren Pflanzstätten des Humanismus, da in ihnen mehrere namhafte Humanisten wie PETRUS MOSELLANUS, JOHANNES RIVIUS und AGRICOLAS Freund STEPHAN ROTH wirkten. GEORGIUS AGRICOLA selbst war bekanntlich in Zwickau auch einige Jahre an der Ratslateinschule tätig und gründete eine Griechischschule.

Tabelle 6. Humanistische Gelehrte in Deutschland (Auswahl, geordnet nach Todesjahren als Endpunkt ihrer Wirksamkeit)

Name	Ursprünglicher Name oder Herkunft des Namens	Lebensjahre	Wichtigster Wirkungsort	Fachgebiet
JOHANNES REGIOMONTANUS	JOHANNES MÜLLER, geb. in Königsberg	1436 – 1476	Nürnberg	Mathematik, Astronomie
PAULUS NIAVIS	PAUL SCHNEEVOGEL	1457 – 1515	Chemnitz	Lateinlehrer
JOHANNES RHAGIUS AESTICAMPIANUS	JOHANN RACK, geb. in Sommerfeld	1457 – 1520	Frankfurt/O. Leipzig Wittenberg	Poesie, plinianische Naturgeschichte
JOHANN REUCHLIN		1455 – 1522	Erfurt Ingolstadt	Griechisch, Rechtswissenschaft
PETRUS MOSELLANUS	PETER SCHADE, geb. in Bruttig an der Mosel	1493 – 1524	Leipzig	Griechisch, Latein
MUTIANUS RUFUS	CONRAD MUTIAN	1471 – 1526	Erfurt	Rechtswissenschaft
OTTO BRUNFELS		1488 – 1534	Straßburg	Medizin, Botanik
EURICIUS CORDUS		1486 – 1535	Erfurt	Medizin, Botanik
ERASMUS VON ROTTERDAM	GERARD GERARDS, geb. in Rotterdam	1467 – 1536	Paris, England, Löwen, Basel	Philosophie
CROTUS RUBEANUS	JOHANN JÄGER	1480 – 1539	Erfurt	Rechtswissenschaft
EOBANUS HESSUS	HESSE	1488 – 1540	Erfurt	Latein
PARACELSUS	PHILIPPUS AUREOLUS THEOPHRASTUS BOMBAST VON HOHENHEIM	1493 – 1541	Basel	Medizin
NIKOLAUS KOPERNIKUS	KOPPERNIK	1473 – 1543	Frauenburg/ Ostpreußen	Astronomie
VALERIUS CORDUS		1515 – 1544	Rom	Pharmazie
MARTIN LUTHER		1483 – 1546	Wittenberg	Theologie
SEBASTIAN MÜNSTER		1489 – 1552	Basel	Hebräisch, Geographie
HIERONYMUS TRAGUS	BOCK	1498 – 1554	Zweibrücken	Botanik

Tabelle 6 (Fortsetzung)

Name	Ursprünglicher Name oder Herkunft des Namens	Lebensjahre	Wichtigster Wirkungsort	Fachgebiet
GEORGIUS AGRICOLA	GEORG BAUER	1494 – 1555	Zwickau, Joachimsthal, Chemnitz	Latein, Griechisch, Medizin, Mineralogie, Montanwissenschaften
RICHARD CROCUS	RICHARD CROKE, England	1490 – 1558	Leipzig	Griechisch
PHILIPPUS MELANCHTHON	PHILIPP SCHWARZERD	1497 – 1560	Wittenberg	Latein, Griechisch
KONRAD GESNER		1516 – 1565	Zürich	Medizin, Physik, Zoologie
LEONHART FUCHS		1501 – 1566	Tübingen	Botanik
GEORG FABRICIUS	Sohn eines Goldschmiedes	1516 – 1571	Meißen	Pädagogik, Geschichte
WOLFGANG MEURER		1513 – 1583	Leipzig	Philosophie, Medizin, Griechisch

Tabelle 7. Ratslateinschulen in einigen sächsischen Städten

Stadt	Gründung der Schule	Bemerkungen; bedeutende Lehrer
Freiberg	1514	PETRUS MOSELLANUS (1493 – 1524), 1515 Lehrer
		JOHANNES RHAGIUS AESTICAMPIANUS (1457 – 1520), ab 1517 Professor in Wittenberg
		JOHANNES RIVIUS (1500 – 1553), 1537/40 Rektor
Schneeberg	1483	JOHANNES RIVIUS (1500 – 1553), 1536 Rektor
Annaberg	1500	JOHANNES RIVIUS (1500 – 1553), 1527/33 Rektor
Joachimsthal	1520	STEPHAN ROTH (1492 – 1546), 1520/23 Rektor
		PETRUS PLATEANUS (1500 – 1551), 1525/31 Rektor
		JOHANNES MATHESIUS (1504 – 1565), 1532/40 Rektor
Marienberg	1532	JOHANNES RIVIUS (1500 – 1553), 1535 Rektor
Chemnitz	1399	PAULUS NIAVIS (1457 – 1517), 1485 – 1490 Rektor
Zwickau	1420	Ratsschule
	1519	Griechisch-Schule: GEORGIUS AGRICOLA: 1519 – 1521
Leipzig	1511	Nikolaischule

2 Das Leben des Arztes und Wissenschaftlers GEORGIUS AGRICOLA

Jahrzehntelange Forschungen haben über GEORGIUS AGRICOLAS Leben so viele – auch verschieden gewichtige – Details ans Licht gebracht, daß die Frage steht, auf welche Weise sie dem Leser nahe gebracht werden sollen. Wir haben uns für eine streng annalistische Reihung entschieden, obwohl dabei manches wie sporadisch eingeschoben erscheint und auf anderes mehrfach hingewiesen werden muß. Die chronologische Reihung vermittelt aber wohl am besten die Alltagsatmosphäre der Zeit und des Umfeldes, worin GEORGIUS AGRICOLA gelebt und gewirkt hat.

Kindheit, Jugend und erstes Studium

Familie

Abb. 5. Ältere Teile des Schlosses Hinterglauchau

In Glauchau an der Mulde, dem Hauptort der damaligen Herrschaft SCHÖNBURG-GLAUCHAU (Abb. 5) wurde am 24. März 1494 des Morgens zwischen 4 und 5 Uhr dem Tuchmachermeister GREGOR PAWER ein Sohn geboren. Wir wissen kaum etwas über den Vater, nur daß er 1493 für einen Tag Getreide mähen mußte und er 1518 in einen Wirtshausstreit verwickelt war, nichts über die Mutter. Sie sollen nach unbewiesenen örtlichen Traditionen angeblich in der Nikolaigasse gewohnt haben. Das Geburtshaus ist aber schon vor langer Zeit bei einem der großen Stadtbrände ein Raub der Flammen geworden. In der Stadtkirche St. Georg wurde dieser Sohn dann auf den Namen GEORG getauft. Der Knabe hatte noch drei Brüder: der älteste, FRANCISCUS, war wohl schon um 1485/90 geboren worden (er wurde Priester und starb um 1542), dann kamen CHRISTOPH, geboren 1496, und CASPAR (geboren um 1500, gestorben vor 1533). Dazu gesellten sich noch drei Schwestern, von denen nur eine mit

Namen ANNA bekannt ist. Sie heiratete den Färber AMBROSIUS SÄTTLER. Die Eltern waren nicht unbemittelt, denn sie ließen mindestens drei Söhne auf der Universität Leipzig studieren, und die Töchter heirateten in angesehene Glauchauer Familien ein.

Glauchau um 1500

Glauchau, um 1261 erstmalig als Stadt urkundlich erwähnt, hatte 1500 etwa 1 600 Einwohner, die in etwa 200 Häusern wohnten. Die Stadt war von einer Stadtmauer umgeben. Neben der Landwirtschaft stand damals die Tuchmacherei in Blüte; sie war eine Textilgewerbe- und Ackerbürgerkleinstadt. Seit 1422 ist eine Tuchmacherinnung bezeugt, und um die Mitte des 16. Jahrhunderts waren 25 Meister mit ihren Hilfskräften tätig, die vorwiegend Futtertuch herstellten.

Schulbesuch in Glauchau

Seinen ersten Schulunterricht wird AGRICOLA in der von ERNST D. Ä. VON SCHÖNBURG 1480 gegründeten Schule erhalten haben. Diese Schule diente dazu, einige Knaben hauptsächlich im Kirchengesang zu unterrichten. Offenbar war AGRICOLA recht musikalisch, denn zum einen konnten nur 8 Jungen den Unterricht erhalten, zum anderen wissen wir, daß STEPHAN ROTH Ende November 1517 AGRICOLA bat, ihm für seine Zwickauer Lateinschule einen Kantor zu besorgen. Schließlich sei an die bekannte Stelle in »De re metallica« gedacht, in der er die »schönen Gesänge der Bergleute« erwähnte. In der Glauchauer Schule hat er neben Singen, Schreiben, Lesen und Rechnen sicherlich auch die Anfangsgründe des Lateins gelernt.

Schüler in Chemnitz

Im damals üblichen Alter von etwa 12 Jahren wechselte er auf eine echte Lateinschule über und ging vermutlich 1506 zusammen mit STEPHAN ROTH nach Chemnitz. Vielleicht war der Einfluß des 2 Jahre älteren Zwickauer Schustersohnes STEPHAN ROTH, der nachweislich 1506 in Glauchau die Schule besuchte (wir besitzen von ihm aus dieser Zeit kirchenmusikalische Nachschriften), auf den jungen Tuchmachersohn so nachhaltig, daß er seine Eltern bewegen konnte, ihn mit nach Chemnitz ziehen zu lassen. Wie STEPHAN ROTH dürfte er dort in die griechische Sprache eingeführt worden sein und intensiv Latein betrieben haben. In Chemnitz war von 1485/86 an für einige Zeit PAUL SCHNEEVOGEL, oder wie er sich lateinisch nannte, PAULUS NIAVIS, Schulmeister an der Lateinschule. Er gehörte zu den frühen humanistischen Pädagogen seiner Zeit, die als ausgesprochene Gegner der scholastischen Unterrichtsmethoden zu gelten haben und auch neue Lehrbücher schrieben. Trotzdem wird auch der junge GEORG PAWER sich noch mit den tausendjährigen Grammatiken des AELIUS DONATUS (um 350 n. Chr.), DIOMEDES (um 380 n. Chr.) und PRISCIANUS (um 500 n. Chr.) beschäftigt haben, denn nach dem Weggang des NIAVIS sank die Schule wohl wieder auf ihr früheres Niveau zurück. Über die Schulzeit selbst besitzen wir keine direkten Zeugnisse. In späteren Jahren hat AGRICOLA sehr heftige Worte über »die Tyranney der Schulmeister« gefunden, die sicherlich auf eigenen bitteren Erfahrungen beruhten. Wir wissen, daß er im Alter von 16 Jahren 1511 in Magdeburg war. Auch dort kann er zur Schule gegangen sein.

Studium in Leipzig

Mit 20 Jahren bezog Georg Pawer die Universität Leipzig. Wir finden ihn im Sommersemester 1514 unter dem Rektorat des Theologen Nikolaus Apel von Königshofen in der Meißnischen Nation eingeschrieben. Er bezahlte zunächst 6 Groschen Gebühren. Das war der übliche Satz für unbemittelte Studenten. In der Matrikel aber ist zu lesen, daß er den vollen Betrag in Höhe von 10 Groschen an den Magister Brunswigg, der eigentlich Johannes Rogge hieß und aus Braunschweig gebürtig war, entrichtete, als dieser 1515 Rektor war.

Leipzigs Universität, 1409 gegründet, befand sich damals in einer Krise. Die Vertreter der Spätscholastik, die sich durch abstrakte Begriffsspielerei auswiesen, kämpften einen immer aussichtsloser werdenden Kampf gegen die streitbaren Verfechter des damals modernen Humanismus. Herzog Georg der Bärtige von Sachsen war den neuen Ideen durchaus zugetan und berief bedeutende Gelehrte nach Leipzig, wie z. B. Aesticampianus. Aber noch konnten die Scholastiker ihn bald wieder vertreiben. Erst 1515 kam mit dem Engländer Richard Crocus ein bedeutender Graecist nach Leipzig. Er übte auf Georg Pawer einen bedeutenden Einfluß aus.

Das Grundstudium dauerte im allgemeinen drei Jahre, es konnte aber verkürzt werden und umfaßte das Studium der philosophischen Grundwissenschaften: Grammatik, Logik, Rhetorik, Mathematik, Physik, Astronomie und Musik. Diese Fächer bildeten die 7 freien Künste.

Baccalaureus artium 1515

Freiberg ? Leipzig

Am 4. September 1515 legte Georg Pawer bei dem Magister Peter Neunborgh, der eigentlich Peter Kune von Neuenborgh (Nürnberg) hieß, das Examen als Baccalaureus artium ab, den ersten akademischen Grad. Danach begann das eigentliche Fachstudium. Hier begegnete er 1517 einem Manne, der auf ihn den nachhaltigsten Einfluß Zeit seines Lebens gemacht hat: Peter Schade aus Bruttig an der Mosel, der sich nach Humanistensitte Petrus Mosellanus nannte (Abb. 6). Geboren 1493, hatte er zunächst in Beilstein, Luxemburg und Limburg die Schule besucht, ehe er in Trier und 1512 in Köln studierte. Dort wurde er im selben Jahr Baccalaureus. Daraufhin begab er sich für kurze Zeit nach Leipzig, ehe er 1515 an das ein Jahr zuvor vom Rat der Stadt unter seinem Bürgermeister Ulrich Rülein von Calw gegründete Gymnasium in Freiberg als Lehrer der griechischen Sprache berufen wurde. »Es haben sich damals alte gelehrte und hochansehnliche Personen / darunter etliche Doctores, Geistlichen und Weltlichen Standes gewesen / nicht geschämet / die Griechische Sprache von ihm zu erlernen«, schrieb der Chronist von Freiberg, Andreas Möller, 1653 von ihm. Mosellanus blieb bis Michaelis 1517 in Freiberg und ging dann als Professor Extraordinarius der griechischen und lateinischen Sprache nach Leipzig. Während der berühmten Disputation zwischen Luther und Eck in der Pleißenburg zu Leipzig eröffnete er die Diskussion mit einer Rede! Im Jahre 1520 erwarb er den Magistertitel, wurde ordentlicher Professor und zum Rektor der Universität gewählt. Ein Amt, welches er 1522 noch einmal innehatte. Er widmete 1522 ein von ihm

Abb. 6. PETRUS MOSELLANUS, Professor in Leipzig (Staatliche Kunstsammlungen Dresden, Kupferstichkabinett)

herausgegebenes Werk des PRUDENTIUS dem Zehntner MATTHIAS MEYNER in Schneeberg, dessen Witwe später AGRICOLA heiratete. Am 19. April 1524 starb er im Alter von nur 31 Jahren und wurde in der Nikolaikirche begraben.

MOSELLANUS war ein begeisterter Anhänger des ERASMUS VON ROTTERDAM, und diese Begeisterung übertrug er auf AGRICOLA, der sein Leben lang Erasmianer blieb. Mit ihm studierten in Leipzig noch junge Männer, die später im Dienst des Staates, der Kirche oder der Wissenschaft Bedeutendes leisteten. So waren CASPAR BÖRNER, JANUS CORNARIUS, CHRISTOPH VON CARLOWITZ, CASPAR CRUCIGER, VALENTIN HERTEL, ANDREAS VON KÖNNERITZ, GEORG VON KOMMERSTADT, JOHANNES NEEFE, JULIUS PFLUG und STEPHAN ROTH seine Kommilitonen bzw. Schüler des MOSELLANUS.

Universitäts-verhältnisse

Leipzigs Universität war zu Beginn des 16. Jahrhunderts noch recht ärmlich ausgestattet; es fehlte nicht nur an Geldmitteln, sondern vor allem an geeigneten Räumlichkeiten. Als nun 1502 GEORG DER BÄRTIGE, Herzog von Sachsen, im Verfolg seiner Bestrebungen, der Konkurrenz der soeben gegründeten kurfürstlichen Universität Wittenberg zu begegnen, eine »Reformation« anordnete, wurde zunächst eine »mensa communis«, ein gemeinsamer Mittagstisch, geschaffen. Eine zweite »Reformation« verlangte, daß die Studenten, welche außerhalb der Kollegien wohnen wollten, die Erlaubnis dazu sich vom Rektor oder vom Ordinarius einholen mußten. Sie hatten sich außerdem einem Doktor oder Magister zu unterstellen. Die Reformen hatten zur Folge, daß eine Reihe von Neubauten entstanden. So erhielt die Artisten-Fakultät eine neue Unterkunft zwischen dem großen und dem kleinen Kollegium auf der Ritterstraße, es war 60 Ellen (etwa 33,6 m) lang, 26 Ellen (14,5 m) breit und 3 Stockwerke hoch, wurde um 1503/04 erbaut, aber erst 1515 konnte die Philosophische Fakultät alle Räume beziehen, da vorher noch langwierige Streitigkeiten mit dem Rat der Stadt zu schlichten waren. Dieses »Neue Kolleg« – es lag in der Ritterstraße 16 – wurde wegen seines roten Anstriches später »Rotes Kolleg« genannt (Abb. 7). In ihm wird wohl vermutlich AGRICOLA studiert haben. AGRICOLA hielt 1517 über die Grammatik des THEODORUS eine Vorlesung in griechischer Sprache. Dieser bedeutende Graecist hatte nach seiner Flucht aus

Konstantinopel in Italien die Verbreitung der griechischen Sprache gefördert. MOSELLANUS verbesserte seine Grammatik und schickte sie 1520 an AGRICOLA.

Der Renaissance-Humanismus war ein achtungsgebietendes Kultur- und Bildungsprogramm, das wichtigen, aber abgesteckten Bereichen ein besonderes Augenmerk widmete und ihnen dadurch zur Entfaltung verhalf. Man kann diesen Teil des Humanismus nicht nur als profan oder geistlich ansehen. Zeit und Umstände forderten einen neuen Menschentyp, der mit den alten Vorstellungen von Himmel und Erde, von Mensch und Gesellschaft rigoros brach. In dieser Umbruchzeit studierte AGRICOLA in Leipzig.

Abb. 7. Rotes Kolleg in Leipzig, 1904 abgebrochen

Nennt sich GEORGIUS AGRICOLA

Wahrscheinlich auf Anraten von MOSELLANUS legte er sich damals, dem allgemeinen Humanistenbrauch entsprechend, den lateinischen Namen AGRICOLA zu.

Als Schulmeister in Zwickau

Zwickau um 1520

Im Heiligen Römischen Reich deutscher Nation nahm Ende des 15. Jahrhunderts und Anfang des 16. Jahrhunderts das Wirtschaftsleben einen großen Aufschwung, der vor allem auch in Zwickau zu beobachten war. Dort erwiesen sich hauptsächlich Beziehungen zum obererzgebirgischen Silberbergbau um Schneeberg als wichtig, so daß Kurfürst FRIEDRICH DER WEISE mit Recht Zwickau als »Perle« in seinen Landen bezeichnete. Zwischen den 70er Jahren des 15. Jahrhunderts und 1530 verdoppelte sich die Zahl der Einwohner auf rund 7 000! Ursachen des raschen Aufblühens der Stadt waren in der günstigen Verkehrslage, im Schneeberger Silber und in einigen Privilegien gegeben.

Die aus dem Silberbergbau Schneebergs erzielten Gewinne drangen über den Handel wieder in das Handwerk ein und führten hier zur Herausbildung des Tuch-Verlages. In Zwickau gab es um 1540 mehr als 250 Innungsmitglieder der Tuchmacher, die ihre Ware über kapitalkräftige Händler, eben den Tuchverlegern, absetzten (Abb. 8). Im damals sich entwickelnden Fernhandelsnetz des Deutschen Reiches kam Zwickau ein bedeutender Platz zu, der vor allem vom wichtigsten städtischen Gewerbe, der Tuch-

Abb. 8. Zwickauer Gewandhaus, Verkaufsstätte der Zwickauer Tuchmacher-Innung, errichtet 1522, also unmittelbar nach dem Weggang Agricolas, der das Gebäude bei späteren Besuchen in Zwickau gesehen hat

macherei, bestimmt wurde. Gehandelt wurde an Orten in Süddeutschland, Österreich, Böhmen, Westpolen, Nordost- und Norddeutschland.

In Zwickau gab es neben den Tuchmachern noch nachweisbar 154 Berufsarten, vom Apotheker bis zum Zuckerbäcker, wahrlich eine bunte Palette!

Soziale Gliederung

Die entscheidende Folge des wirtschaftlichen Aufschwungs war eine beschleunigte soziale Differenzierung der Bürgerschaft. Wenngleich wir aus der Zeit, in der AGRICOLA in Zwickau lebte, keine Angaben besitzen, haben wir von 1542 durch die Türkensteuerregister verläßliche Zahlen vorliegen.

In der Stadt Zwickau mit ihren vier Vorstädten lebten 2 316 Steuerzahler, wobei etwa 70 % innerhalb der Stadtmauer und rund 30 % in den Vorstädten wohnten. Aus dem Türkensteuerregister 1542 ergibt sich folgende soziale Gliederung:

I	Besitzlose Bürger und solche bis 10 fl. Vermögen	1301 Bürger	56 %
II	Bürgerliche Mittelschichten (versteuern 10 bis 2 000 fl. Vermögen)	993 Bürger	43 %
III	Bürgerliche Oberschicht (versteuern mehr als 2000 fl. Vermögen)	22 Bürger	1 %

Gesellen, Knechte, Mägde und Dienstboten machten also einen herausragenden Anteil der Gesamtbevölkerung aus. Es muß allerdings betont werden, daß auch innerhalb dieser Schichten eine Differenzierung vorhanden war, die von verarmten Handwerksmeistern, Knechten, Mägden, Dienstboten, Tagelöhnern bis zu den Alten, Kranken und Bettlern reichte. Die bürgerlichen Mittelschichten kann man nochmals teilen. Die untere Gruppe, deren Angehörige bis zu 100 Gulden versteuerten, ist der ärmere Teil des Bürgertums. Er bildete bei Auseinandersetzungen in der Stadt mit den armen Schichten zeitweilig einen Flügel. Doch auch sie waren Besitzbürger, und diese Tatsache ist auch letztlich für ihr gesellschaftliches Verhalten ausschlaggebend. Die obere Gruppe der mittelbürgerlichen Schichten besaß Haus und Hof. Hauptsächlich sind es Tuchmachermeister und Vertreter des Nahrungsmittelgewerbes. Von den 175 Landwirtschaften der

Stadt kommen 142, also über 84 %, aus diesen Schichten! Zur Oberschicht gehören vor allem die großen Händler! Aber auch HERMANN MÜHLPFORT, OSWALD LASAN und Dr. med. STEPHAN WILDE, Männer, die mit AGRICOLA bekannt waren, sind sowohl zu den reichsten als auch politisch einflußreichsten Bürgern der Stadt zu zählen, sie waren Ratsherren und teilweise mehrere Jahre Bürgermeister.

Das reformatorische Gedankengut fand nach 1517 rasch Eingang und breiten Widerhall in der gesamten Bürgerschaft der zum ernestinischen Sachsen gehörenden Stadt. Zunächst herrschte die von allen getragene Mißstimmung gegen die Mönche vor, und auch der Rat der Stadt stand auf Seiten dieser Opposition.

AGRICOLA als Schullehrer

Abb. 9. Magister STEPHAN ROTH, Rektor der Zwickauer Lateinschule, Studienfreund und Schulkollege AGRICOLAS, Plastik von RUDOLF MOSEBACH, Zwickau, 1890, außen am westlichen Teil der Nordseite des St.-Marien-Domes in Zwickau

Während dieser spannungsgeladenen Zeit kam nun Anfang 1518 AGRICOLA in die Stadt als Schullehrer. Ihn hatte der Rektor der Lateinschule, sein Schulfreund STEPHAN ROTH, gewonnen (Abb. 9). CASPAR CRUCIGER, damals Student in Leipzig, beglückwünschte ROTH in seinem Brief vom 6. Januar 1518 dazu. AGRICOLA befand sich zu dieser Zeit schon in Zwickau. Zunächst hatte er »die greckische litera gelesen etzlichen doctoribus, Priestern, Magistern«, wie der Chronist OSWALD LASAN schrieb. Das kann zunächst nur bedeuten, daß AGRICOLA den genannten Personen, die vielleicht schon vor längerer Zeit ihre scholastischen Universitätsstudien absolviert hatten, die neuen Erkenntnisse über die griechische Literatur, insbesondere über Geschichte und Wissenschaft, bekannt machte. Es muß nicht unbedingt heißen, daß er schon zu dieser Zeit die griechische Sprache gelehrt hat, das hätte der lateinkundige Chronist wohl mit »oratio« oder »lingua« beschrieben. Man kann zunächst nur sagen, daß AGRICOLA im Jahr 1518 die griechische Wissenschaft vermittelte.

Wahrscheinlich hatte AGRICOLA zu Walpurgis 1518, also am 1. Mai, seine Tätigkeit als Lehrer der griechischen Sprache (auf Empfehlung seines Lehrerfreundes Professor PETRUS MOSELLANUS angetragen) begonnen. Aber es gab Schwierigkeiten, und der Rat beschloß, am 9. Dezember eine eigene städtische Schule zu begründen, ein Zeichen, auch für das erwachende Selbstbewußtsein der Bürger. Sie befand sich im Vorgängerbau des heutigen Gewandhauses. Aber noch blieb zunächst alles beim alten.

Abb. 10
Aus der Werkstatt LUCAS CRANACHS D. Ä. stammender, 1518 geschaffener Kunigunden-Altar in der Zwickauer Katharinenkirche

Verse auf dem Kunigunden-Altar

Am 11. Dezember 1518 brachte man aus der Wittenberger Werkstatt von LUKAS CRANACH DEM ÄLTEREN ein Gemälde für den St.-Kunigunden-Altar der Marienkirche (Abb. 10). Dieser Altar war für die Zwickauer Kalandbrüderschaft bestimmt. Für dieses Gemälde hat AGRICOLA in ein paar Versen die Stifter, die sächsischen Herzöge, gewürdigt. Dieser Altar steht seit 1534 in der St. Katharinenkirche, wo er noch zu sehen ist. Allerdings fehlen heute AGRICOLAS Verse.

Griechische Schule

Das Jahr 1519 begann mit drei für AGRICOLA wichtigen Ereignissen. Der Rat hatte nun endlich am 16. April 1519 eine neue Schule eingerichtet, die »greckische schul« genannt, und sie AGRICOLA übertragen, während Magister ROTH noch Schulmeister der Lateinschule blieb.

Ablaß-epigramme

Am 12. Januar 1519 war Kaiser MAXIMILIAN I. gestorben, und man wählte für die kirchliche Gedächtnisfeier den 20. Februar, den Sonntag nach dem Valentinstag. Diese Gelegenheit benutzte nun AGRICOLA, um ein lateinisches Epigramm anzuschlagen, in dem er sich gegen den Ablaßhandel wandte. Dieses Epigramm hat zu mancherlei Betrachtungen über AGRICOLAS Einstellung zur Reformation geführt. Es läßt sich aber ganz zwanglos in die allgemeine bürgerschaftliche Opposition gegen die Geistlichkeit einordnen. Sein Text lautet:

»Das Himmelreich läßt sich nicht um Gold und Silber erkaufen,
Wenn uns nach Einwurf klingender Münze der Ablaßkasten errettet,
Ach wie unglücklich kommst Du, der Du ein armer Teufel bist, mir dann vor!
Wenn aber Du, lieber Heiland, durch Deinen Tod uns gerettete Sünder selig machst –
Dann kommst Du, der Du ein armer Teufel bist, mir gar nicht mehr unglücklich vor!«

Schul-komödien

AGRICOLA erhielt am 12. März 1519 20 Groschen »zuvortrinken dem Baccalaureo jn der Newen schule, der dem Radt zu ehren mit den jungen burgers sohnen eyn Comediam gespilt«. Dies wird wohl noch eine lateinische Komödie gewesen sein und keine in griechischer Sprache, eine solche wurde namentlich erst 1521 ausdrücklich erwähnt.

Schulordnung

Während dieser Zeit beschäftigte sich AGRICOLA auch intensiv mit einer Ordnung der Griechischen Schule, ohne daß diese zur Geltung kam. AGRICOLA war bestrebt, die Griechische Schule zu festigen, und unterbreitete dem Rat verschiedene Vorschläge. Der Rat hat dann am 16. April 1519 diese Probleme diskutiert und eine Schulkommission eingesetzt, bestehend aus zwei Ratsherrn und dem Stadtarzt Dr. ERASMUS STELLA, welche die Aufnahme der Schüler regeln sollten. Wie sehr STELLA hinter der Griechischen Schule stand, beweist der Brief von PETRUS MOSELLANUS vom 19. November 1519 aus Altzella, in dem der Leipziger Professor seine ständige Anteilnahme am Gedeihen der Neuen Schule aussprach.

Jahresgehalt

Anfangs erhielt AGRICOLA sein Jahresgehalt für 1519 in Höhe von 7 Schock Groschen, d. h. von 20 Talern, und wurde Schulmeister genannt. Allerdings wurde auch bemerkt, daß das Schulgeld mit 2 Talern pro Schüler und Jahr zu hoch sei, der Rat mußte Freistellen schaffen, um den armen Kindern die Möglichkeit des Schulbesuches zu geben.

AGRICOLAS lateinische Grammatik

Mit einem Widmungsbrief an die zwei 10- bis 11jährigen Jungen PAUL MÜHLPFORDT (Sohn des Bürgermeisters HERMANN MÜHLPFORDT) und ERASMUS BÄRENSPRUNG (Sohn des Bürgermeisters LORENZ BÄRENSPRUNG) beendete AGRICOLA am 22. Mai 1520 die Arbeit an seiner Erstlingsschrift, dem »Büchlein vom einfachen grammatischen Anfangsunterricht« (in der lateinischen Sprache), oder wie sie im Original heißt: »Libellus de prima ac simplici institutione grammatica« (Abb. 11). Obgleich den Söhnen gewidmet, wollte AGRICOLA natürlich die Väter, die Vertreter der Stadtobrig-

Georgij Agricolae Glaucij Libellus de prima ac simplici institutione grammatica.

Excusum Lipsiae in officina Melchioris Lottheri. Anno &c. xx.

Abb. 11. AGRICOLAS Büchlein über den ersten und einfachen Grammatikunterricht, Leipzig 1520 (Ratsschulbibliothek Zwickau)

keit, ehren. Übrigens hatte MARTIN LUTHER ebenfalls 1520 dem Bürgermeister MÜHLPFORDT seine deutsche Schrift »Von der Freiheit eines Christenmenschen« gewidmet. Die Grammatik erschien mit einem künstlerisch bemerkenswerten Titelblatt 1520 bei MELCHIOR LOTTHER in Leipzig und ist nur in 7 Exemplaren erhalten geblieben. In der Vorrede sprach sich AGRICOLA über die von ihm vertretenen Erziehungsgrundsätze aus und forderte eine früh beginnende positive Beeinflussung des Kindes durch das Elternhaus. Die Lehrer müßten ein größeres Verantwortungsbewußtsein an den Tag legen; denn sie haben ja den wesentlichsten Anteil daran, ob ein junger Mensch rechtschaffen oder nichtsnutzig wird. Die Pädagogen sollten die Kinder liebevoll ermahnen und keine Gewalt anwenden. Mit scharfen Worten wandte er sich gegen prügelnde Schultyrannen, die wie Folterknechte auf die Schüler einschlagen. Die Studien erfordern einen heiteren Sinn, AGRICOLA verlangte, Interesse am Lernen zu wekken. Auch wünschte er einen untadeligen Lebenswandel des Lehrers. Im Büchlein führte er eine damals neue Schreib-Lese-Methode ein mit deutschen Texterläuterungen der lateinischen Stellen für den Schüler, wobei sich der Stoff vom Leichten zum Schweren aufbaute. Bemerkenswert waren seine Beispiele, die er bei den Präpositionen ausgewählt hatte. Aus der Fülle seien nur drei herausgegriffen. »*Vor* sehr wenigen Jahren kauften wir den Himmel mit Münzen« (ein deutlicher Hinweis gegen den Ablaßhandel!). Oder: »*Nahe* den Fluten der Mulde liegt der Kohlberg« (diesen brennenden Berg kannte damals jedes Zwickauer Kind). Aber etwas seltsam für den späteren Bergbaukundigen klingt das Beispiel »*Unter* der Erde kriechen die Schächte der Habsucht«. Im übrigen hatte MOSELLANUS in einem Brief vom 31. Mai 1520 AGRICOLA noch einige Hinweise für ein gefälligeres Latein gegeben.

THOMAS MÜNTZER in Zwickau

Am 17. Mai 1520 war Magister THOMAS MÜNTZER, in Vertretung JOHANNES SYLVIUS EGRANS, bis Michaelis befristet, Prediger an der St. Marienkirche geworden. Sein Auftreten bewegte sich zunächst auf der Ebene der bürgerschaftlichen Opposition gegen die Geistlichkeit. In einem Brief an LUTHER schrieb MÜNTZER am 14. Juli 1520, daß er sich in einem rein theologischen Streit mit dem Minoriten TIBURTIUS aus

Weißenfels der Hilfe des »graece lingua praeceptor« (des Lehrers der griechischen Sprache, also G. AGRICOLAS) versichert habe. MÜNTZER erkundigte sich bei LUTHER, ob er mit seinen Freunden gegen TIBURTIUS schreiben solle. AGRICOLA war bereit, sich an dieser Disputation zu beteiligen, es kam jedoch nicht dazu.

Lehen St. Erasmi

Zunächst hatte AGRICOLA ein anderes Problem zu lösen. Ende 1519 war der Vikar an der Marienkirche, ERASMUS PREUSS, gestorben, und das Lehen St. Erasmi, das er innehatte, war frei geworden. Am 9. Juli 1520 befaßte sich der Stadtrat mit einer Neuverleihung, mußte eine Entscheidung aber zunächst verschieben, weil die Confirmation der Stiftung nicht zu finden war. Nun wurde die Verleihung wieder am 18. Juli verhandelt. Da noch ein unbekannter Bewerber für das jährlich mit 30 Gulden datierte Lehen vorhanden war, gab es zunächst eine Verstimmung im Rat. Am 28. Juli 1520 erhielt dann AGRICOLA das Lehen.

Rolle MÜNTZERS in Zwickau

In Zwickau begannen sich die gesellschaftlichen Auseinandersetzungen im Herbst 1520 zuzuspitzen, als MÜNTZER am 1. Oktober an die Katharinenkirche wechselte und engeren Kontakt mit den sozialen Unterschichten erhielt. Langsam nahm die Gruppierung der radikaleren Kräfte Gestalt an. Das Zusammenfließen sozialer und religiöser Ideen schloß nun auch Fragen des Wandels der gesellschaftlichen Realität ein. Der Vorgang ist jedoch nicht als absolute Polarisierung von arm und reich zu verstehen, denn auch Vertreter der bürgerlichen Mittelschichten, ja selbst Ratsherren und vor allem der einflußreiche Dr. STELLA waren zeitweilig Parteigänger MÜNTZERS! Anfang Herbst 1520 wurde die Trennung der Anhänger MÜNTZERS vom gemäßigten Luthertum und wohl auch von den Anhängern des ERASMUS VON ROTTERDAM, und damit von AGRICOLA, vollzogen.

Neue Ratsschule

Er widmete sich nun gänzlich seiner Schule! Sie ist allein sein Werk. Allerdings hatte er sich diese Stellung mit großen persönlichen Opfern erkämpft. Seine alte Freundschaft mit ROTH zerbrach. Dieser fühlte sich offenbar von AGRICOLA ausgespielt. Er hatte ihn nach Zwickau geholt, und nun wurde der Jüngere vom Rat der Stadt ihm vorgezogen. Das hat ROTH nicht verwunden. Ein Versuch AGRICOLAS, sich mit ihm über bestehende Mißverhältnisse auszusprechen, schlug fehl. Auch sonst gab es vielerlei Ärger. AGRICOLAS neues humanistisches Bildungsziel wurde angefeindet und in Frage gestellt. Für den von ihm vertretenen Erasmianismus, einer gemäßigten Richtung des Humanismus mit dem Bildungsideal lateinischer, griechischer und hebräischer Sprachunterricht in Verbindung mit Unterweisungen in Ackerbau, Weberei, Bau- und Meßwesen, Rechnen, Arzneikunde und Militärwesen, war auch mit durch MÜNTZERS Tätigkeit kein Widerhall mehr vorhanden. Die Schuster beschwerten sich, daß die Kinder nicht mehr das Singen gelehrt bekämen, vor allem war die Bildung den Handwerkern zu teuer. Die Schule emanzipierte sich von der Kirche, und am 15. Oktober 1520 wurden beide Schulen zu der neuen Ratsschule vereinigt, deren Schulmeister AGRICOLA hieß. Diese neue Schule zog in das massive, drei Stockwerke hohe Gebäude der alten Lateinschule, die 1479 MARTIN RÖMER auf seine Kosten für 800 Gulden am Marien-Kirchhof errichten ließ. An dieser Stelle steht heute die »Galerie am Domhof«.

MÜNTZERS Weggang aus Zwickau

Der Zeitraum Dezember 1520 bis 16. April 1521 wurde der entscheidende Entwicklungsabschnitt für die Festigung der revolutionären Kräfte in Zwickau unter THOMAS MÜNTZER. Seine Auseinandersetzung mit EGRANUS, Forderungen der Tuchmacher an den Rat, die Verschärfung der Predigten MÜNTZERS und Wirren in der Schulpolitik sind wichtige Merkmale dieses Prozesses, der dann mit der Entlassung MÜNTZERS am 16. April 1521 ein jähes Ende fand.

Komödie Plutos aufgeführt

Zunächst ließ am 7. und 8. Februar 1521 AGRICOLA von seinen Schülern die Komödie des griechischen Dichters ARISTOPHANES »Plutos« in griechischer und lateinischer Sprache aufführen. Die Auswahl dieser Komödie, die »Reichtum« heißt und die Forderung um gerechte Verteilung der Güter zum Inhalt hat, ist sicherlich nicht ohne tiefere Bedeutung während dieser Zeit von AGRICOLA getroffen worden, wenngleich sie natürlich keinen Einfluß auf die gärende Unruhe in der Stadt nehmen konnte. Wer verstand denn schon so viel Latein, geschweige Griechisch? Zehn Jahre später ließ ZWINGLI in Zürich ebenfalls den »Plutos« von Schülern aufführen, wozu ihm ein Freund einen kurzen lateinischen Prolog dichtete:

»Doch diese Fabel sei kurz noch erzählt.
Es schreitet auf die Bühne Plutos, des Reichtums Gott,
In diesem Schauspiel schenkt er uns Allen Glück.
Doch nein, nur Gute bloß, Bescheid'ne macht er reich.
Wer also bis jetzt noch des Plutos Gunst entbehrt,
Nur Tugend üb' er fleißig und Bescheidenheit,
Flugs wird er merken, daß sich schnell sein Wohlstand mehrt.«

Schulordnung verabschiedet

Wenige Wochen später aber, am 6. März 1521, verzeichnete das Ratsprotokoll, daß man für den nächsten Tag die »gantze gemeyne« fordern lasse, der Schulordnung wegen. Sie war ja nicht eine interne Angelegenheit des Rates allein, sondern der gesamten Bürgerschaft und wurde in ihr leidenschaftlich diskutiert. Rat und Gemeinde waren gespalten in der Frage, wie es weitergehen sollte. Die Absicht AGRICOLAS und eines Teiles des Rates, eine reine Gelehrtenschule, eine kirchenfreie Schule zu schaffen, wurde ganz sicherlich von den Lutheranern, aber auch von den Anhängern MÜNTZERS verkannt. Dadurch geriet die Schulfrage ganz in die Nähe eines Aufruhrs der Bürgerschaft. Jedoch ab Walpurgis (1. Mai) 1521 war dann die von AGRICOLA schon am 4. Februar vorgelegte »ordnung der Newhen schule« in Kraft getreten. So war also die Ratsschule nunmehr eine echte Stadtschule. Natürlich hatte AGRICOLA eine Reihe guter Lehrer an seiner Schule. So lehrte AUGUST FÖRSTER die hebräische Sprache. JOHANNES RIVIUS gab Latein, HIERONYMUS NOPP unterrichtete über die griechischen Dichter,

Lehrerkollegen

und JACOB CAMITIANUS war Kantor. Selbstverständlich waren nach der Vertreibung Thomas Müntzers am 16. April 1521 weder die Probleme gelöst noch die Gefahr des Aufruhrs behoben. Sie gingen auf die Sekte NIKLAS STORCHS über, damit aber ist eine demokratische Umwälzung nicht mehr gegeben. Es ist nur noch eine spontane Radikalisierung zu beobachten, die sich vom Sommer 1521 bis zum Frühjahr 1522 hinzog. Die gemäßigte Auffassung des Rates von der Reformation wird zum bestimmenden Faktor für Zwickau.

Absicht, Zwickau zu verlassen

AGRICOLA hatte nun im Herbst 1521 die Absicht, Zwickau bald zu verlassen, denn am 1. Oktober beschloß der Stadtrat, einen neuen Schulmeister auf Walpurgis 1522 zu bestellen. CAMITIANUS schrieb am 27. Dezember (vermutlich 1521) an STEPHAN ROTH, »unser AGRICOLA wird bevorstehendes Sommerhalbjahr (wenn ihm das Leben bleibt) jene griechisch-lateinische Schule einem andern übergeben«. Jener andere ist Magister LEONHARD NATHER.

Verlorengegangene griechische Grammatik

Wichtig ist noch ein weiterer Brief von CAMITIANUS an ROTH vom 8. März 1522, weil in ihm die »Rudimenta Graeca« (Erste Versuche im Griechischen) erwähnt werden. Sie waren offensichtlich das griechische Gegenstück zur lateinischen Grammatik von 1520. Nur als Handschrift vorhanden gewesen, ist sie verlorengegangen.

AGRICOLAS Weggang aus Zwickau

Als MARTIN LUTHER Ende April 1522 in Zwickau gegen die »Schwärmer« und für die Sicherung des endgültigen Übergewichts des gemäßigten Flügels, aber auch zur Durchsetzung seiner Richtung der Reformation innerhalb der Oberschicht und der Mittelschicht der Bürger predigte, waren die Würfel für AGRICOLA schon längst gefallen. AGRICOLA gab am 1. Mai 1522 sein Amt auf, und Magister LEONHARD NATHER übernahm an diesem Tage das Amt des Schulmeisters.

Zweites Studium in Leipzig

Theologischer Brief an KOPP

AGRICOLA begab sich wiederum nach Leipzig. Offensichtlich war es zunächst sein Bestreben, sich noch weiter in den Kenntnissen der alten Sprachen zu vervollkommnen. Wir besitzen von ihm einen Brief, den er am 23. Juli 1522, also kurze Zeit nach seiner Ankunft, im Haus des Professors für Medizin Dr. HEINRICH STROMER VON AUERBACH verfaßt hatte. Man kann daraus annehmen, daß er der Sitte der Zeit entsprechend bei STROMER auch gewohnt hat. Dieser Brief ist an Dr. GREGOR KOPP, Leibarzt des Kurfürst-Erzbischofs ALBRECHT VON MAINZ in Magdeburg gerichtet. Er hatte ein theologisches Problem zum Inhalt, nämlich: »Gott ist nicht Urheber des Bösen«. AGRICOLA wandte seine Kenntnisse der humanistischen Sprachen mit Stolz zur Aufdeckung des »einfachen und ursprünglichen Schriftsinns« der Bibel an; er betrieb dabei aber keine systematisch-theologische Untersuchung. AGRICOLA beschränkte sich darauf, durch eine philologische Analyse einzelner Bibelstellen in streng wissenschaftlicher Methodik herauszustellen, was in den Büchern der Bibel darüber gesagt wird. Er ging von der unterschiedlichen Bedeutung des Begriffes »malum« (das Böse) in der Bibel überhaupt aus und klärte im Geiste der neuen Wissenschaftlichkeit das von ihm als zutreffend angesehene Verständnis allein aus dem Text heraus. Bemerkenswert ist die Methodik der wissenschaftlichen Beweisführung; die hier angewandte Art und Weise der Forschung hat AGRICOLA in allen seinen späteren Schriften zeit seines Lebens in strengster Form angewandt. Er brachte zunächst Belege für das von ihm als zutreffend angesehene Beispiel, sodann legte er die angeblichen Beweise seiner Gegner vor, um dann klare Zeugnisse gegen jeden Einwand anzuführen. Der Brief an KOPP ist ein Beitrag humanistisch-philologischer Auslegung ohne theologischen Tiefgang. Aber wollte AGRICOLA überhaupt ein theologisches Problem darstellen? Zum Schluß schrieb er nämlich, daß KOPP entschuldigen möge, wenn er dieses oder jenes allzu anmaßend oder unpassend geschrieben habe, denn ihn nähmen seine Studien, die hiervon weitab liegen, in Anspruch!

Theologischer Brief an FONTANUS

Wir besitzen aus dieser Zeit noch ein weiteres literarisches Zeugnis. AGRICOLA schrieb dem Professor der Theologie D. PETRUS FONTANUS einen Brief, dessen Inhalt sich mit der Unzulässigkeit der Bezeichnung der drei Magier als Könige bei der Geburt JESU befaßte. Auch hier stand kein ernsthaftes theologisches oder gar religiöses Interesse dahinter: die Bedenken, die einen Freund nach einer Predigt am Dreikönigstag (6. Januar) 1522 in Zwickau quälten, erschöpften sich in der Frage, ob die drei Magier wirklich als Könige angesprochen werden dürften, was AGRICOLA aber ablehnte. Dieser Brief trägt ganz Zwickauer Lokalkolorit und wurde noch im Frühjahr 1522 in Zwickau entworfen. Diese kleine Studie diente dem jungen Humanisten nur dazu, seine Gelehrsamkeit und seinen Scharfsinn glänzen zu lassen, hier ist er auch gänzlich Erasmianer, indem er den Wert aufklärender Erziehungsarbeit darstellt. AGRICOLA sah dem einfältigen Mönch seine Unwissenheit zwar nach, gibt aber um so ernsthafter dem Theologieprofessor und Ordensoberen zu bedenken, ob der es verantworten könne, Leute, die solchen Unsinn von der Kanzel verkünden, noch als Prediger wirken zu lassen.

Diese beiden Briefe kursierten noch später in der Universität Leipzig. Ein unbekannter Humanist schrieb am 3. Juni 1523 an den Rektor in St. Joachimsthal, Magister STEPHAN ROTH, daß er diese Briefe ihm abgeschrieben zusende, damit er sie behalten könne: »Briefe werden ja erstaunlich schmutzig, wenn sie bei den Freunden hin und her von Hand zu Hand gegeben werden, so daß es geraten ist, man hat sie bisweilen zehnmal abgeschrieben.«

Absicht, Medizin zu studieren

AGRICOLA befaßte sich demnach zunächst in Leipzig mit philologischen Arbeiten. Durch den Einfluß Prof. STROMERS wandte er sich dann der Medizin zu, ohne indes schon eine letzte Entscheidung getroffen zu haben.

In Zwickau wegen seines Lehens

Im August 1522 war AGRICOLA in Zwickau und verhandelte mit dem Rat der Stadt wegen des Lehens St. Erasmi, das er ja seit dem 28. Juli 1520 innehatte und welches ihm jährlich 30 Gulden einbrachte. Am 26. August 1522 wurde dann ein Schreiben aufgesetzt, in dem er bekannte, »so mir got gnade vorlihe daß ich priester wurde daß ich uf dem selben lehen aigenpersonlich residiren ... wolle, wo es aber der almechtige yn ander wege mit mir schicket so will ich nach dreyhen jharen den gedachten Radt als rechten Collatorn obgedacht lehen ... widerumb ganczs frey vbirgeben«. Die entsprechenden Zahlungen empfing für ihn sein Bruder FRANZ PAWER, der in Zwickau Priester war, bis einschließlich Michaelis 1524.

Vielleicht waren es die folgenden Anlässe, die AGRICOLAS endgültige Entscheidung vorantrieben. Anfang April 1524 erhielt er von VALENTIN SIEGFRIED CAPELLA einen Brief, in dem stand, daß ERASMUS nichts mehr gegen LUTHER schreiben wolle. Damit herrschte im Augenblick Ruhe zwischen Basel und Wittenberg. AGRICOLAS Interesse an theologischen Diskussionen ebbte zunächst ab. Der am 19. April 1524 erfolgte Tod von PETRUS MOSELLANUS war dann sicherlich entscheidend für seinen Entschluß, nach Italien zu gehen.

Tod von MOSELLANUS 1524

In Italien

Italien stand damals in dem Ruf, das gelobte Land von Bildung und Wissenschaft zu sein. Somit war es selbstverständlich, daß der junge Mann seine Schritte dorthin lenkte.

In Bologna

Wenn man AGRICOLAS eigene Worte zu Hilfe nimmt, wonach er zusammen mit JOHANNES NEEFE aus Chemnitz in Italien studiert habe, so kommt nur der Zeitraum bis August 1524 in Betracht, weil während dieser Zeit NEEFE nach seinen eigenen Worten in Bologna war. Da aber NEEFE AGRICOLA mit keinem Wort als Reisebegleiter erwähnt, ist vermutlich AGRICOLA allein nach Bologna gereist. Dort traf er auch mit dem Vetter ULRICHS VON HUTTEN, mit MORITZ VON HUTTEN zusammen, der in Padua studierte. Beide besuchten dann vermutlich im Sommer 1524 den hohen Kurienbeamten JACOB QUESTENBERG in Rom (Abb. 12). Nach Bologna zurückgekehrt, studierte Agricola vor allem Medizin. Es ist wahrscheinlich gemacht worden, daß AGRICOLA, der ein geschickter Chirurg war, diese Kunst bei JACOPO BARIGAZZI gelernt hatte, einem Gewaltmenschen zwar, der aber ein sehr klarer Denker war und von dem er manche Anregung übernahm. Wir wissen nicht, wann und wo AGRICOLA den Titel eines Doktors der Medizin erwarb. War es 1524 in Bologna, wo ein dominus GEORGIUS ein Doktordiplom erhielt?

In Rom

Neben seinen medizinischen Studien befaßte sich AGRICOLA noch viel mit Sprachen. Er war mit dem jüdischen Arzt JACOB MANTINUS befreundet, der von dem Tunesier BATTISTA LEO das Arabische erlernte, »und ich war manchmal dabei«, erinnerte

Abb. 12. Um 1498/1501 von MICHELANGELO geschaffene Pieta in der Peterskirche, Rom, sicher von AGRICOLA besichtigt

Abb. 13 (rechts). Venedig, Markusplatz mit Dom San Marco und Campanile, schon zu AGRICOLAS Zeit Venedigs berühmtester Platz

sich AGRICOLA noch 1549. AGRICOLA selbst habe in Bologna griechische Vorlesungen gehalten, sicherlich handelte es sich um Privatstunden, nicht aber um akademische Vorlesungen. Im Herbst 1524 begab sich AGRICOLA nach Venedig, wo er im Hause des berühmten Druckers und Verlegers ASULANUS als wissenschaftlicher Mitarbeiter, als Übersetzer und auch noch als Korrektor tätig war (Abb. 13).

In Venedig

Er war nunmehr auf einen Verdienst angewiesen, da im Herbst 1524 das Zwickauer Stipendium aufhörte. Zunächst arbeitete AGRICOLA mit an der großen griechischen Erstausgabe der Werke des antiken Arztes GALEN. Sie umfaßte 5 Bände mit etwa 2 900 Folioseiten. Im letzten Band, der im August 1525 erschien (Abb. 14), dankte der Verleger dem Hauptbearbeiter BATTISTA OPIZO und schrieb weiter: »GEORGIUS AGRICOLA, der sich nicht wenig Lob verdient hat; denn auch er hat es in keiner Weise an Regsamkeit und Mühe bei dieser Ausgabe des GALEN fehlen lassen«. Durch den Niederländer LEONHARD CASEMBROOT, der sich 1525 mit einigen Freunden in Padua aufhielt, ließ AGRICOLA von Venedig aus Grüße an ERASMUS VON ROTTERDAM bestellen. AGRICOLAS Interesse an ERASMUS war ja immer schon sehr groß. Vielleicht

Mitarbeit an der GALEN-Ausgabe

AGRICOLA als Erasmianer

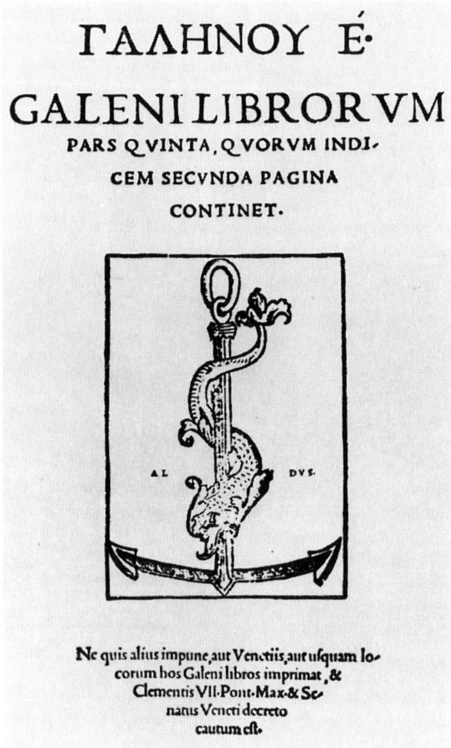
ΓΑΛΗΝΟΥ Έ·

GALENI LIBRORVM

PARS QVINTA, QVORVM INDICEM SECVNDA PAGINA CONTINET.

AL DVS.

Ne quis alius impune, aut Venetiis, aut ufquam locorum hos Galeni libros imprimat, & Clementis VII. Pont. Max. & Senatus Veneti decreto cautum eft.

Abb. 14. Titelblatt aus der 1525 in Venedig erschienenen Gesamtausgabe der Werke des griechischen Arztes GALEN (129 – 199)

lernte AGRICOLA hier auch seinen späteren Verleger HIERONYMUS FROBEN aus Basel kennen.

Seine englischen Freunde

Ein Mitarbeiter an der GALEN-Ausgabe war der Engländer JOHN CLEMENT, der 1515 bis 1517 im Dienste des Sir THOMAS MORUS gestanden hatte. Durch ihn wurde AGRICOLA mit dem Ideenkreis der damals vollendeten Form der Sozialutopie, mit dem Gedankengut der 1516 erschienenen Schrift »Utopia« des THOMAS MORUS bekannt. Möglicherweise ist auch dieses Werk mit seinem Spott gegen die Astrologen eine der Quellen, die AGRICOLA in seiner Ablehnung der Astrologie und Alchemie bestärkt haben. Der Nachhall der Ideen der »Utopia« in AGRICOLAS eigenen staatspolitischen Ansichten, die er später vornehmlich in verschiedenen Widmungsbriefen zu seinen Werken äußerte, ist noch nicht untersucht worden.

Mitarbeit an HIPPOKRATES

Im Mai 1526 erschien bei ASULANUS die Ausgabe der Werke des griechischen Arztes HIPPOKRATES. Auch hier hatte AGRICOLA mitgewirkt. Für die erst 1528 erschienene Ausgabe der Werke des PAULOS VON AEGINA hatte er ebenfalls Vorarbeiten geleistet. Endlich gelang es AGRICOLA auch, in Venedig die unbekannten Schriftzeichen auf der Kreuzes-Reliquie, dem sogenannten RÖMER-Kreuz, der Marienkirche von Zwickau zu entziffern. AGRICOLA hatte vom Rat der Stadt Zwickau den Auftrag zur Deutung der Inschrift erhalten und eine Abbildung davon mit nach Italien genommen. Zunächst versuchte er in Bologna, hinter den Sinn der Schriftzeichen zu kommen, aber vergeblich. In Venedig gelang es ihm nach allerlei Schwierigkeiten, Schrift und Sinn klarzustellen. Es handelte sich um ein Kreuz mit einer serbischen Inschrift. Erst 1536 kam er dazu, dem Rat der Stadt Zwickau davon zu berichten.

Entzifferung der Zwickauer Kreuzes-Inschrift

Nicht nur auf seine medizinische und sprachwissenschaftliche Weiterbildung war AGRICOLA in Italien bedacht, er sah sich auch sonst im Land um. AGRICOLA hat Rom besucht, vielleicht sogar mehrfach, er war vermutlich 1524, bestimmt aber 1526 dort. Auch in Florenz, Siena und Neapel war er, bestieg vielleicht sogar den Vesuv? Zahlreiche Stellen in seinen Werken sind Zeugnis für diese Reisen. Vor allem aber

Vesuv

haben ihn die berühmten Glashütten zu Murano bei Venedig beeindruckt, so daß er sie am Ende von »De re metallica« ausführlich erwähnte. In Padua ist er vielleicht mit der Philosophie des Atheisten POMPONAZZI bekannt geworden.

Rückkehr nach Zwickau

Im Herbst 1526 kehrte AGRICOLA nach Deutschland zurück und war im September wieder in Zwickau und bei Pfarrer NIKOLAUS HAUSMANN zu Gast. Dort ging das Gerücht um, daß ihn die Chemnitzer zu ihrem Stadtarzt gewählt hätten. Das traf aber nicht zu. Es ist bekannt, daß sich AGRICOLA im Winter 1526/1527 in Chemnitz aufgehalten hat und viel mit VALENTIN HERTEL zusammen war.

Heirat mit ANNA verw. MEYNER

Im Jahr 1527 hat AGRICOLA vermutlich geheiratet. Seine Frau war ANNA MEYNER geborene ARNOLD. Sie stammte aus einem reichen und angesehenen Chemnitzer Geschlecht und war die Witwe des Magisters und Zehntners MATTHIAS MEYNER, der 1523 in Schneeberg gestorben war.

Vielleicht noch in Chemnitz oder aber dann in St. Joachimsthal wurde ihm seine älteste Tochter ANNA geboren.

Als Stadtarzt in St. Joachimsthal

Stadtarzt und Stadtapotheker in St. Joachimsthal

Wir wissen von AGRICOLA selbst, daß ihm nach seiner Rückkehr aus Italien nichts mehr am Herzen lag, als sich in das silberreiche Erzgebirge zu begeben. Er brannte vor Begierde, das Berg- und Hüttenwesen kennenzulernen, welches er dann auch über alle Erwartung fand. Freunde hatten ihn bewogen, dorthin zu gehen. Es ist anzunehmen, daß dies vor allem Dr. GEORG STURTZ war, der – einst Professor der Medizin in Erfurt – 1525 als Stadtarzt die erste Apotheke in Joachimsthal eröffnete und dessen Nachfolger als Stadtarzt und Stadtapotheker AGRICOLA im Jahre 1527 wurde.

Entwicklung von St. Joachimsthal

St. Joachimsthal (heute Jáchymov) war eine ganz junge Bergstadt. Erst 11 Jahre zuvor – 1516 – waren in dem Tal, das damals noch Konradsgrün hieß, ein paar Häuser erbaut worden, nachdem man auf Silbererze fündig wurde. Schon kurze Zeit darauf standen dort über 400 Gebäude, dem Ort wurde dann 1517 der Name Sankt Joachimsthal gegeben. Im Jahre 1519 wurden erstmalig Talergroschen geprägt, ab 1520 mit Jahreszahlen versehen und kurzweg »Taler« genannt (Abb. 15). Im Jahre 1520 wurde der Ort zu einer freien Bergstadt erhoben; 1521 zählte man 5 800 und 1527 schon 15 000 Einwohner. AGRICOLA verglich Joachimsthal nach Lage, Größe und Häusermenge mit Städten wie Padua, Bologna, Prag oder Erfurt (Abb. 16 und 17).

In diese pulsierende Stadt, wo ungefähr 8 000 Bergknappen, 800 Steiger und 400 Bergbeamte auf über 900 gangbaren Gruben tätig waren, eilten Bergleute aus Sachsen, Böhmen, dem Rheinland, Harz und aus den Alpen hin; darunter gab es natürlich manche Burschen unter den Neuankömmlingen, die nur rasch reich werden wollten.

Abb. 15. Erster »Joachimsthaler«, 1519 in Joachimsthal geprägter Guldengroschen

Abb. 16 (rechts). 1516 erbaute Spitalkirche in Joachimsthal

Es waren »geschwinde leut auff den Bergstedten«. Soziale Spannungen blieben nicht aus und machten sich in recht massiver Form Luft.

Neue Freunde

AGRICOLA fand in dem Schulrektor PETRUS PLATEANUS, einem gebürtigen Wallonen aus der Gegend um Lüttich, in dem bergvertrauten Stadtschreiber BARTHOLOMÄUS BACH und dem gelehrten Hüttenschreiber LORENZ WERMANN, beide aus Geyer in Sachsen gebürtig, sachkundige Männer, die ihn in die Vielgestaltigkeit des damals wohl modernsten Bergbaus und Hüttenwesens Europas einführten. AGRICOLA war Arzt, und so müssen wir uns fragen, wieso er sich nun gerade dem Montanwesen verschrieb. Streben nach Erkenntnissen der Naturzusammenhänge zeichneten ihn aus, und so verfaßte er eine höchst bemerkenswerte Schrift, die er »Bermannus sive de re metallica dialogus« (d. h. »Bermannus oder ein Dialog über den Bergbau«) nach seinem Freund WERMANN nannte (Abb. 18). Als Humanist schrieb er natürlich – fast – alle seine Werke in der Weltsprache der Gelehrten seiner Zeit, in der lateinischen Sprache. Dieses kleine, höchst geistvolle und lebendig geschriebene Werk stellte das vollendet gelungene Muster eines Entwurfes zu einer enzyklopädischen Programmschrift dar. In Form eines philosophischen Dialoges zwischen dem Hüttenschreiber WERMANN als Bergbausachverständigem, dem Arzt Dr. JOHANNES NAEVIUS als klassisch gebildetem Mediziner und ANCON (ein Pseudonym für Dr. WENZESLAUS PAYER aus Elnbogen – denn Ellenbogen heißt griechisch Ankon –), als Aristoteliker auch mit der arabischen

Seine Schrift »Bermannus«

Abb. 17
Eins der in Joachimsthal noch heute erhaltenen Renaissance-Portale

Medizin vertraut, wollte AGRICOLA bestimmte pädagogische Absichten mit dem Streben nach neuen Erkenntnissen vereinen. Es ging darum, das frühere Wissen von den natürlichen Bodenschätzen wiederaufzufinden, um sie für die Medizin, also für den Menschen, erneut nutzbar zu machen. Nach Mitteilungen über reiche Ausbeute, über die Verbreitung des Erzbergbaus und sein Aufblühen im damaligen Deutschen Reich gab WERMANN von einem Berg aus einen Überblick über die Umgebung der Stadt Joachimsthal. Ein Pferdegöpel wurde besucht, dabei äußerte NAEVIUS den Wunsch, derartig kunstvolle Maschinen, welche die Antike nicht kannte, der Nachwelt aufzuheben. Ein ganz frühes Beispiel von der Pflege technischer Denkmale! Man konnte ja mit solchen Maschinen in große Tiefen vordringen. An dieser Stelle fanden Berggeister eine Erwähnung, und man darf annehmen, daß einige solcher alten Erzählungen doch einen realen Hintergrund darin haben, daß Katastrophen, die damals unerklärlich schienen, wie schlagende Wetter oder Grubengase, in ihnen nachlebten. An Hand der geförderten Minerale wurden sodann zahlreiche Angaben über Farbe, Gewicht, Nutzen etc. gemacht, wobei etymologische Betrachtungen über die Namen ebenfalls eine Rolle spielten. Linguistische Probleme waren ja auch ein Hauptanliegen dieses Dialoges. Dabei wurde auf arabische Mineralnamen, wie Markasit, hingewiesen, und AGRICOLA schloß einige Überlegungen zur Entwicklung der Medizin von der Antike über die Araber bis

Bergmaschinen

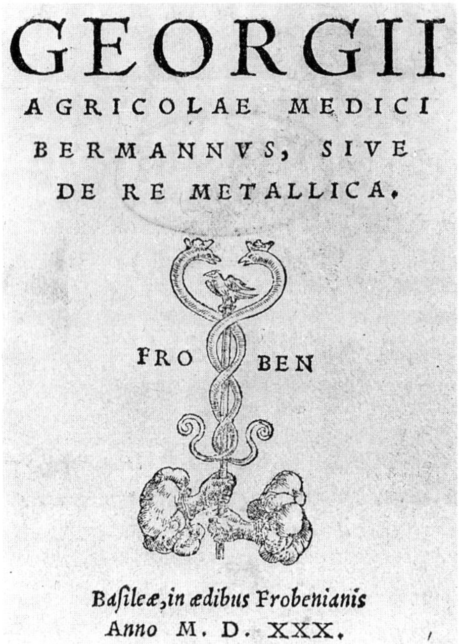
GEORGII
AGRICOLAE MEDICI
BERMANNVS, SIVE
DE RE METALLICA.

Basileæ, in ædibus Frobenianis
Anno M. D. XXX.

Abb. 18. Titelblatt des Buches »Bermannus sive de re metallica«, Basel 1530

Minerale

zu seiner Zeit an. Sodann wurde das Silber besprochen, und AGRICOLA wies stolz darauf hin, daß es im Erzgebirge in gediegener Form (also als Element) vorkomme. Das war den antiken Autoren unbekannt! Er unterschied eine Anzahl Silberminerale, um dann Wismut, Gold, Quecksilber und Eisen zu behandeln. Auch Kupfererze wurden genannt, ebenso Ocker, Bergblau, Realgar, Tone usw., die man damals alle als Heilmittel benötigte. Eine Kur mit Gipswasser, die vorgeschlagen wurde, dürfte dem Patienten aber wohl kaum bekömmlich gewesen sein! Zinnober, Kohle, Alaune und Vitriole wurden ausführlich behandelt, denn sie waren für den Apotheker seiner Zeit von großer Bedeutung. Zum Schluß kamen Schiefer, Quarz und Sandstein ins Gespräch. Es ist wohl nicht zuviel behauptet, daß AGRICOLA mit der Aufzählung von etwa 30 Mineralen und einigen Gesteinen die Zementations- und mittlere Wismut-Kobalt-Nickel-Arsen-Zone des damals aufgeschlossenen Lagerstättenbereiches St. Joachimsthal ausgeschöpft hat. Insgesamt beschrieb AGRICOLA 90 Minerale und Gesteine in diesem Dialog. Sein Freund PETRUS PLATEANUS fügte für den Leser ein lateinisch-deutsches Wörterverzeichnis an, in dem 76 Begriffe – meist sind es Mineralnamen – erläutert wurden. AGRICOLA hat dann 1546 in der Leipziger Auflage dieses Verzeichnis auf 127 Begriffe nicht unwesentlich erweitert.

Kontroverse zu Alchemie und Astrologie

In diesem programmatischen Werk AGRICOLAS wurden Probleme der Entstehung der Minerale in Kontroverse zu Alchemie und Astrologie und mit der Differenzierung zwischen Traditionen, womit die Araber gemeint sind, und Autoritäten, wofür ALBERTUS MAGNUS stellvertretend gemeint ist, an neuartigen Fragen nach dem Verhältnis von Qualität und Quantität herangeführt.

Wertschätzung der Arbeit

WERMANN steht für die Joachimsthaler Bergleute, denen AGRICOLA in ihrer Tätigkeit vor Ort zugesehen haben mag, ihm setzte AGRICOLA ein Denkmal, wie es einem Bergmann zu seiner Zeit nicht wieder errichtet wurde. AGRICOLA aber erhob sich über die Antike und über den Standpunkt vieler seiner Zeitgenossen, weil er dem Bergmann dessen harte körperliche Arbeit hoch einschätzte und weil dieser der Träger neuer, praktischer Kenntnisse ist, der in bestimmten Dingen mehr und Besseres weiß als die antiken Autoritäten ARISTOTELES und PLINIUS. Um dieses Werk schreiben zu können, sammelte AGRICOLA alle verstreuten Ausführungen der antiken Schriftsteller. Wir wissen, daß er deshalb noch 1530 bei dem Nürnberger Buchhändler LIENHART VON AICH 12 Taler Buchschulden hatte. Aber das in den alten Werken Gefundene befriedigte ihn nicht, er unterrichtete sich deshalb bei den Fachleuten selbst. So wie LUTHER, als er die Bibel ins Deutsche übersetzte, den Leuten aufs Maul schaute, so sah AGRICOLA den Bergleuten auf die Hände und den Hüttenschreibern in ihre Bücher. Diesen Weg der Erkenntnisse legte AGRICOLA relativ schnell zurück, schon 1528 war sein »Bermannus«-Manuskript vollendet.

Es ist das Verdienst des damaligen Joachimsthaler Rektors PLATEANUS gewesen, die Initiative zur Publikation des »Bermannus« ergriffen zu haben. AGRICOLA maß selbst offenbar dem Dialog zunächst noch keine allzu große Bedeutung bei. PLATEANUS aber sah hier zugleich eine günstige Gelegenheit, auch sich selbst bei ERASMUS VON ROTTERDAM, an der höchsten Stelle der wissenschaftlichen Welt, zu empfehlen, das zeigt sein Brief vom 8. September 1529 nach Freiburg im Breisgau (Abb. 19).

ERASMUS VON ROTTERDAM

Zuerst mag er den Joachimsthaler Berghauptmann HEINRICH VON KÖNNERITZ – ihm widmete PLATEANUS den Dialog, vielleicht aus Dankbarkeit für erwiesene Förderung – interessiert haben. Danach wird er, annehmbar durch Vermittlung von dessen Sohn ANDREAS das Werk an ERASMUS geschickt haben und eine Abschrift an die Druckerei FROBEN nach Basel. Das Schreiben des ERASMUS an die Gebrüder ANDREAS und CHRISTOPH VON KÖNNERITZ vom 18. Februar 1529 ist ein für die Öffentlichkeit bestimmtes Urteil über das Buch, und ERASMUS benutzte es zu grundsätzlichen Äußerungen. Mit der Anerkennung der Arbeit AGRICOLAS nach Gegenstand, Gehalt und Darstellung bejahte er die wissenschaftliche Beschäftigung mit dem Bergbau. Die erste publizistische Erwähnung von »De re metallica« findet sich ebenfalls von PLATEANUS und lautet: »Er hat – um von anderem zu schweigen – unter den Händen Bücher über das Bergwesen. So fiel mir bei dem Arzte GEORGIUS AGRICOLA, einem über die übliche Bildung hinaus hervorragenden Kenner der beiden Sprachen (ich verkehre freundschaftlich mit ihm, besuche ihn beinahe täglich und lernte auch entlegenere Studien des Mannes kennen), zufällig neben anderen eine Art Gemenge von Heften in die Hand, die er über den Bergbau geschrieben hat. Bei Gott! Welch eine Sorgfalt dieses Menschen, welche Arbeitsleistung, welch ein scharfes Urteil fand ich dort! Alles, was einerseits die alten, andererseits die neueren griechischen und lateinischen Schriftsteller hinterlassen haben, soweit es aus dem riesigen Verlust der Bücher erhalten geblieben ist, das erörtert dieser einzigartige Mensch auf das genaueste und wägt es sorgfältig gegen das ab, was man in den Gruben Deutschlands, namentlich aber in diesem Tal sehen kann ... Aber da der Stoff dieser Hefte noch verstreut und ohne Zusammenhang dalag, habe ich es nicht gewagt, etwas davon anzurühren, um sie zu publizieren, zumal AGRICOLA selbst verspricht, er werde zu gegebener Zeit die Gelehrten nicht um

Erste Idee zu »De re metallica«

Abb. 19
ERASMUS VON ROTTERDAM, Holzschnitt von HANS HOLBEIN d. J. (Kupferstichkabinett Dresden)

den Genuß seiner Studien bringen.« Man kann aus diesen Zeugnissen herauslesen, daß AGRICOLA bereits zu dieser Zeit sowohl linguistischen als auch philosophischen Problemen Beachtung geschenkt hat. Gegenwärtige technische und ökonomische Fragen wurden mit dem Wissen der Antike verglichen. AGRICOLA stellte fest, daß seine Zeit eine technologische Überlegenheit aufwies, die den Bergleuten und Hüttenmännern zur höchsten Ehre gereichte und sie zu achtbaren Künstlern (im Sinne von Technik gleich kunstvolles Handwerk) erhob. Den linguistischen Problemen wurde breiter Raum eingeräumt. Die klassischen Termini der Substanzen, Maschinen und Geräte mußten in die neue, durch die Bergbaupraxis bereicherte Sprache der Zeit übertragen werden. AGRICOLA löste dieses Problem später durch zweisprachige Register. Im Jahre 1530 erschien das Werk in Basel.

Türkengefahr

Aber nicht nur wissenschaftliche Probleme bewegten damals AGRICOLA. Sein Interesse galt auch der allgemeinen politischen Situation seiner Zeit. Im Jahre 1529 waren die Türken unter Sultan SULEIMAN II. vor Wien erschienen und bedrohten damit das Deutsche Reich. Eine weitsichtige Politik hätte auf eine ausreichende Sicherung gegen die Türken gerichtet sein sollen. In der Türkenfrage aber traten die Gegensätze zwischen der Reichspolitik und dem territorialen Machtstreben der deutschen Fürsten offen zu Tage. Die Fürsten waren nicht schlechthin allein unpatriotisch, sondern wegen ihrer – im Grunde reichsfeindlichen – Politik des Ausbaus von Territorialstaaten auch meist so engstirnig, daß sie die drohende Gefahr gar nicht klar erkannten. Sie mußten erst nachdrücklich auf ihre patriotischen Pflichten hingewiesen werden. AGRICOLA war auch in St. Joachimsthal direkt mit der Türkenfrage konfrontiert worden. Seit 1526 war der Herr der Stadt, Graf STEPHAN SCHLICK, vermißt, er hatte in der Schlacht bei Mohacs gegen die Türken gekämpft und war vermutlich gefallen. Daß AGRICOLA als Arzt Kontakt zur Familie SCHLICK pflegte, ist anzunehmen. Somit war es gegeben, daß er die Türkengefahr nicht nur kannte, sondern darauf auf seine Art und Weise und mit den Mitteln, die ihm zur Verfügung standen, reagierte. AGRICOLA schrieb daher eine lateinische »Rede von der Notwendigkeit des Krieges gegen die Türken« – wir bezeichnen sie kurz als »Türkenrede« – und adressierte sie an den König FERDINAND II. von Böhmen, den Bruder Kaiser KARLS V. Im Winter 1529 übersetzte LORENZ WERMANN diese Schrift ins Deutsche. Sowohl in Dresden als auch in Nürnberg erschien sie 1531 im Druck (Abb. 20). Durch die Herausgabe des »Bermannus« und der »Türkenrede« war AGRICOLA ein bekannter Mann geworden. Der »Bermannus« führte den Bergbau in die fachwissenschaftliche Literatur ein. Dafür lag seitens der bergbau-treibenden Kuxbesitzer, in den meisten Fällen waren dies kapitalkräftige, gebildete Bürger, ein praktisches Interesse vor. Die »Türkenrede« ließ AGRICOLA als einen Mann mit politischem Weitblick erkennen, der über die konfessionellen Streitigkeiten des Tages hinaus die größeren politischen Fragen erkannte.

Rede ... gegen die Türken

Diese Schrift entwickelte ungewöhnlich weite politische Aspekte: In diesem Kriege stand die Freiheit aller auf dem Spiel, das Wohl der Menschen, die christliche Religion. Es ist daher ein gerechter Krieg, der den Deutschen aufgezwungen wurde, in dem furchtbare Greuel geschehen. Der Krieg gegen die Türken ist leicht zu führen, denn Deutschland ist reich, mächtig (wobei AGRICOLA Schweden und Britannien als germanische Länder einbezog), hat berühmte Familien, kriegerische, tapfere Soldaten.

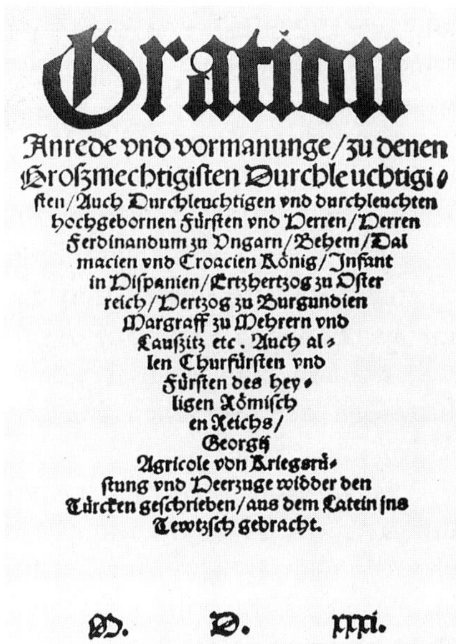
Oration
Anrede vnd vormanunge/zu denen
Großmechtigisten Durchleuchtigi/
sten/Auch Durchleuchtigen vnd durchleuchten
hochgebornen Fürsten vnd Herren/Herren
Ferdinandum zu Vngarn/Behem/Dal
macien vnd Croacien König/Infant
in Hispanien/Ertzhertzog zu Oster
reich/Hertzog zu Burgundien
Marggraff zu Mehrern vnd
Laußitz etc. Auch al/
len Churfürsten vnd
Fürsten des hey/
ligen Römisch
en Reichs/
Georgij
Agricole von Kriegsrü/
stung vnd Heerzuge widder den
Türcken geschrieben/aus dem Latein ins
Tewtzsch gebracht.

M. D. xxxi.

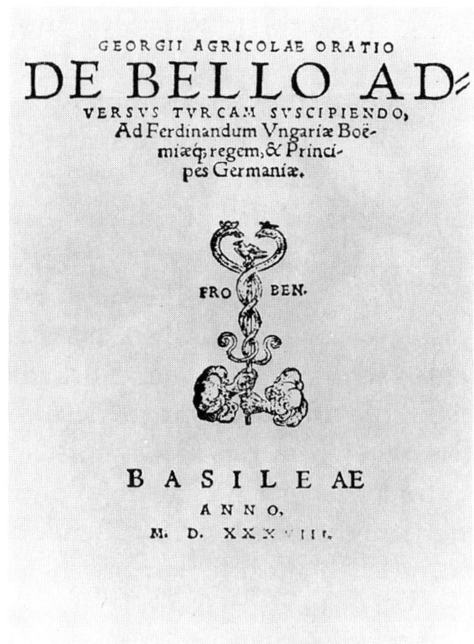
GEORGII AGRICOLAE ORATIO
DE BELLO AD-
VERSVS TVRCAM SVSCIPIENDO,
Ad Ferdinandum Vngariæ Boë-
miæq; regem, & Princi-
pes Germaniæ.

BASILEAE
ANNO,
M. D. XXXVIII.

Abb. 20. Titelblatt der Flugschrift AGRICOLAS über die Notwendigkeit des Krieges gegen die Türken. Deutsch: Dresden 1531, lateinisch: Basel 1538 (Stiftsbibliothek Zeitz)

Der Krieg ist von Nutzen. Alle Völker Europas sind von Natur aus kriegerisch, die Deutschen sind es besonders stark. Nach nochmaliger Schilderung der Schrecken unter der Türkenherrschaft sollen große, starke Heere im nächsten Frühjahr in das Land der Türken einfallen und sie mit den vielen europäischen Bundesgenossen zusammen aus Europa, Afrika und Ägypten hinauswerfen. Hervorragende historische Vergleiche und wohldurchdachte Vorschläge kennzeichnen dieses Werk, das ein Appell an die Deutschen zu Einigkeit und Stärkung der Reichseinheit darstellte.

AGRICOLAS wirtschaftliche Verhältnisse schienen damals gut gewesen zu sein. Trotzdem verließ er 1531 die Bergstadt, nachdem er schon 1530 sein Amt als Stadtarzt aufgegeben hatte.

Jahrzehnte in Chemnitz

Wie das benachbarte Zwickau besaß auch die Stadt Chemnitz im 15. und 16. Jahrhundert eine bestimmte, überregionale Bedeutung (Abb. 21).

Textilproduktion

An erster Stelle stand dabei die textile Produktion. Die Stadt war eine bedeutsame Stätte der Leinweberei und Tuchmacherei. Die Chemnitzer Bleiche war schon 1357 privilegiert worden, das bedeutete die Konzentration des Leinwandgeschäftes in den

Händen eines kleinen, handelsgesellschaftlich organisierten Konsortiums vermögender Bürger. 1478 übernahm der Rat der Stadt Chemnitz die Bleichen am Chemnitzfluß, und um 1533 wurde auf 5 Bleichplänen gebleicht.

Abb. 21
1489 bis 1498 erbauter, 1974/74 restaurierter Renaissance-Flügel des Rathauses in Chemnitz

Kupferhütte

Weiterhin war Chemnitz Standort von Saigerhütten und Kupferhämmern. ULRICH SCHÜTZ aus Nürnberg hatte zusammen mit seinem Schwiegervater, dem Chemnitzer Ratsherrn NICKEL TYLE, 1470 eine Kupfersaigerhütte gegründet, die schon 1488 einem Neubau weichen mußte. Das Blei, welches man zum Silberschmelzen benötigte, stammte meist aus Goslar, wo SCHÜTZ mit dem bekannten, aus Ungarn stammenden Bergbausachverständigen, dem Krakauer Bürger JOHANN THURZO, in Verbindung trat. Zwischenzeitlich hatten 1526 die WELSER mit der Chemnitzer Hütte spekuliert, waren aber später wieder zurückgetreten. HIERONYMUS SCHÜTZ, Sohn des ULRICH, übernahm die Hütte, die AGRICOLA später selbst sehr genau beschrieben hat.

Der Fern- und Durchgangshandel, die Erfüllung besonderer Versorgungsaufgaben für das obere Erzgebirge waren weitere Wirtschaftsaufgaben von Chemnitz, dessen Bürgerschaft damit an der Herausbildung und Formung des Frühkapitalismus Anteil nahm.

Übersiedlung nach Chemnitz

Die Stadt Chemnitz zählte um 1542 etwa 4 500 Einwohner, die ein Bürgervermögen in Höhe von 209 000 fl. versteuerten, damit das wirtschaftliche Gewicht der Stadt verdeutlichend. AGRICOLA war 1531 nach Chemnitz übergesiedelt, aber seine Freunde wußten das zum Teil noch nicht. Im gleichen Jahr schrieb Magister VALENTIN

HERTEL noch an STEPHAN ROTH ein hohes Lob über den »Bermannus«, den ROTH sorgfältig lesen sollte. »Abermals so etwas, wie scheint, nach meinem Geschmack«, ERASMUS VON ROTTERDAM schickte noch am 29. August 1531 an AGRICOLA nach St. Joachimsthal einen Brief, der von Bedeutung für AGRICOLA wurde und eine Antwort auf einen verlorengegangenen Brief darstellte. Offenbar noch im böhmischen St. Joachimsthal hatte sich AGRICOLA mit Maßen, Gewichten und Münzen, also mit metrologischen Problemen befaßt. Dies lag ganz im Rahmen der augenblicklichen Situation in den sächsischen Landen. Dort tobte nämlich seit 1529 ein erbitterter Münzstreit zwischen den albertinischen und ernestinischen Wettinern. Doch davon später. Bei einer wissenschaftlichen Auseinandersetzung mit der Metrologie war es unabdingbar, sich mit den alten, aber auch mit den zeitgenössischen Autoren auseinanderzusetzen. So gab es Diskussionen über einige Ansichten der Italiener PORTIO und ALCIATUS, des Franzosen BUDÈ sowie des Deutschen AGRIPPA VON NETTESHEIM, der 1531 in einem eigenen Werk erstmals aus dem »Bermannus« zitiert hatte. Vorsorglich erkundigte sich AGRICOLA bei ERASMUS über diese Männer. Doch ERASMUS zerstreute im Brief vom 29. Januar 1531 die Befürchtungen AGRICOLAS, indem er sie alle als wohlwollende Männer charakterisierte. Dieses Urteil wurde für AGRICOLA richtungweisend für seine Arbeit.

Sächsischer Münzstreit

Stadtleybarzt

Siehe S. 56

Die Chemnitzer hatten AGRICOLA als »Stadtleybarzt« in ihre Stadt geholt, und zu Michaelis 1531 erhielt er – obwohl nicht mit Namen genannt – 5 Schock 15 Groschen, also 15 Gulden, Halbjahressold. Der Stadtrat mit dem tüchtigen Bürgermeister MERTEN HOBLER an der Spitze sorgte für eine gute medizinische Betreuung der Bevölkerung.

Um diese Zeit war auch Magister VALENTIN HERTEL, der alte Freund aus Glauchau und Leipzig, Lehrer an der Lateinschule in Chemnitz geworden.

Gehaltszahlung durch Herzog Georg

Am 28. Oktober 1531 erhielt AGRICOLA von ANNA ARNOLD 25 Taler ausgezahlt. Sie war die Witwe des kurz zuvor am 16. Oktober 1531 verstorbenen Geleitsmannes HANS ARNOLD, also des herzoglichen Kassenverwalters in Chemnitz. ANNA verwitwete ARNOLD war seine Schwägerin »von wegen meines lieben weibes«. Die 25 Taler waren eine Gehaltszahlung von Herzog GEORG von Sachsen, ohne Angabe des Grundes. Vielleicht war dies ein Entgelt für AGRICOLAS Mitarbeit bei dem sächsischen Münzstreit? Die Münzpolitik AGRICOLAS stimmt wesentlich mit dem Inhalt der albertinischen Flugschriften »Gemeyne stymme von der muncz« (Dresden 1530) und »Apologie und Verantwortung des, was wider das Büchlein der gemeinen stimmen in druck ausgegangen« (o. O. 1531) überein, daß man versucht sein könnte, eine Identität des Verfassers anzunehmen. Er bekämpfte jede Münzenverschlechterung. Der unmäßigen Ausfuhr des guten Geldes für Waren könnte am besten durch Luxusverbote gesteuert werden, dem Einführen schlechter Münzen statt guter durch obrigkeitliche Wertfestsetzung des fremden Geldes, Verbot fremder Scheidemünze, Aufstellung von Wechslern, die jedes Geld in seine Heimat schicken, wo es am meisten gilt.

Erscheinen der Türkenrede

Zugleich in Dresden bei dem bedeutenden Drucker WOLFGANG STÖCKEL und in Nürnberg bei FRIEDRICH PEYPUS erfolgte 1531 der Druck der deutschen Ausgabe der sogenannten »Türkenrede«. Beide wohl auf Initiative von LORENZ WERMANN, der auch eine Vorrede »Der Übersetzer an den Leser« beisteuerte.

Kuxe in Abertham

Wir wissen von AGRICOLA selbst, daß er in Abertham auf der Grube Gottesgabe, die auf dem St.-Lorenz-Gang baute, Kuxe besaß. Dieses Revier war 1528 fündig geworden und um Trinitatis 1529 angegangen. Von Reminiscere 1531 bis Trinitatis 1558 gab diese Grube 239 992 Taler Ausbeute, pro Kux in 27 Jahren 1 509 Taler. Offenbar besaß AGRICOLA mehrere Kuxe, sonst hätte er wohl kaum in so kurzer Zeit ein vermögender Mann werden können.

Haus in Chemnitz

In Chemnitz besaß AGRICOLAS Frau ANNA ein Haus von ihrem ersten Mann, dem herzoglichen Zehntner MATTHIAS MEYNER. Dieser erbaute sich 1513 im Garten seines am Markt gelegenen Hauses ein Gartenhaus. Dafür ließ er sich 1515 von Herzog GEORG von Sachsen eine Freihausurkunde ausstellen. Das Gebäude lag am Kirchgäßchen, das Wohnhaus am Markt verkaufte MEYNER 1516, als er nach Schneeberg übersiedelte, an JOBST WILDECK. In einer sonst nicht weiter bekannten Vereinbarung verpflichtet sich das Ehepaar WILDECK, das Geschoß, d. h. die Grundsteuer für das Hinterhaus, zu bezahlen. Nach MEYNERS Tod 1523 übernahm seine Witwe das Gebäude, bezahlte aber kein Geschoß, wie man es im Geschoßbuch (ab 1531) sehen kann. Daraus hat man schließen wollen, daß sie ein Freihaus besaß, dem war nicht so; denn bis 1536 bezahlte JOBST WILDECK das Geschoß. Erst 1546, als AGRICOLA Bürger wurde, zahlte er selbst Steuern!

Versöhnung mit STEPHAN ROTH

Am 14. Januar 1532, also gleich zu Beginn des neuen Jahres, schrieb AGRICOLA nach langer Zeit einen in herzlichen Worten gehaltenen Brief an seinen alten Schulfreund und Lehrerkollegen, den derzeitigen Stadtschreiber Magister STEPHAN ROTH nach Zwickau. In diesem Schreiben ging es um nicht weniger als um die sehr dringende Empfehlung, den zur Zeit in Marburg Medizin studierenden Magister PETRUS PLATEANUS, den wir 1525/31 schon als Rektor in Joachimsthal kennengelernt hatten, als Schulmeister nach Zwickau zu holen. Dabei erneuert AGRICOLA seine Freundschaft mit ROTH.

Studium der antiken Maße und Gewichte

In dem Jahr 1532 wandte sich AGRICOLA gänzlich dem Studium der antiken Maße und Gewichte zu. Was hatte ihn bewogen, sich mit diesem doch für ihn völlig neuen Stoff zu befassen? In dem Werk, das er unter der Feder hatte, schrieb er als Begründung: »Für alle, die sich mit den schönen Wissenschaften beschäftigen, ist nach meiner Meinung, damit sie zum richtigen Verständnis der Schriftsteller gelangen können, die Kenntnis von den Maßen und Gewichten von hohem Nutzen. Besonders gilt das von den Ärzten. Für diese ist sie ... geradezu unentbehrlich!« Ein Kompendium über diesen

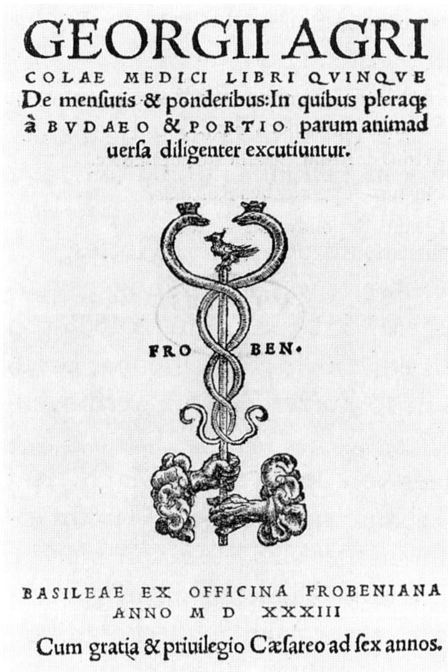
GEORGII AGRI
COLAE MEDICI LIBRI QVINQVE
De mensuris & ponderibus: In quibus pleraq;
à BVDAEO & PORTIO parum animad
uersa diligenter excutiuntur.

FRO BEN.

BASILEAE EX OFFICINA FROBENIANA
ANNO M D XXXIII
Cum gratia & priuilegio Cæsareo ad sex annos.

Abb. 22. AGRICOLAS erste Veröffentlichung über Maße und Gewichte, Basel 1533 (Bücherei der Technischen Universität Bergakademie Freiberg)

Stoff war also ein recht zeitgemäßes, ja notwendiges Werk. Die Stoffsammlung schloß er Ende 1532 ab. Die Niederschrift des immerhin 296 Folio-Seiten umfassenden Werkes, dem er den Titel »De mensuris et ponderibus Romanorum atque Graecorum« (Maße und Gewichte der Römer und Griechen) (Abb. 22) gab, erfolgte in nur 2 Monaten im Januar und Februar 1533 und wurde am 5. März 1533 beendet. An diesem Tag schloß er das Widmungsschreiben an den sächsischen Kurfürsten JOHANN FRIEDRICH und an den albertinischen Herzog JOHANN von Sachsen, Sohn Herzog GEORGS DES BÄRTIGEN, ab. Darin teilte AGRICOLA mit, daß er – wenn ihm das Leben blieb – 12 Bücher »De re metallica« herausgeben will! Ende August lag das Buch gedruckt im Verlag FROBEN in Basel vor. Dem Werk war auch ein ganz ungewöhnlicher Erfolg beschieden. Aber, so wichtig das Werk auch war, so unhandlich war es auch. So nimmt es nicht wunder, daß schon zu Lebzeiten AGRICOLAS von anderer Seite geschaffene tabellarische Zusammenfassungen nützlicher zu handhaben waren. Diese haben dann den Namen AGRICOLA völlig vergessen lassen. Erst die bisher einzige deutsche Übersetzung 1959 im Rahmen der Dresdener AGRICOLA-Gedenk-Ausgabe hat dieses Werk AGRICOLAS wieder in den Blickpunkt der Wissenschaftsgeschichte gerückt. Das Mittelalter mit seiner staatlichen Zersplitterung brachte dem gesamten Abendland eine der politischen Zersplitterung entsprechende Verwirrung des Meßwesens. Im Heiligen Römischen Reich deutscher Nation war diese Verwirrung wohl am schlimmsten ausgeprägt. Dadurch drohte Gefahr für Handel und Wandel, und unlauteren Manipulationen – wie im sächsischen Münzstreit – wurde Vorschub geleistet. Dazu kam, daß fast jedes Ländchen sein Quentchen hatte. AGRICOLA versuchte nun, die antiken, hauptsächlich römischen Maß- und Gewichtssysteme zu rekonstruieren, um sie wieder einführen zu können. Er bedauerte die große Uneinheitlichkeit, die ihm sein Vorhaben, das rechte (d. h. richtige) Maß zu finden, so erschwerten. Mit großer Sorgfalt und unendlicher Akribie untersuchte AGRICOLA Unterschiede der Maße und fundierte erstmalig dabei das Verhältnis von Qualität und Quantität. Das Werk »Maße und Gewichte« von 1533 (und in 2. Auflage von 1550) ist für uns heute neben seinem Inhalt vor allem wichtig der Umstände wegen, die AGRICOLA veranlaßten, es zu schreiben.

Er ging nämlich von den Forderungen des Arztes und Stadtapothekers aus, für die die Kenntnis von Maß und Gewicht besonders wichtig waren. Kommt etwa bei der Arznei ein Versehen im Gewicht vor, so ist das stets mit körperlichen Schäden, nicht selten mit dem Tode, verbunden. Den verantwortungslosen Quacksalbern sagte er einen unerbittlichen Kampf an, der Medizin wollte er neue Wege zeigen. Zunächst wurden die römischen Maße, dann die griechischen behandelt, es folgten die Gewichte in gleicher Art und Weise, wobei dem Problem, wie die Maße und Gewichte zueinander im Verhältnis stehen, besondere Beachtung geschenkt wurde. AGRICOLA verstand es, mit erstaunlicher Sicherheit den Leser durch den Wirrwarr der antiken Maße und Gewichte zu führen und kann für sich in Anspruch nehmen, das über dem ganzen Fachgebiet schwebende Dunkel aufgehellt zu haben.

Brief des ERASMUS an AGRICOLA

Am 24. März 1533 schrieb ERASMUS VON ROTTERDAM einen kurzen Brief an AGRICOLA, der vor allem wegen der Beschreibung der Leiden des kranken Humanisten das Mitgefühl des Lesers erweckt. Zum anderen dankte er für die Übersendung eines Buches.

Tod der Mutter

In diesem Jahr verstarb seine Mutter in Glauchau, wir wissen leider nicht den Todestag. AGRICOLA wird wohl bei der Beerdigung anwesend gewesen sein, denn die Stadt Glauchau liegt nur 28 Kilometer westlich von Chemnitz entfernt.

Darlehen für das Kloster

AGRICOLA war überzeugter Katholik. So ist es leicht erklärlich, daß er dem Chemnitzer Benediktinerkloster ein umfangreiches Darlehen gab. Am 1. September 1535 erteilte Abt HILARIUS VON REHBURG eine Wiederverkaufsverschreibung über 50 Gulden Zins jährlich. AGRICOLA lieh dem Kloster 1 000 Rheinische Gulden zu 21 Groschen je Gulden des alten Schrot und Korns. Als Sicherheit erhielt er für sich, seine Erben und Erbnehmer die Einnahmen aus den Dörfern Helbigsdorf, Kappel und Schönau, wenn das Kloster nicht zahlen könne. Es ist bemerkenswert, daß die letzten 250 fl Kapital erst 1667 an die Erbnehmer bezahlt wurden.

Briefwechsel mit PLATEANUS

Im September und Oktober 1533 erhielt AGRICOLA zwei Briefe von PLATEANUS, in denen er mitteilte, daß sich in dem Werk »Maße und Gewichte« Druckfehler eingeschlichen hätten. Dies nahm AGRICOLA zum Anlaß, die erforderlichen Verbesserungen mit dem Druck eines Briefes an PLATEANUS am 1. November 1533 zu verbinden. Diese »Epistula ad Plateanum« bot AGRICOLA auch Gelegenheit, einiges Grundsätzliches über Bewertung und Zielsetzung wissenschaftlicher Arbeiten, Neid und Mißgunst der Gelehrten, hilfreiche Kritik und anderes zu sagen. Er entschuldigte sich für die Druckfehler mit dem Hinweis, daß er in nur zwei Monaten das Werk geschrieben habe. Dieses Werk erschien 1534 bei FROBEN in Basel.

Briefwechsel mit ERASMUS wegen LUTHER

Anfang des Jahres 1534 sandte AGRICOLA einen Brief an ERASMUS VON ROTTERDAM nach Freiburg/Br., den dieser Ende April beantwortete. In dem ausführlichen Schreiben ließ sich ERASMUS in scharfen Worten gegen LUTHER aus, weil dieser seine Schriften aus den Schulen hinauswerfe und ihn dem Satan übergebe. Aber AGRICOLA möge dies für sich behalten; daraus ist doch wohl zu schließen, daß sich zwischen beiden Männern freundschaftliche Beziehungen entwickelt hatten. Der Brief war nach St. Joachimsthal gerichtet, wo sich AGRICOLA für mehrere Wochen aufhielt. Auch sein Verleger HIERONYMUS FROBEN hatte ihm Ende März aus Basel dorthin geschrieben und ihm Probleme, die er mit der Ausgabe des griechischen Arztes PAULOS VON AEGINA hatte, mitgeteilt.

Vormund

Zu Michaelis 1534 hat AGRICOLA in Vormundschaft der CHRISTINA verwitwete SCHÜTZ 30 Schock Groschen Zins dem Rat der Stadt Zwickau quittiert. Damit trat er in nähere Beziehungen zu einer der wichtigsten Chemnitzer Familien. CHRISTINA SCHÜTZ war die 2. Frau des ULRICH SCHÜTZ d. J. und hatte acht Kinder, wovon die Tochter ANNA später AGRICOLAS zweite Frau werden sollte.

Brief Dr. HORNEBORCHS wegen Gruben im Harz

In Halle/Saale verfaßte am 16. Oktober 1534 der Hofrat Dr. JOHANNES HORNEBORCH einen Brief, in dem er AGRICOLA im Namen Herzog HEINRICHS d. J. von Braunschweig-Wolfenbüttel aufforderte, umgehend denselben aufzusuchen oder ihm schriftlich mitzuteilen, was er von den Silbergruben des Herzogs im Harz halte. Dieser Wunsch ist Beweis dafür, daß sich AGRICOLA des Rufes eines Bergsachverständigen erfreute; er ist aber dieser Aufforderung nicht nachgekommen. Ein zu günstiges Urteil ließ eine Abwanderung sächsischer Bergleute befürchten!

Typographia Mysniae

Nach eigenen Worten begann AGRICOLA 1534 umfassende historische Studien zur Geschichte der Mark Meißen und Thüringens unter dem Titel »Typographia Mysniae et Toringiae«. Vermutlich um diese Zeit arbeitete er auch an einer »Rede über die Taten der Herzöge ERNST und ALBRECHT von Sachsen«, die aber nicht mehr erhalten ist.

Verlorene Schriften

An PHILIPP MELANCHTHON in Wittenberg berichtete AGRICOLA Ende April aus St. Joachimsthal über seine Schrift »Castigationes in HIPPOCRATEM et GALENUM« (Textverbesserungen zu HIPPOKRATES und GALEN). Am 8. November 1534 schrieb nun MELANCHTHON an Dr. JOHANNES NEEFE, der seit 1533 Stadtarzt in der böhmischen Bergstadt St. Joachimsthal war, und ließ Grüße an AGRICOLA ausrichten, von dem er annahm, daß er noch dort sei. Erstmalig zu Michaelis 1535 wurde AGRICOLA namentlich als »Stadtleybarzt« im Ausgabenbuch des Chemnitzer Rates genannt.

siehe S. 52

Bei der Hochzeit von ANNA ARNOLD, der Nichte seiner Frau, mit LEONHARD SCHÜTZ ergab sich nun endlich die lang ersehnte Gelegenheit, den Streit mit STEPHAN ROTH beizulegen. Dabei mag das Gespräch auch auf die Inschrift auf dem sogenannten RÖMER-Kreuz in der Marienkirche Zwickau gekommen sein und ROTH wird gefragt haben, ob AGRICOLA die merkwürdigen Zeichen entziffert habe. Dies konnte AGRICOLA mit gutem Gewissen bejahen. Es dauerte aber noch fast ein Jahr, ehe er seinen Bericht abschickte.

Das »RÖMER-Kreuz«

Kirchenopfer

Ein Zeugnis für den kirchlichen Sinn AGRICOLAS ist uns vom Weihnachtstag 1535 überliefert. Am 25. Dezember zählten die Chemnitzer Kirchenbehörden über

310 Einwohner, die Pfennigbeträge gaben, höhere Opfer wurden von 10 Bürgern geleistet. AGRICOLA gab einen Groschen (also 12 Pfennige).

Dank des Rates von Zwickau

Am 2. Februar 1536 schickte er endlich den Brief mit der Kreuz-Inschrift an den Rat zu Zwickau, den ursprünglich VALENTIN HERTEL besorgen wollte. Durch dessen Säumigkeit wurde die Abfertigung aber längere Zeit verzögert. Am 9. Februar 1536 dankte der Rat der Stadt Zwickau in einem vermutlich von STEPHAN ROTH aufgesetzten Brief für die Übersetzung. Dabei ließ es aber der Rat nicht bewenden, sondern verehrte AGRICOLA, nicht ganz ohne dessen gelinden Druck, einen Silberbecher im Wert von 15 Gulden, in dem eine Widmung von der Feder Magister PLATEANUS' eingraviert war. Im erhaltenen Konzept des Dankesbriefes sind noch drei weitere Distichen (eins von PLATEANUS und zwei von ROTH) erhalten geblieben. Ende Februar brachte dann der Bote MICHEL Becher und Brief zu AGRICOLA nach Chemnitz. – Im Herbst 1536 war er stark mit Bergbaustudien befaßt, wie GEORG FABRICIUS am 10. November 1536 an WOLFGANG MEURER schrieb. Als AGRICOLA am 13. August 1536 wiederum an STEPHAN ROTH nach Zwickau schrieb und ihn wegen der Erbsache JOBST WILDECK und dessen Ehefrau um ein Verzichtschreiben des Ehepaares, das diese vor fünf oder sechs Jahren in Zwickau geschrieben hatten, bat, ahnte er nicht, daß sich daraus ein langwieriger und höchst unerquicklicher Streit mit HANS und PAUL NEEFE in Chemnitz anbahnte. Am 26. November 1536 vertrat ihn zunächst VALENTIN HERTEL, der ebenfalls Vormund der WILDECKschen Kinder war, in Zwickau, weil er selbst verhindert war. Nicht weniger als vier Eintragungen im Gerichtsbuch der Vögte zu Chemnitz befassen sich nun mit diesem Rechtsstreit im Jahre 1537. AGRICOLA zahlte mehrfach einen bzw. zwei Pfennig Steuer zur Hälfte eines Ackers, dessen anderer Teil den NEEFES gehörte. Der Streit schien ein reiner Familienzwist zu sein, es ging also um einen Acker! JOBST WILDECK und seine Ehefrau MAGDALENA geb. HENDEL hatten mindestens sechs Kinder hinterlassen, von denen vier noch unmündig waren. Der älteste Sohn ROCHIUS WILDECK und die ältere Tochter URSULA waren verheiratet. Letztere mit PAUL NEEFE. Daher der Streit, der sich zunächst noch ein Jahr hinstreckte. In diesem Streit zwischen einem Vertreter der aufstrebenden Textilhändler, hier PAUL NEEFE, mit den immer mehr in den Hintergrund tretenden Metallhändlern, zu deren Partei AGRICOLA zu zählen war, ging es letztlich um prinzipielle Dinge: Es ging um Ansehen und um Macht. Es war jene spannungsgeladene Atmosphäre der politischen Wachablösung in der Stadt: Die Textilhändler versuchten mit allen Mitteln (auch denen der persönlichen Verunglimpfung), die Metallpartei aus ihren Positionen zu verdrängen. AGRICOLA befaßte sich offenbar während dieser Zeit intensiv mit historischen und medizinischen Studien. Er ließ am 25. September 1537 durch GEORG FABRICIUS bei WOLFGANG MEURER in Leipzig anfragen, was an guten Medizinbüchern erschienen war. Endlich wurde der Streit mit PAUL NEEFE geklärt. Der Rat der Stadt hatte sich an den herzoglichen Hof um ein Urteil gewandt. Die Räte des schwach-

Erbsache WILDECK

sinnigen Herzogs FRIEDRICH VON SACHSEN befahlen nun, daß den unmündigen Kindern WILDECK ihr Recht auf den Acker zuzubilligen sei und sie ihr Erbe ungeschmälert genießen sollten. Vielleicht beruht die Feindschaft zwischen PAUL NEEFE und AGRICOLA, die noch zu weit Ärgerem führen sollte, auch mit auf diesem Fall.

In diese Zeit fällt auch ein brisanter Vorfall. Ostern 1538 bat die Priorin des Jungfrauen-Klosters Freiberg den Rat von Chemnitz, AGRICOLA zu veranlassen, weiterhin Geldmittel für die Nonne KATHARINA WILDECK zu schicken. Er habe ihr mitgeteilt, daß er kein Geld mehr zahlen wolle. Rein juristisch hatte er recht, denn die Nonne war zum evangelischen Glauben übergetreten und aus dem Kloster ausgetreten. Damit entfiel eine Weiterzahlung.

Abb. 23. GEORGIUS FABRICIUS aus Chemnitz (Staatliche Kunstsammlungen Dresden, Kupferstichkabinett)

Türkenrede lateinische Ausgabe

EPISCOPIUS hatte 1537 die Absicht, sich von seinem Lektor BEATUS RHENANUS in Schlettstadt eine lateinische Vorrede zu AGRICOLAS »Türkenrede« schreiben zu lassen. Dieser lehnte aber ab. AGRICOLA äußerte 1538 die Absicht, seine von LORENZ WERMANN 1530 in deutscher Sprache publizierte »Türkenrede« nun auch in lateinischer Sprache herauszugeben. Der damals 22-jährige GEORG FABRICIUS (Abb. 23) bemühte sich sofort über seinen Freund WOLFGANG MEURER um eine Druckmöglichkeit bei dem bekannten Drucker WOHLRABE in Leipzig, offenbar aber ohne offiziellen Auftrag. AGRICOLA hatte sich nämlich schon an FROBEN nach Basel gewandt, aber er übertrug seinem jüngeren Freund die Herausgabe dieser Schrift. Mit einer lateinischen Vorrede von FABRICIUS ging dann das Manuskript am 1. März 1538 nach Basel zum Druck, wo es noch im gleichen Jahr unter dem Titel »De bello adversum Turcam suscipiendo« (Von der Notwendigkeit des Krieges gegen die Türken) erschien.

Einführung der Reformation in Chemnitz

Am 17. April 1539 starb in Dresden Herzog GEORG DER BÄRTIGE, der feste Hort katholischen Glaubens. Sein jüngerer Bruder und Nachfolger Herzog HEINRICH, den man später den »Frommen« nannte und der bislang in Freiberg residierte, siedelte sofort nach Dresden über. Nun wurde auch im albertinischen Sachsen überall die Reformation rasch, ja teilweise überstürzt und nicht ohne Härte eingeführt. Bald nach seinem Regierungsantritt ließ sich Herzog HEINRICH in Chemnitz huldigen und bestätigte die Privilegien der Stadt, vor allem die Gerechtsame der Bannmeile, in welcher um Chemnitz kein Handwerker sein, nicht gebraut, kein fremdes Bier geschenkt und kein Salz verkauft werden durfte, außer in Chemnitz selbst. Eine Kirchenvisitation unter den bekannten Reformatoren JUSTUS JONAS und GEORG SPALATIN berief den ersten evangelischen Prediger und Superintendenten WOLFGANG FUSIUS aus Leisnig nach Chemnitz, der am 10. August 1539 die erste deutsche Messe las. Am 22. August aber warnte in einem Brief WOLFGANG MEURER AGRICOLA, er habe erfahren, daß alle Katholiken Verfolgungen ausgesetzt würden. Dazu kam es aber nicht. Der alte Freund VALENTIN HERTEL aber trat zum neuen Glauben über und behielt dadurch seine Stelle als Rektor des Gymnasiums. Abt HILLARIUS VON REHBURG verließ das Kloster und zog in die Stadt, nannte sich aber weiterhin »Abt von Chemnitz«. Als Herzog HEINRICH am 11. November 1539 einen Landtag in Chemnitz abhielt, beschwerte sich die Ritterschaft, daß sie nicht bei der Einführung der Reformation gefragt worden sei, man ging darüber zur Tagesordnung über!

Schmerzlich wird AGRICOLA berührt haben, daß am 19. April 1540, 51 Jahre nach ihrem triumphalen Einzug, die Barfüßermönche des Minoritenklosters aus der Stadt gewiesen wurden, weil sie sich nicht der Anordnung der Kirchenvisitation von 1539 gefügt hatten. Damit war für ihn die letzte Stelle am Ort, an der er sein katholisches Glaubensbekenntnis entsprechend bezeugen konnte, verlorengegangen.

Bruder CHRISTOPH zieht nach Chemnitz

Sein jüngerer Bruder CHRISTOPH PAWER verkaufte um 1540 in Glauchau seinen Besitz und zog mit seiner Familie nach Chemnitz. In der großen Brüdergasse kaufte er ein Grundstück und erwarb das Bürgerrecht. Auch hier betrieb er den Beruf eines Tuchmachers weiter.

Seltsam ist, daß der Student JOHANNES GIGAS zwei Gedichte 1540 über AGRICOLAS medizinische Künste schrieb. GIGAS war Schützling des katholischen Bischofs von Zeitz, JULIUS PFLUG, ging aber 1539 nach Wittenberg zu MELANCHTHON. Wie er zu AGRICOLA kam, ist unbekannt. Vielleicht über PFLUG oder MEURER?

Tod von AGRICOLAS Frau

Es ist ungewiß, wann AGRICOLAS erste Frau starb, man nimmt an, daß dies im Jahr 1540 oder 1541 geschah.

Herzog MORITZ übernimmt Herrschaft

Am 18. August 1541 starb Herzog HEINRICH DER FROMME in Dresden und wurde im Dom zu Freiberg beigesetzt. Die Herrschaft übernahm nun sein erst 20jähriger Sohn Herzog MORITZ. Im September 1541 ließ er sich in Chemnitz huldigen und bestätigte der Stadt alle Privilegien, Rechte und Freiheiten.

In dem Register über die jährlichen Ausgaben des Klosters Chemnitz, das 1541 aus Anlaß der Säkularisierung angefertigt wurde, ist zu lesen, daß AGRICOLA jährlich zu Michaelis und zu Walpurgis je sechs Gulden Zins auf das Darlehen von 1 000 Gulden erhielt.

Türkensteuern

Die Türkensteuer 1542, aus Anlaß des Krieges gegen die Türken ausgeschrieben, war eine beachtliche Sondersteuer. Diese allenthalben unbeliebte Steuer erfaßte alle Bürger, auch Adel und Geistlichkeit, die sonst Steuerfreiheit besaßen. Sie war ein Gemisch von Vermögens-, Kopf- und Einkommenssteuer, die auf einer Selbsteinschätzung nach bestem Wissen und Gewissen beruhte. AGRICOLA gab 2 300 Gulden als sein Vermögen an, damit gehörte er mit zu dem Dutzend Einwohnern, welches die höchsten Steuern zahlte.

Heirat mit ANNA SCHÜTZ

Ende 1542 oder Anfang 1543 heiratete der damals Endvierziger Dr. GEORGIUS AGRICOLA die noch recht junge, etwa 17jährige ANNA SCHÜTZ, sein Mündel.

Damit war er mit der reichsten Chemnitzer Familie verschwägert.

Neffen auf Fürstenschule Pforta

Am 24. Februar 1543 schrieb ihm sein früherer Zwickauer Schulkollege JOHANNES RIVIUS (vermutlich aus Dresden), daß er sich für AGRICOLAS Neffen einsetzen wolle, damit diese einen Platz auf der Fürstenschule Pforta bekämen. RIVIUS war ein Jahr zuvor von Herzog MORITZ zum Mitarbeiter für geistliche Angelegenheiten nach Dresden berufen worden. Auf seinen Vorschlag hin gründete der Herzog dann die vom Landtag am 16. Januar 1543 beschlossenen »Fürstenschulen« in Meißen, Pforta bei Naumburg und Merseburg. Zwei Neffen AGRICOLAS besuchten die Fürstenschule zu Pforta.

Herzog MORITZ war sofort nach seinem Regierungsantritt bemüht, die politisch-ökonomische Basis seines Territorialstaates zu festigen.

Steuerfreiheit

Er scharte Gelehrte und berühmte Männer um sich bzw. zog sie durch Gewährung gewisser Freizügigkeiten an sich. So auch AGRICOLA, der wahrscheinlich von seinen Studienfreunden, den herzoglichen Räten GEORG VON KOMMERSTADT und CHRISTOPH VON CARLOWITZ dem jüngeren, ehrgeizigen Herzog empfohlen worden war. Am 14. Juni 1543 erneuerte ihm Herzog MORITZ Steuerfreiheit für das Haus seiner Frau, Befreiung vom städtischen Recht, er durfte fremdes Bier einkaufen und bekam die Befreiung von öffentlichen Ämtern, damit er sich völlig seinen wissenschaftlichen Studien widmen könne.

Streit zwischen FABRICIUS und BÖRNER

Aber auch vom Gezänk der Gelehrten blieb er nicht verschont. Sein junger Freund FABRICIUS, der in Venedig weilte, hatte mit dem berühmten Leipziger Theologieprofessor CASPAR BÖRNER eine ärgerliche Auseinandersetzung gehabt. BÖRNER hatte inzwischen an AGRICOLA, HERTEL und andere Persönlichkeiten deswegen geschrieben und sich über FABRICIUS beklagt. FABRICIUS wiederum bat WOLFGANG MEURER, der damals in Padua weilte, um Rat, wie er sich verhalten solle. Leider wissen wir AGRICOLAS Meinung darüber nicht.

Tochter IRENE geboren

Schließlich ist anzunehmen, daß AGRICOLA von seiner jungen Frau eine Tochter bekam, der er den Namen IRENE gab. Nähere Angaben fehlen aber.

Bücherkäufe

In dem am 1. Januar 1544 geschriebenen Brief an WOLFGANG MEURER bat AGRICOLA ihn, eine größere Anzahl griechischer Kommentare zu den Auslegern des ARISTOTELES zu besorgen. Es sind meist Aldinen, d. h. Werke aus der Druckerei des ALDUS MANUTIUS in Venedig, und wir wissen nicht, ob er alle gewünschten Werke auch erhalten hat, denn seine sicherlich recht umfangreiche und wertvolle Bibliothek ging nach seinem Tode verloren. Aus der Aufstellung ersieht man, daß AGRICOLA ganz systematisch Bücher kaufte, denn er bestellte sich hier alle Kommentare zu den naturwissenschaftlichen Werken des großen griechischen Gelehrten. Er bat MEURER, die Bücher unversehrt nach Hause mitzubringen. Sollte sein Geld nicht ausreichen, möchte er es sich bei LORENZ BADEHORN leihen. Jedenfalls hatte er 16 ½ Joachimsthaler zu bezahlen, das ist mehr als sein Halbjahressold als Stadtleibarzt von Chemnitz!

Demselben Brief legte er ein Schreiben an VALERIUS CORDUS bei mit der Bitte, für ihn Minerale, Gesteine, Pflanzen und Tiere zu sammeln.

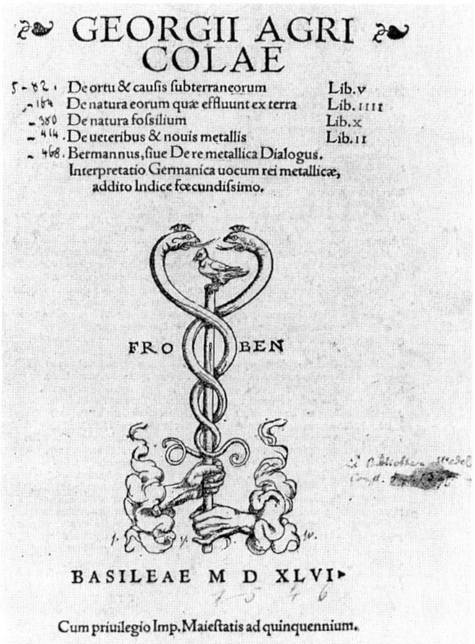
GEORGII AGRICOLAE

De ortu & cauſis ſubterraneorum Lib. V
De natura eorum quæ effluunt ex terra Lib. IIII
De natura foſsilium Lib. X
De ueteribus & nouis metallis Lib. II
Bermannus, ſiue De re metallica Dialogus.
Interpretatio Germanica uocum rei metallicæ, addito Indice fœcundiſsimo.

FRO BEN

BASILEAE M D XLVI

Cum priuilegio Imp. Maieſtatis ad quinquennium.

Abb. 24. Titelblatt der mineralogisch-geologisch-lagerstättenkundlichen Veröffentlichungen AGRICOLAS, Basel 1546 (Bücherei der Technischen Universität Bergakademie Freiberg)

De ortu et causis subterraneorum 1544

Mit der Abfassung einer dem Herzog MORITZ zugeeigneten Widmungsrede schloß AGRICOLA am 1. März 1544 das schon seit drei Jahren fertig vorliegende erste Werk seiner geowissenschaftlichen Schriften ab. Er gab ihm den Titel »De ortu et causis subterraneorum libri V«, d. h. »Die Entstehung der Stoffe im Erdinnern, V Bücher« (Abb. 24).

ADAM SIBER heftete ihm eine Elegie an VALENTIN HERTEL vor. Im Widmungsbrief bedankte sich AGRICOLA bei Herzog MORITZ für die ihm vor kurzem erwiesenen Gunstbezeugungen im sog. Freihausbrief vom 14. Juni 1543.

Wasser

Das Werk ist in fünf Bücher, d. h. Kapitel gegliedert. Im Buch I wird die Entstehung des Wassers behandelt. Wenn AGRICOLA dem Wasser so viel Aufmerksamkeit schenkte, ist das aus philosophischen Gründen erklärbar, nach denen die vier Elemente Wasser, Luft, Feuer und Erde und ihre jeweilige gegenseitige Mischung die Entstehung der Formen des materiellen Seins darstellen.
Dieses Werk ist wohl das systematischste Werk AGRICOLAS. Er hatte sich zum Ziel gesetzt, das Wesen *der* Stoffe zu erforschen, die *in* der Erde entstehen. Die unterirdischen Stoffe wurden grundsätzlich in zwei Gruppen gegliedert, in solche, welche von selbst aus eigener Kraft aus der Erde kommen, und in die, nach denen man gräbt. Von der ersten Gruppe ist die Feuchtigkeit die häufigste Erscheinung. Es stehen sich bei dem Problem Wasser zwei Meinungen gegenüber, einmal sei alles Wasser Regenwasser, zum anderen entstehe Wasser auch durch verschiedene Prozesse im Erdinnern. (Es ist

der moderne Streit über vadose und juvenile Wasser.) AGRICOLA meinte, daß es beide Arten gäbe.

Für uns heute ganz ungewöhnlich in einem geologischen Buch bearbeitete AGRICOLA (Buch II) die Luft und den Wind und wer den Wind bewegt. Hier finden wir noch nach über 18 Jahrhunderten den ungebrochenen Einfluß des antiken Denkens vor. ARISTOTELES meinte, daß eine starke Gewalt des Dunstes aus der Erde Ursache des Windes sei. Er entstehe, wenn innere Wärme die feuchte Erde erhitze. Das sei auch die Ursache von Erdbeben! Es wird nunmehr klar, warum AGRICOLA als überzeugter Aristoteliker sich zunächst mit meteorologischen Dingen befaßte, da auch ARISTOTELES, der die Thesen des griechischen Philosophen ANAXAGORAS aus dem 4. Jahrhundert vor Christus, daß Erdbeben durch starke unterirdische Luftbewegungen entstünden, übernahm und weiter ausbaute. Er stellte sie zu seiner Meteorologie. Diese Theorie übernahm AGRICOLA und legte sie in aller Breite und Ausführlichkeit dar.

Erdbeben

Vulkanismus

Eng verknüpft mit den Erdbeben ist der Vulkanismus. AGRICOLA stellte nun die Frage, wieso Erden brennen können. Er antwortete, das Brennmaterial sei Schwefel und Bitumen. Selbst 250 Jahre später hatte ABRAHAM GOTTLOB WERNER an der Bergakademie Freiberg noch keine bessere Erklärung für diese Fragen!

Allgemeine Geologie

Im Buch III werden Fragen diskutiert, die wir heute zur Dynamischen Geologie zählen. AGRICOLA sah die Entstehung der Berge und Täler als Verwitterungsprozesse an. Wind, Erdbeben und Wasser seien dafür verantwortlich. Bemerkenswert ist, daß AGRICOLA die biblische Sintflut nicht zur Deutung aller dieser Prozesse herangezogen hat. Weiterhin behandelte er die Entstehung der Gänge, Klüfte und Schichtflächen und unterschied dafür zwei Ursachen, die wir heute als syn- oder epirogenetisch bezeichnen. AGRICOLA schrieb, daß es lächerlich sei anzunehmen, Gott habe alle Felsen, Erze und Minerale zu Beginn der Welt so geschaffen, wie man sie jetzt finde, und in der Zwischenzeit wäre nichts weiter entstanden. Damit führte er neue Dimensionen von Zeit und Raum in die Betrachtung der Erde ein. Die Annahme einer Weiterbildung des Geschaffenen richtet sich nicht prinzipiell gegen die These einer göttlichen Schöpfung. AGRICOLA lehnte nur eine zu eng gefaßte Deutung ab. Hier hat er schon eine Entwicklung der Natur gesehen und dadurch mit die Bahn frei gemacht für eine von theologischen Gesichtspunkten freie Naturwissenschaft. In den Büchern IV und V wurden die Eigenschaften der Erden, Felsen, Gemenge, Steine und Erze (also schon in der Reihenfolge der erst 1546 vollendeten Mineralsystematik!) behandelt. Die gegebenen Darlegungen sind so modern, daß man sie in ihren Grundzügen auch heute noch verwenden könnte. Er beschrieb Größe, Farbe, Glanz, Durchsichtigkeit, Geschmack, Durchlässigkeit und noch vieles andere mehr. Dieses Werk blieb vorerst noch ungedruckt.

Schickt Typographia Mysniae nach Dresden

Ebenfalls ungedruckt blieb auch ein ganz anderes Werk, an dem AGRICOLA schon im Jahre 1534 zu arbeiten begonnen hatte. Er reichte nämlich 1544 dem Dresdener Hof seine Schrift »Typographiae Mysniae et Toringiae« (Typographie Meißens und

Thüringens) ein. AGRICOLA hat nie wieder davon etwas gehört, und so müssen wir dieses Werk als verloren betrachten.

AGRICOLA arbeitete indessen an seinen anderen geowissenschaftlichen Werken weiter. Dabei halfen ihm natürlich auch andere Gelehrte. So antwortete ihm am 20. April 1544 VALERIUS CORDUS auf seine Anfrage vom Frühjahr, daß er alles, was er in Italien an Mineralen sehe, sorgfältig aufzeichne. Wenn auch der Tod des erst 29jährigen – er starb am 25. September 1544 in Rom – eine Übergabe dieses Materials verhinderte, verwandte AGRICOLA viele Notizen von CORDUS, die er von ihm 1538 bis 1543 aus Hildesheim erhalten hatte. Um 1540 hatte sich AGRICOLA bereit erklärt, als CORDUS lebensgefährlich erkrankt war, dessen wissenschaftlichen Nachlaß zu betreuen. Nunmehr benachrichtigte HIERONYMUS SCHREIBER aus Rom AGRICOLA vom Tod des VALERIUS CORDUS.

VALERIUS CORDUS

Aus den Jahren 1544/45 besitzen wir eine Reihe Briefe, die AGRICOLA mit WOLFGANG MEURER in Leipzig wechselte. Dieser war soeben aus Italien zurückgekehrt, wo er für AGRICOLA Bücher eingekauft hatte. Es waren dies vor allem Kommentare zu Werken des ARISTOTELES, die er über den Venezianer VICTOR TRINCAVELLUS bezog.

Die 1543 gegründeten Fürstenschulen interessierten den Pädagogen AGRICOLA naturgemäß, zumal der Charakter dieser Gelehrtenschulen seinen Idealen, die er selbst Anfang der zwanziger Jahre in Zwickau verwirklichen wollte, ziemlich nahe kamen. Aber auch familiäre Interessen spielten eine Rolle, denn mehrere Neffen lernten in Schulpforta, und er fragte beim Rektor JOHANNES GIGAS ihretwegen an. GIGAS schrieb ihm am 24. Januar 1545, seine Neffen MARTIN und GEORG AGRICOLA »erfüllen die Pflicht in dem Maß, daß sie hinsichtlich ihres Wohlverhaltens, ihrer Bescheidenheit und ihrer Sorgfalt ein Lob« bekamen.

JOHANNES GIGAS' Urteil über AGRICOLAS Neffen

Im Februar 1545 erhielt AGRICOLA über WOLFGANG MEURER von GEORG FABRICIUS aus Straßburg einen Brief. Darin teilte er ihm mit, daß ANDREAS ALCIATUS gegen AGRICOLA eine Streitschrift wegen des Werkes »Maße und Gewichte« unter dem Titel »Nebensächlichkeiten« (Parerga) publiziert habe. Darauf mußte AGRICOLA antworten, aber er konnte es erst vier Jahre später tun. Wichtigere Arbeiten drängten.

Streitschrift des ALCIATUS gegen AGRICOLA

Aber immer wieder kamen auch andere Abhaltungen. Offenbar war AGRICOLA als Arzt recht angesehen, denn PLATEANUS schrieb ihm am 28. Juli 1545 aus Zwickau, daß LEONHARD NATHER, der alte Studienkollege, an einem langwierigen und bösen Fieber leide. NATHER setzte aber in AGRICOLAS ärztliche Kunst die größten Hoffnungen. AGRICOLA reiste also nach Zwickau und konnte NATHER heilen.

AGRICOLAS ärztlicher Rat gesucht

Unbekannt, an welchem Tag, aber bestimmt in diesem Jahr, wurde ihm ein Sohn geboren, der den Namen VALERIUS erhielt.

Sohn VALERIUS geboren

Eine ganz eigenartige Äußerung über AGRICOLA ist die lebendige Schilderung des Wittenberger Professors PAULUS EBER über seinen Besuch mit CASPAR CRUCIGER bei AGRICOLA in dem Chemnitzer Ratskeller im Herbst 1545. Beide waren auf einer

Professor EBER aus Wittenberg besucht AGRICOLA

Studienreise nach St. Joachimsthal, wo sie den Bergbau kennenlernen wollten. EBER, von Beruf Theologe, hatte von Jugend an naturwissenschaftliche Interessen und las seit 1544 u. a. auch über PLINIUS, den großen römischen Naturforscher. In Chemnitz besuchten sie nun AGRICOLA und baten ihn zum Essen. Dabei kam das Gespräch auf den Zweck der Reise. AGRICOLA ließ sogleich das Manuskript seiner geowissenschaftlichen Werke holen und las ihnen daraus vor. Die beiden Reisenden waren begeistert von dem Gehörten. Man kam auch auf die Männer zu sprechen, welche AGRICOLA durch Minerale unterstützten. Er besaß je eine große Sammlung. Als ihm nun EBER eine mitgebrachte Tafel, auf der die Gesteine der Schichtenfolge von Mansfeld aufgebracht waren, zeigte, war AGRICOLA von der Fülle des ihm bislang unbekannten Materials erstaunt. Er bat EBER, ihm diese Tafel für ein paar Monate zu leihen. Es wäre ja eine Schande, wenn er zwar die böhmischen, tirolischen, italienischen und anderen Gruben beschriebe, aber die von Mansfeld, sei es aus Unkenntnis, sei es aus Nachlässigkeit, überginge. EBER hatte nun, da ihn die lange Reise recht durstig gemacht hatte, ein wenig zu viel getrunken. In dieser weinseligen Verfassung schenkte er einfach diese Tafel AGRICOLA, obwohl sie ihm überhaupt nicht gehörte, sondern dem Mansfelder Gewerken PHILIPP GLUENSPIES. Aus dem langen Entschuldigungsbrief EBERS an GLUENSPIES vom 21. Oktober 1545 kennen wir diese hübsche Geschichte.

Erstes Profil der Mansfelder Schichtenfolge

Am 24. Oktober 1545 schrieb AGRICOLA seinen Widmungsbrief an Herzog MORITZ zu seinem Werke »De natura eorum quae effluunt ex terra« (Die Natur der aus dem Erdinnern hervorquellenden Dinge). Er enthält zunächst einen wissenschaftlichen Teil, eine Art Quellenkritik mit knapper Inhaltsangabe des vorgelegten Werkes. Aber dann folgte ein Bekenntnis nationalen Stolzes, zum anderen persönliche Anspielungen an den Fürsten, der ihm einen Jahressold gewährte. Dann kam der eigenartige Abriß einer Geschichte der sächsischen Fürsten der letzten 60 Jahre – eine Darstellung der Persönlichkeiten, wie sie waren oder wie sie von ihm gesehen wurden, oder wie sie nach dem Willen des Herzogs MORITZ gesehen werden sollten? Er legte Herzog MORITZ indirekt eine Reihe religionspolitischer Äußerungen in den Mund. Sollte AGRICOLA wirklich dem Herzog Ratschläge für seine Politik gegeben und sie dann noch im Ausland veröffentlicht haben? Oder sind diese Ausführungen, die in gewissem Maße Vermittlungsgedanken sind, die Meinung des Herzogs selbst?

De natura eorum, quae effluunt ex terra 1545

In dem Werk, das vier Bücher umfaßt, sind die Auslassungen AGRICOLAS über das Wasser von geradezu epischer Breite. Für uns heute sind besonders die verschiedenen Definitionen der einzelnen Wasserarten von Interesse. Es ist erstaunlich, welche klaren Vorstellungen AGRICOLA vom Wesen des Wassers besaß. So ist seine Aufstellung über den Geschmack des Wassers lehrreich. Er unterschied dabei immerhin sechs Arten: süß, sauer, bitter, herb, salzig und zusammenziehend. Auch kalte und warme Wasser wurden behandelt, ebenso die von ihm besonders ausgehaltenen flüssigen Gemenge, dazu rechnete er vor allem das Erdöl.

Im Buch II wurden die zusammengesetzten Wasser behandelt, also Wasser mit Vitriol-, Schwefel-, Bitumen-, Eisen- und Edelmetallgehalten. Es war besonders sein Bestreben, die nützlichen und schädlichen Wirkungen der Wasser festzustellen und sie auf ihre medizinische Brauchbarkeit zu untersuchen. Im Buch III wurden mit größter Akribie und unter Heranziehung zahlreicher Zitate aus der Antike Quell-, Brunnen-, Zisternenwasser, Fluß-, Bach-, Moor-, Sumpf-, See- und Meerwasser erörtert, und es wurde ihr Nutzen bzw. ihre Schädlichkeit aufgezeigt.

Diese drei Bücher haben dann Aufnahme in den 1553 in Venedig erschienenen Sammelband »De balneis« (Die Quellen) erfahren, in dem alle berühmten Schriften über die Quellen, die in Europa erschienen waren, zusammengestellt sind.

Das Buch IV enthält ausgedehnte Angaben über unterirdische Dämpfe und andere vulkanische Erscheinungen, die für die Menschen heilsam oder todbringend sind.

ADAM SIBER bearbeitet Register für AGRICOLA

Der Schwiegersohn seines Freundes, des Chemnitzer Rektors VALENTIN HERTEL, war ADAM SIBER. Er war 1545 plötzlich in Freiberg stellungslos geworden. Um dem jungvermählten Mann zu helfen, nahm ihn AGRICOLA in seinen Dienst und beauftragte ihn mit vielerlei Arbeiten. So schrieb SIBER am 26. Oktober 1545 an STEPHAN ROTH nach Zwickau, er möge für AGRICOLA die Stelle über AGRICOLA in GESNERS »Bibliotheca universalis 1545« abschreiben lassen, AGRICOLA benötige sie für seine Studien. Weiterhin bat er ihn darum, ihm zwei Schriften des Arztes Dr. JANUS CORNARIUS, der damals als Professor der Medizin in Marburg lehrte, zu leihen, er wolle sie ihm baldmöglichst und »ohne Flecken« zurückgeben!

Zum neuen Jahr 1546 ließ AGRICOLA über ADAM SIBER am 5. Januar 1546 WOLFGANG MEURER in Leipzig Grüße ausrichten. Einen Tag später erhielt SIBER einen Brief von STEPHAN ROTH, in welchem dieser mitteilte, daß er zum zweiten Male geheiratet hatte. Schnell schrieb SIBER ein Hochzeitsgedicht. Offensichtlich hatte ROTH wegen Wildbret angefragt, aber SIBER konnte nichts versprechen. Auch der Abt HILLARIUS VON REHBURG, von dem man vielleicht über AGRICOLA etwas bekommen zu können hoffte, hätte keine Rechte mehr auf Wild, nicht einmal mehr auf Hasen. Man könne eher Wasser aus einem Bimsstein pressen, als dem Herzog MORITZ Wild abdingen. SIBER hatte natürlich sofort AGRICOLA von der Hochzeit ROTHS mit BARBARA PFÜTZNER erzählt, und dieser ließ ihn dann auch sofort eine gesegnete Ehe wünschen, ein Wunsch, der jedoch nicht in Erfüllung ging, denn STEPHAN ROTH starb schon am 9. August 1546 in Zwickau.

MELANCHTHONS Urteil über AGRICOLA 1546

Aus dem umfänglichen Briefwechsel SIBERS ist auch ein Brief MELANCHTHONS an ihn vom 19. Januar 1546 von Interesse, in dem dieser AGRICOLA, dem hochgelehrten Doktor und »Philosophietreibenden« alles Gute wünschte. Dieses griechische Wort »Symphilosophon« bedeutet allgemein mit jemand Philosophie treiben, hier aber wurde wohl der Sinn Mitforscher an den Naturwissenschaften gemeint.

Brief an WOLFGANG MEURER 1546

Die äußerlich so ruhigen Jahre seit seiner Übersiedlung nach Chemnitz 1531 waren wohl aber mit die wichtigsten Jahre in AGRICOLAS Leben. Denn in jene Zeit fiel die intensive Beschäftigung mit den Problemen der Geowissenschaften, des Bergbaus und des Hüttenwesens. Als seine Werke 1546 erschienen, hatten sie ihn zum Gelehrten von höchstem Rang gemacht. Am 21. März 1546 schrieb AGRICOLA an WOLFGANG MEURER einen Brief. Dieses Datum ist bedeutungsvoll, weil AGRICOLA an diesem Tage sozusagen den Schlußstrich unter seine geologisch-mineralogischen Werke gezogen hatte.

In dem großen Sammelband 1546 sind fünf Werke enthalten, die seinem Ziel, das Wesen der Stoffe im Erdinnern zu erforschen, entsprachen. Sie bilden ein geschlossenes Ganzes und wurden daher bei FROBEN in einem Band vereint. Es sind

De ortu et causis subterraneorum – Die Entstehung der Stoffe im Erdinnern
De natura eorum, quae effluunt ex terra – Die Natur der aus dem Erdinnern hervorquellenden Dinge
De natura fossilium – Die Minerale
De veteribus et novis metallis – Erzlagerstätten und Erzbergbau in alter und neuer Zeit
Epistula ad Meurerum – Brief an MEURER

De natura fossilium 1546

AGRICOLA beendete am 13. Februar 1546 »De natura fossilium« mit einem ausführlichen Widmungsbrief an Herzog MORITZ von Sachsen. Dieser Brief ist recht aufschlußreich. Zunächst ordnet AGRICOLA die neue Wissenschaft in die Philosophie ein, wobei er den Begriff Philosophie recht eng auffaßte. Offenbar hatte er nur die Naturphilosophie im Auge, denn es fehlen so wichtige Teile wie Logik, Psychologie oder Ethik, andererseits nannte er auch Gott und die göttlichen Dinge als Gegenstand der Philosophie. Aber die »res subterraneae« – die unterirdischen Dinge – waren AGRICOLAS neues Forschungsgebiet. Weiterhin behandelte er nun nach seiner philosophischen Einteilung dieser Dinge die Entstehung der Stoffe, die ausgegraben werden müssen (nachdem er in den beiden ersten Werken die Stoffe beschrieben hatte, die von selbst aus der Erde fließen). Als dritten Punkt des wissenschaftlichen Teiles des Widmungsbriefes brachte AGRICOLA das Wichtigste, nämlich die Tatsache, daß er bei der Behandlung aller unterirdischen Stoffe keine Vorgänger hatte, denn alle antiken und mittelalterlichen Autoren hatten stets nur Teilgebiete bearbeitet, er aber stellte erstmalig den gesamten Stoff vor.

AGRICOLA behandelte in zehn Büchern (Kapitel) »Die Minerale«, es ist das erste wirkliche Handbuch der Mineralogie überhaupt. Die Frage nach der Systematik ist für jede Wissenschaftsdisziplin notwendig, denn ohne eine systematische Zusammenfassung und Ordnung aller Beobachtungen und Fakten ist Wissenschaft nicht möglich. Es gilt, nach dem Stand der Systematik zu fragen, nach ihrer Wirksamkeit zu forschen.

Umgekehrt kann man aus dem Stand der Systematik in früherer Zeit die historische Entwicklung ablesen, die eine Disziplin im Verlauf der Zeit erfahren hat.

Wenngleich AGRICOLA später »Vater der Mineralogie« genannt worden war, wissen wir doch, daß seit der Antike versucht wurde, die Welt der Steine zu ordnen. Ausgehend von ARISTOTELES, der die Minerale in »Fossilien«, d. h. gegrabene Stoffe, und in »Metalle« gliederte, über AVICENNA, der sie in Salze, Brennbares, Steine und Erze gliederte, kam AGRICOLA zu einer erweiterten Systematik. Doch zuvor hatte AGRICOLA erst einmal allgemeine Probleme erörtert und die verwendeten Begriffe definiert, wobei er nicht weniger als 18 Eigenschaften anführte. Sodann erfolgte die systematische Darstellung.

AGRICOLA gliederte den umfangreichen Stoff in:

Mineralsystematik

1. Erden (Ton, Mergel, Kreide ...).
   Neu bei AGRICOLA:
2. Gemenge, davon gibt es zwei Arten:
   a) magere Gemenge (Salze, Schwefel ...),
   b) fette Gemenge (Erdöl, Bitumen, Kohle, Bernstein ...).
3. Steine, davon gibt es vier Arten:
   a) echte Steine (Asbest, Glimmer, Fossilien im heutigen Sinn, Fluorit ...),
   b) Edelsteine (Diamant, Opal, Beryll, Granat, Amethyst ...),
   c) Marmor (Marmor, Kalk, Basalt, Tuff ...),
   d) Felsen (Gesteine, Sand, Kies, Fossilien, Urnen! ...).
4. Metalle (Gold, Silber, Quecksilber, Kupfer, Blei, Wismut, Zinn, Eisen, Stahl, Schlacke ...).
5. Gemische (Silber-, Quecksilbererze, Zwitter, Eisen-, Bleierze, Antimon ...). Neu!

Diese Systematik zeigt auf, wie AGRICOLA Kräfte und Stoffe im Zusammenhang betrachtet. Bei den von ihm neu aufgestellten Gemischen beobachten wir eine Abkehr von der Vier-Elemente-Lehre in Vorausnahme von Partikularstrukturen von Mischungen und Verbindungen. Er postuliert – rein theoretisch – 144 Zusammensetzungsvarietäten, denen noch einige einzelne Arten untergeordnet sind!

Bei der Darstellung der einzelnen Objekte – wie wir sehen, faßte AGRICOLA ja unter dem Oberbegriff »Mineralien« ganz Verschiedenes zusammen, nämlich Minerale im engeren Sinn, Gesteine, Fossilien und Kunstprodukte – unternahm er bisweilen recht bemerkenswerte Exkurse in die Bau- und Kunstgeschichte. Daß er für fast jedes Mineral die medizinische Verwendbarkeit untersuchte, versteht sich von selbst. Neben zahlreichen eigenen Beobachtungen, Nachrichten von bekannten Humanisten, stützte er sich auf die antiken Autoren. Von den 454 Notizen aus der Antike stammen allein 304 von PLINIUS. AGRICOLA faßte die bis zu seiner Zeit bekannten Ergebnisse zusammen und schuf mit diesem Werk einen ungeheuren Vorlauf für Wissenschaft und Praxis zugleich.

De veteribus et novis metallis

Am 7. März 1546 widmete AGRICOLA sein Werk »De veteribus et novis metallis« seinem aus der Leipziger Studentenzeit bekannten Freund, dem herzoglichen Rat Dr. GEORG KOMMERSTADT. In diesem Widmungsbrief gab AGRICOLA auch seine künftigen wissenschaftlichen Pläne bekannt. Diesem Werk würden dann zwölf Bücher »De re metallica« und zwei Bücher »De precio metallorum et monetis« (Der Preis der Metalle und die Münzen) und »De restituendis ponderibus et mensuris« (Die Wiederherstellung der Maße und Gewichte) folgen. Abschließend sind noch sechs Bücher »Commentarii« (Abhandlungen) geplant gewesen, in denen AGRICOLA schwere Stellen aus griechischen und lateinischen Schriften über diesen Stoff behandeln wollte. (Bis auf die »Commentarii« hat AGRICOLA auch seinen Plan eingehalten.) »De veteribus et novis metallis« ist in seiner lapidaren Kürze nicht übersetzbar, der Titel »Erzlagerstätten und Erzbergbau in alter und neuer Zeit« ist nur ein Behelf. Dieses Werk ist zur ersten Grundlage für die Bergbaugeschichte geworden, in ihm sind Kurzbericht und Statistik typisch dafür. Er hatte damit die moderne Bergbaugeschichte begründet. Zum anderen ist diese Schrift ein erster Versuch einer Erzlagerstättenkunde. Die dargebotene Stoffeinteilung nach Metallart und Vorkommen stellt ein lagerstättenkundliches Prinzip dar. Zusammen mit Buch VIII von den »Mineralen« ist die kleine Schrift ein geniales Erstlingswerk AGRICOLAS auf dem Gebiet der modernen Lagerstättenkunde, das ohne Vorläufer war und lange Zeit ohne Nachfolger blieb.

SIBERS Vocabularium zu MEURER

Zuletzt datierte am 21. März 1546 AGRICOLA einen Brief an WOLFGANG MEURER, dem er das umfangreiche, 480 Fachbegriffe umfassende lateinisch-deutsche Vokabularium beifügte. Wir wissen von ihm selbst, daß ADAM SIBER 1545/46 dieses Wörterverzeichnis im Auftrag AGRICOLAS mit peinlicher Akribie zusammengestellt hatte. Darin sind Worte enthalten aus den geowissenschaftlichen Werken, deren Verständnis einem Nichtfachmann Schwierigkeiten bereitet. Dieses Vokabularium kann man als Vorläufer unserer modernen mehrsprachigen Fachwörterbücher ansehen, deren Notwendigkeit und Nützlichkeit auf der Hand liegt.

AGRICOLAS Helfer

AGRICOLA hat in seinen Werken kaum einmal der Persönlichkeiten gedacht, die ihm Nachrichten und Minerale für seine umfangreichen Untersuchungen beisteuerten. In diesem Brief aber führte er eine Reihe Männer an, und es ist hier wohl der Platz, diese Freunde des großen Naturforschers zu würdigen. Lassen wir AGRICOLA selbst sprechen. WOLFGANG MEURER wird zuerst genannt: »... denn einmal untersuchst Du viele solche Stoffe und hast die deutschen Fachausdrücke dafür festgestellt. Und dann hast Du, von Kindheit an im Bergbau erfahren, mir geschickt, was Deine Vaterstadt Altenberg hervorbringt. Für Dein Verdienst mir gegenüber schulde ich Dir den größten Dank. Durch Gefälligkeit der gleichen Art hält mich GEORG FABRICIUS in dauernder Verpflichtung ... Denn unablässig schickt er mir alles, wodurch meine Studien

Hebung und Förderung erfahren können. – Das hat auch VALERIUS CORDUS, solange er lebte, getan ... Erhalten habe ich außerdem ... von JOHANN DRYANDER, einem ausgezeichneten Arzt und Wissenschaftler, Trochiten aus Hessen. – Zu dieser Sendung hat ihn JOHANNES MEGOBACHUS, ein erfahrener Arzt, den ich auch sehr schätze, veranlaßt. – Erhalten habe ich von dem Philosophen PAULUS EBER Eislebener Erz, von dem Arzt CORNELIUS SITTARD gediegen Schwefel ... von ... dem Theologen CASPAR BÖRNER Notizen über die Sudiner, die Bernstein wie Fische mit Netzen gleichsam fangen ...« Dieser Briefwechsel AGRICOLAS ist ein beachtenswertes Beispiel für die Verflechtung von vielerlei Mitteilungen zwischen Freunden und Zeitgenossen in nah und fern. Er beweist, daß AGRICOLA, zwar abseits eines großen geistigen Zentrums, z. B. einer Universität, mitten im Blickfeld des erzgebirgischen Bergbaus lebend, seinen Partnern Wichtiges zu sagen hatte. Diese Manuskripte schickte AGRICOLA nach Basel, wo sie noch 1546 bei FROBEN gedruckt wurden. Er dürfte BEATUS RHENANUS, der Verlagslektor bei FROBEN war, die Korrektur dieses Werkes verdanken, denn die Korrekturbogen konnten damals nicht so schnell zwischen Basel und Chemnitz hin- und hergesandt werden.

Bürgermeister und Ratsherr

Der Schmalkaldische Krieg 1546/47

Der Konflikt zwischen den Zentralgewaltsbestrebungen des Kaisers und der Politik der dem entgegenwirkenden Territorialfürsten trieb dem Höhepunkt zu. Der schon lange drohende Krieg zwischen dem katholischen Kaiser KARL V. und den protestantischen Fürsten, die sich im Schmalkaldischen Bund vereinigt hatten und unter Führung des sächsischen Kurfürsten JOHANN FRIEDRICH standen, war nicht mehr aufzuhalten. Nach vier Kriegen mit Frankreich und harten Kämpfen mit den Türken bekam der Kaiser 1544/45 durch den Frieden von Crepy im Herbst 1544 mit König FRANZ von Frankreich und den Waffenstillstand mit Sultan SULEIMAN II. die Hände frei zur endgültigen Klärung der Reichsangelegenheiten in seinem Sinne. Weitere Verträge, die der Kaiser abschloß, stärkten seine Vorbereitungen, so mit Papst PAUL III., der die Finanzierung des künftigen Krieges sicherte. Das wichtigste Geheimbündnis aber schloß der Kaiser mit Herzog MORITZ von Sachsen am 19. Juni 1546. Gegen Zusicherung der Neutralität, des Gehorsams gegenüber dem Kaiser und Anerkennung des Tridentiner Konzils erhielt der junge, ehrgeizige Machtpolitiker MORITZ von Sachsen die Anerkennung seiner Säkularisierung und erhielt die Schutzherrschaft über Magdeburg in Aussicht gestellt.

AGRICOLA wird Bürger und Bürgermeister

»Wisset, daß unser AGRICOLA auf Veranlassung und Befehl des Herzogs Bürgermeister dieser Stadt geworden ist«, schrieb GEORG FABRICIUS am 19. Mai aus Chemnitz an WOLFGANG MEURER nach Leipzig. Damit er aber dieses Amt übernehmen konnte, war es unbedingt erforderlich, daß AGRICOLA überhaupt erst einmal Bürger von Chemnitz wurde. Im Bürgerbuch steht lakonisch unter den 17 Neubürgern AGRICOLA an achter Stelle (Abb. 25). Mit dem Erwerb des Bürgerrechtes wurde AGRICOLA nunmehr auch formal Eigentümer des Hauses seiner ersten Frau und zahlte 1546 erstmals 11 Groschen Geschoß.

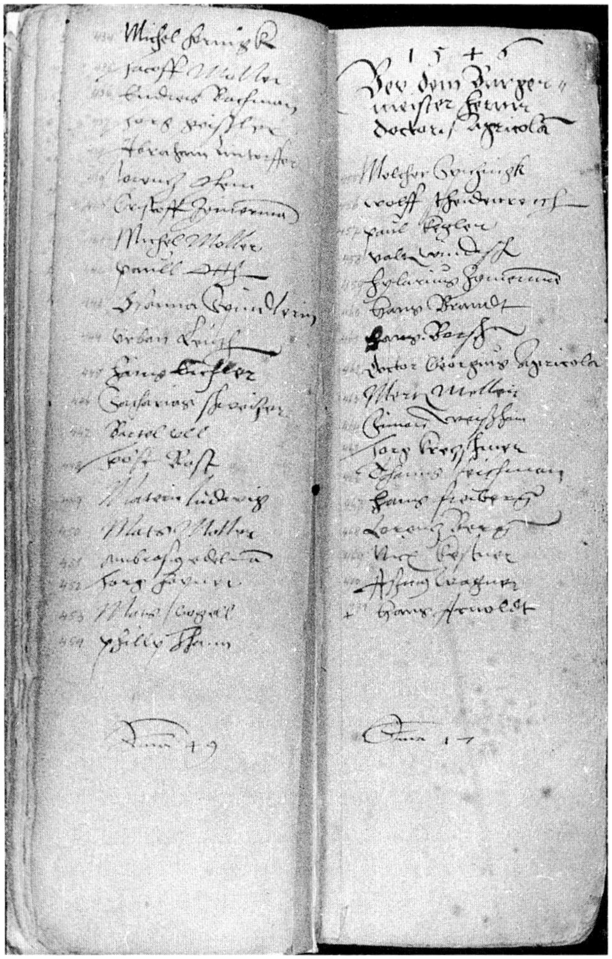

Abb. 25
Bürgerbuch von Chemnitz mit der Eintragung des »Doctor Georgius Agricola« (Stadtarchiv Chemnitz)

Er wurde auch mit der Bausteuer veranlagt. Sein Haus hatte man mit 175 Schock Groschen, das sind 500 Gulden, veranschlagt, und er bezahlte für sich und zwei »heupt« (Häuptern, das waren Bedienstete) 29 Groschen 2 Pfennig Steuern.

Beim Ansitzen des Rates am 6. Mai 1546 übernahm nun Dr. GEORGIUS AGRICOLA das Amt des Bürgermeisters der Stadt Chemnitz. Er dürfte auf dem Landtag vom 13. bis 16. Juli 1546 in Chemnitz erstmalig seine Stadt vertreten haben.

Dr. KOMMERSTADT bat am 24. Juli 1546 Dr. AGRICOLA, für ihn und einige Mitarbeiter Quartier zu besorgen, er mußte im Auftrag von Herzog MORITZ dringende Geschäfte abwickeln.

Am 20. Juli 1546 erklärte Kaiser KARL V. den sächsischen Kurfürsten JOHANN FRIEDRICH und den hessischen Landgrafen PHILIPP – den Schwiegervater von Herzog MORITZ – in kaiserliche Acht. Damit waren die Würfel gefallen! Aber es gab weiterhin intensive Geheimberatungen. So weilte MORITZ am 30. September 1546 in Prag bei König FERDINAND, dem Bruder des Kaisers, und verhandelte mit ihm; es wurde nun vereinbart, daß Herzog MORITZ seine Neutralität sechs Tage nach Kriegsbeginn aufgeben und den Krieg gegen den Schmalkaldischen Bund erklären sollte. Dafür würde er die Kurlehen erhalten.

Landtag in Freiberg Oktober 1546

Herzog MORITZ berief einen Landtag nach Freiberg ein, der vom 8. bis 11. Oktober 1546 stattfand. Dabei ging es um die Rüstung für den Krieg, und der Herzog benötigte Geld zum Anwerben von Söldnern. Nach harten Auseinandersetzungen bewilligten die Abgesandten schließlich dem Herzog die Mittel. Das Volk in Sachsen verstand diese Politik nicht und war tief erregt darüber, daß der evangelische Herzog MORITZ mit den katholischen Habsburgern gegen den Hort des neuen Glaubens, den Schmalkaldischen Bund, Krieg führen wollte. Wie in vielen anderen Städten des Herzogtums, so machte sich auch in Chemnitz eine ziemlich starke »Kurfürstliche Partei« bemerkbar, die gar nicht damit einverstanden war, daß ihr Bürgermeister dazu seine Zustimmung gegeben hatte. AGRICOLA unterschrieb als letzter das umfangreiche Dokument.

Herzog MORITZ sandte eine Abordnung an König FERDINAND nach Prag und erklärte sich bereit, den Krieg bereits nach drei Tagen zu eröffnen. Erst daraufhin versprach Kaiser KARL V. ihm schriftlich die Kurwürde.

Am 30. Oktober 1546 eröffneten die Böhmen den Krieg und besetzten das Vogtland. MORITZ eroberte in kurzer Zeit fast den gesamten Kurstaat, da der Kurfürst mit seinen Truppen in Süddeutschland war. Ende des Jahres aber kehrte der Kurfürst in seine Länder zurück und gewann wieder rasch seine Gebiete. Vom 5. bis 27. Januar 1547 belagerte er vergeblich Leipzig und zog sich dann in die Gegend von Altenburg in die Winterquartiere zurück. MORITZ wählte Chemnitz zu seinem Hauptquartier. Nachdem am 1. Januar 6 000 Mann, 1 500 Husaren und 8 Fähnlein Fußknechte mit 14 Kanonen Kaiserliche in Chemnitz eingerückt waren, kam Anfang Februar 1547 Markgraf ALBRECHT ALCIBIADES von Brandenburg-Kulmbach mit 2 000 Mann in die Stadt. Chemnitz wurde regelrecht in Belagerungszustand versetzt, es wurden zwei Tore verschüttet, die Brücken über den Stadtgraben abgebrochen, Kanonen auf die Mauern gebracht, Vorstädte geräumt und alle Kirchen dort abgebrochen. Die Hilfstruppen, die König FERDINAND geschickt hatte und welche der Markgraf zuführte, gehörten zur zügellosesten Soldateska. Die Husaren machten die Hauptkirche zum Pferdestall. Vor allem aber vertrugen sie sich nicht untereinander, und es kam zu blutigen Händeln.

Am 14. Februar wurde ein Landsknecht gehangen und einer gevierteilt. Markgraf ALBRECHT ALCIBIADES verließ daher Chemnitz, wurde aber am 1./2. März 1547 bei Rochlitz überfallen und gefangengenommen. MORITZ konnte sich nicht länger halten und mußte Chemnitz räumen. Er zog sich zunächst nach Freiberg zurück. Chemnitz wurde seiner eigenen Verteidigung überlassen.

AGRICOLA im Feldlager

Am 3. März 1547 befahl Herzog MORITZ dem Rat zu Chemnitz, ihm sofort den Bürgermeister Dr. AGRICOLA nach Freiberg zu schicken. AGRICOLA mußte schweren Herzens die ihm anvertraute Stadt, seine schwangere Frau und seine Kinder verlassen und ritt nach Freiberg. Offensichtlich war die Abreise sehr rasch, ja überstürzt erfolgt, denn am Sonntag, dem 6. März 1547, schrieb AGRICOLA an den Chemnitzer Rat einen Brief, in dem er bekannt gab, daß er noch nicht wisse, warum ihn der Herzog nach Freiberg habe kommen lassen; denn Herzog MORITZ sei noch abwesend. Er habe aber bei den Räten des Herzogs immerfort gebeten, die Stadt mit eigenen Landsknechten zu besetzen, um sie vor dem Feinde zu bewahren. Doch er habe bislang keine bindende Zusage erhalten können. Er forderte den Rat auf, ihm ständige Nachrichten zu geben, daß keine Meuterei geschehe. Offenbar war sich AGRICOLA durchaus über die Stimmung unter den Einwohnern bewußt. Schließlich bat er die Ratsherren darum, seine Frau und seine Kinder zu schützen. Der Rat antwortete ihm am Montag, dem 7. März 1547, in einem längeren Brief. Zunächst berichtete man, daß vom Feind noch nichts zu bemerken sei. Die Ratsherren verwahrten sich dagegen, daß Meuterei in der Stadt möglich sei. Sie seien treu und erinnerten ihrerseits den Herrn Bürgermeister an seine Eidespflichten gegenüber der Stadt und ersuchten ihn, zurückzukommen, um zu raten und zu helfen. Es folgten dann Nachrichten über die Lage der Feinde, die aber, wie in solchen wirren Zeiten üblich, meist nur Gerüchte waren. Am folgenden 7. März 1547 antwortete AGRICOLA umgehend dem Rat und bemerkte, daß nicht er allein seine Stadt habe verlassen müssen, auch Bürgermeister Dr. FACHS aus Leipzig und andere Herren weilten in Freiberg. Im übrigen habe er ja auch dem Landesherren als hohe Obrigkeit einen Eid geschworen, so daß er nicht aus freiem Willen zurückkehren könne.

Briefwechsel mit dem Chemnitzer Rat

Am 8. März 1546 hatten Heerführer des Kurfürsten JOHANN FRIEDRICH Chemnitz zur Übergabe aufgefordert. Es gelang dem Rat, sich aufs Verhandeln zu verlegen und zunächst Zeit zu gewinnen. Sicherlich dürften die Ratschläge AGRICOLAS dabei geholfen haben. So schrieb er am 10. März 1547 an den Rat, daß er bisher immer vergebens um Truppen für die Stadt gebeten habe. Wenn es aber gar nicht mehr gehe, solle der Rat die Stadt in Ehren dem Feinde übergeben, damit sie nicht gänzlich verdorben würde. Dieser Gedanke bürgerlicher Vernunft zielte auf die Absicherung des bürgerlichen Eigentums und zeichnete AGRICOLAS Denken aus. Er wisse, daß sich die Ratsherren damit Leib und Leben retten könnten. Er aber käme nicht nur um sein Gut, sondern muß sich in Lebensgefahr begeben, weil er ins Feldlager nachreisen müsse, und bat den

Rat um Schutz für seine Familie und sein Hab und Gut. Den letzten Brief aus Freiberg schrieb AGRICOLA Freitag, den 11. März 1547, an den Rat, er ist in großer Eile geschrieben und gibt dem Rat den Hinweis, daß die kurfürstlichen Truppen vielleicht abgetrieben werden könnten. Weiterhin gab er den Rat, Bauern zum Schanzen einzusetzen. Dann schwiegen erst einmal die überlieferten Nachrichten.

Aus dem von herzoglichen Truppen besetzten Zwickau traf am 26. März 1547 ein sehr dringlicher Brief an den allerdings abwesenden Bürgermeister AGRICOLA in Chemnitz vom dortigen Befehlshaber WALTER VON HABSPERG ein, in dem ein wegkundiger Bote erbeten wurde, der nach Hof führen könne.

Am 22. März 1547 faßten Herzog MORITZ von Sachsen und König FERDINAND von Böhmen in Dresden einen kühnen Plan: Man gab Sachsen auf und führte die Truppen in die Gegend von Eger, um sie mit den von Süddeutschland heranrückenden Truppen des Kaisers zu vereinigen. Am 28. März 1547 verließ MORITZ Dresden und zog mit seinem Heer durch Nordböhmen nach Eger. Der Kurfürst besetzte daraufhin die herzoglichen Lande, verzettelte aber damit seine Kräfte.

Nach wiederholten Aufforderungen erfolgte am Palmsonntag, dem 3. April 1547, die Übergabe von Chemnitz an die kurfürstlichen Truppen. Sofort mußte die Bevölkerung dem Kurfürsten huldigen und 20 000 Gulden Brandschatzung zahlen!

Herzog MORITZ traf Kaiser KARL V. am 5. April 1547 in Eger, am 11. April begann der Vormarsch der gemeinsamen Truppen gegen den Kurfürsten.

In der Nacht vom 13. zum 14. April erhielt AGRICOLA in Plauen den Befehl, sich sofort nach Zwickau zu begeben. Von dort aus schrieb er mehrere Briefe nach Chemnitz, in denen er den Rat aufforderte, die Stadt wieder dem Herzog zu übergeben. Er wußte noch nicht, daß nach 11tägiger Besetzung die kurfürstlichen Truppen die Stadt wieder verlassen hatten. Am 16. April antwortete der Chemnitzer Rat und bat AGRICOLA, dafür Sorge zu tragen, daß Chemnitz von fremden Kriegsvölkern nicht besetzt werden möchte. Es hatte sich rasch herumgesprochen, daß vor allem die spanischen Truppen barbarisch im Lande hausten. Somit war diese Sorge mehr als berechtigt.

Inzwischen war das Heer weiter vorgerückt. Aus seiner Geburtsstadt Glauchau antwortete AGRICOLA am 16. April 1547 dem Rat (ohne zu wissen, daß die Stadt wieder herzoglich war), er wolle Sorge tragen, daß keine Truppen nach Chemnitz einrücken würden.

Sonntag, den 24. April 1547, fand das bekannte Gefecht in der Lochauer Heide statt. Nach kurzem Kampf verlor der Kurfürst von Sachsen die sogenannte »Schlacht bei Mühlberg« und geriet in die Gefangenschaft des Kaisers. Am gleichen Tag aber besetzten Truppen des im Obererzgebirge operierenden kurfürstlichen Obersten WILHELM VON THUMSHIRN wiederum die Stadt Chemnitz und verließen sie am 1. Mai 1547 früh zwischen 3 und 4 Uhr in Richtung Annaberg, wie wir aus einem Brief des Rates

Rückkehr nach Chemnitz

an AGRICOLA erfuhren. Nach 61tägiger Abwesenheit kehrte AGRICOLA am Montag, dem 2. Mai 1547, wieder nach Chemnitz zurück.

Herzog AUGUST, der in Dresden geblieben war, sandte zwei Vertraute nach Chemnitz, um genauer zu erfahren, wo die Truppen THUMSHIRNS wirklich stünden. In ihrem Bericht vom 4. Mai 1547 schrieben CASPAR JUNG und HANS UNWIRTH dem jüngeren Herzog, daß sie von Bürgermeister AGRICOLA selbst und anderen glaubwürdigen Männern erfahren hätten, die feindlichen Truppen hielten sich in Annaberg auf und wollten nach Gotha ziehen. Auf seine Abforderung hin erhielt AGRICOLA am 12. Mai 1547 eine finanzielle Entschädigung für seine Reise ins Feldlager in Höhe von 4 Schock Groschen und 3 Pfennigen, also etwas mehr als 12 Taler.

Wieder Bürgermeister

Inzwischen hatte während seiner Abwesenheit der Rat einen neuen Bürgermeister gewählt, es war der Tuchmachermeister MERTEN HOBLER.

Auf ausdrücklichen Wunsch von Herzog MORITZ mußte AGRICOLA aber noch ein Jahr im Amt bleiben, und der Stadtschreiber fügte AGRICOLAS Namen nachträglich in das Stadtbuch und in andere Akten ein und strich HOBLER. Der neue Rat saß unter Vorsitz von Dr. AGRICOLA am 17. Mai 1547 zu seiner ersten Sitzung nach dem Kriege an.

Der nunmehrige Kurfürst MORITZ war mit der Haltung der Chemnitzer während des Krieges sehr unzufrieden gewesen. Daher wurden zahlreiche Bürger, die ihre Neigung zum alten Kurfürsten JOHANN FRIEDRICH und ihren Haß gegen MORITZ zu unverhohlen ausgedrückt hatten, ins Gefängnis geworfen. Gefesselt schaffte man sogar 16 davon nach Dresden. Sie wurden zwar bald wieder nach Chemnitz gebracht, blieben aber im Gefängnis und erhielten nur gegen ansehnliche Bürgschaft ihre Freiheit wieder. Seinen ersten Landtag als Kurfürst eröffnete MORITZ am 13. Juli 1547 in Leipzig. AGRICOLA war dahin als Vertreter der Stadt mit noch zwei Ratsherren und dem Stadtschreiber BENEDICTUS VON BORN gereist. Kurfürst MORITZ versicherte, daß er sein Land friedlich regieren, den reinen Glauben schützen und für die Universitäten und Schulen sorgen wolle.

Tochter LUCRETIA geboren

In diesem Sommer wurde AGRICOLAS Tochter LUCRETIA geboren.

Am 11. August 1547 schrieb AGRICOLA dem nun wieder in Zeitz residierenden katholischen Bischof JULIUS PFLUG, seinem alten Freund aus der Studienzeit bei MOSELLANUS in Leipzig, der AGRICOLA zu sich eingeladen hatte, um mit ihm »wichtige Sachen« zu besprechen. AGRICOLA mußte aber auf später vertrösten, da er durch sein Bürgermeisteramt unabkömmlich war.

AGRICOLAS Tätigkeit als Bürgermeister

Im Protokoll der Ratssitzung vom 13. September wurde AGRICOLA namentlich genannt, ein seltener Fall. – Für die WILDECKschen Kinder kaufte er am 20. September als ihr Vormund das Haus seines Freundes ADAM SIBER, dem er dadurch finanziell helfen konnte. Die Rechnungslegung des Rates vor der Gemeinde am 22. September 1547 erfolgte in hochgespannter innenpolitischer Atmosphäre, denn auch nach dem Sieg von Mühlberg war in den Städten beträchtliche Unruhe. Das führte dazu, die Schuldner der Gemeinde namentlich zu nennen. Dazu gehörte auch AGRICOLA selbst! Er bezahlte einmal 4 Schock 8 Groschen 2 Pfennig (d. h. 11 Taler 17 Groschen 2 Pfennig) alte Steinschuld für JOBST WILDECKS Erben und für sich selbst 12 Groschen Geschoß. Andererseits hatte AGRICOLA dem Rat in diesem Jahr – oder vielleicht schon früher – einmal 120 Schock, zum anderen 330 Schock Groschen – also ingesamt 1342 Taler – geliehen, für die er 3 Schock 55 Groschen (also 11 Taler 4 Groschen) Zinsen erhielt.

AGRICOLA übte von 1546 an das Amt eines Schulinspektors aus, dafür erhielt er ab 1547 10 Taler Jahressold ausgezahlt. Inzwischen war in Basel der stattliche Band mit den geowissenschaftlichen Werken erschienen, und es liegen einige zeitgenössische Urteile darüber vor. Der Joachimsthaler Pfarrer JOHANNES MATHESIUS las die Bücher im November 1547 und hat ganz offensichtlich nicht verstanden, was AGRICOLA in den Schriften über Ursprung und Entstehung der unterirdischen Stoffe geschrieben hatte. Er konnte damals als Theologe der philosophischen Grundhaltung AGRICOLAS noch nicht folgen, nannte ihn sogar einen Heiden und kritisierte vor allem, daß AGRICOLA die Bibel nicht benutzt habe. Ganz anders dagegen lautete das Urteil von FABRICIUS. Er stand ganz unter dem Eindruck dieser Schriften, welche ihm große Freude machten. Als Protestant klagte er zwar auch, »wenn er doch in Glaubenssachen wie wir dächten und von den Dingen unter Tage seinen Geist erhöbe zu der Betrachtung des Schöpfers dieser Dinge«, damit dieser »die verhängnisvollen päpstlichen Meinungen aus seiner Seele reiße«. Aber die volle Anerkennung seiner wissenschaftlichen Leistung durch FABRICIUS beweist doch, daß die Bewahrung einer gewissen Weltoffenheit den sächsischen Fürstenschulen – FABRICIUS war seit 1546 Rektor der Fürstenschule St. Afra in Meißen – eigen war im Gegensatz zu den meisten Stadtschulen. FABRICIUS teilte sein Urteil seinem Freund MEURER am 12. Dezember 1547 nach Leipzig mit und bat ihn um sein Urteil. Um diese Zeit »erwartete man mit großer Spannung die ›Bücher vom Bergbau und Hüttenwesen‹, wenn er diesen Gegenstand mit dem Fleiße behandelt, den man bei ihm gewohnt und zu dem er im Stande ist, wird er sich einen Ruhm erwerben, wie ihn innerhalb von 100 Jahren niemand auf irgend einem Gebiet des Schrifttums erreicht hat«. So schrieb FABRICIUS zu VALENTIN HERTEL, aber sie mußten noch fast ein Jahrzehnt auf dieses Werk, das tatsächlich für mehrere Jahrhunderte unübertroffen blieb, warten.

Schulinspektor

Geowissenschaftliche Werke in Basel erschienen

In seiner Freizeit arbeitete AGRICOLA, wie FABRICIUS am 26. November 1547 an MEURER schrieb, an metrologischen Problemen.

Das Studium der geowissenschaftlichen Werke AGRICOLAS hielt unter den Freunden auch weiterhin an. MATHESIUS berichtete am 16. März 1548 an EBER nach Wittenberg über Quellen in der Zips. Die Nachricht hatte er von einem Joachimsthaler Bergmann erhalten.

Mitte März 1548 hatte AGRICOLA wiederum ein Werk vollendet und es FABRICIUS zur Durchsicht geschickt. Der hatte einen Brief von WOLFGANG MEURER um diese Zeit erhalten, in dem er mit König SALOMO und dem antiken Meergott GLAUKOS auf Fische anspielen wollte, nämlich auf Salmo (den Lachs) und Glaucus (einen bläulich schimmernden Fisch). Das hatte aber FABRICIUS nicht verstanden, bis ihm bei der Durchsicht des Werkes von AGRICOLA ein Licht aufging!

De animantibus subterraneis

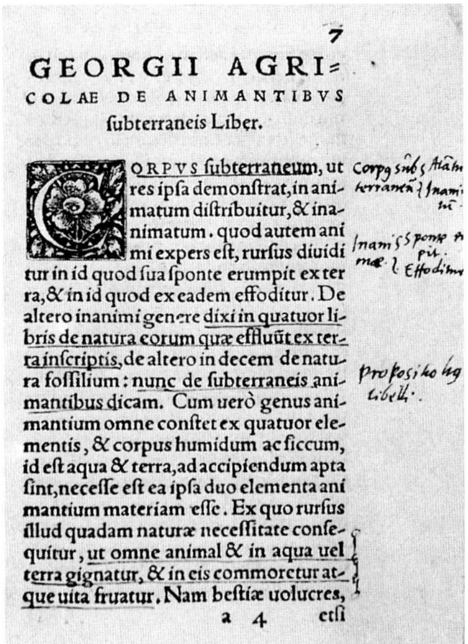
7

GEORGII AGRICOLAE DE ANIMANTIBVS subterraneis Liber.

CORPVS ſubterraneum, ut res ipſa demonſtrat, in animatum diſtribuitur, & inanimatum. quod autem animi expers eſt, rurſus diuiditur in id quod ſua ſponte erumpit ex terra, & in id quod ex eadem effoditur. De altero inanimi genere dixi in quatuor libris de natura eorum quæ efflūūt ex terra inſcriptis, de altero in decem de natura foſſilium: nunc de ſubterraneis animantibus dicam. Cum uerò genus animantium omne conſtet ex quatuor elementis, & corpus humidum ac ſiccum, id eſt aqua & terra, ad accipiendum apta ſint, neceſſe eſt ea ipſa duo elementa animantium materiam eſſe. Ex quo rurſus illud quadam naturæ neceſſitate conſequitur, ut omne animal & in aqua uel terra gignatur, & in eis commoretur atque uita fruatur. Nam beſtiæ uolucres,

a 4 etſi

Abb. 26. AGRICOLAS Buch »De animantibus subterraneis« (Die Lebewesen unter Tage), 1549 (Bücherei der Technischen Universität Bergakademie Freiberg)

An WOLFGANG MEURER hatte AGRICOLA dieses Werk »De animantibus subterraneis« (Die Lebewesen unter Tage) (Abb. 26) ebenfalls geschickt und um ein sachverständiges und genaues Urteil gebeten. In diesem Brief vom 22. April 1548 teilte AGRICOLA auch mit, daß er endlich das Amt des Bürgermeisters, das er auf Befehl des Fürsten zwei Jahre ertragen mußte, abgegeben hatte. Er hoffte nun, die alten Freundschaften wieder stärker pflegen zu können.

Am 11. August 1548 widmete AGRICOLA diese kleine, von ihm selbst aber außerordentlich hochgeschätzte Schrift seinem jungen Freund GEORG FABRICIUS und schickte sie nach Basel zum Druck. AGRICOLA hatte die wohlbegründete Ansicht, die von ihm ausführlich vorgelegte Behandlung der unterirdischen, leblosen Stoffe durch die der belebten Wesen abzuschließen. Die ausdrückliche Bereichstrennung zwischen Belebtem und Unbelebtem, also zwischen Organischem und Anorganischem, mit der er seine Ausführung begann, ist eine echte philosophische Leistung. Diese Trennung war deshalb etwas Besonderes, weil der Vitalismus eines AGRIPPA VON NETTESHEIM und PARACELSUS eine dominierende Zeiterscheinung geworden war. AGRICOLA setzte dagegen seine Ansicht, daß es keinen universellen Samen und keine alles durchdringende Beseelung gibt. In seinem kleinen Buch griff AGRICOLA deutlich auf aristotelische Ansichten zurück, wie überhaupt der Rückgriff auf die Antike besonders groß war. Auch PLINIUS wurde sehr häufig zitiert. Ebenso wie in seinen anderen Werken legte AGRICOLA hier eine vorbildliche Übersichtlichkeit und Systematik des Stoffes vor. In der Einleitung untersuchte er den Zusammenhang mit seinen eigenen Schriften und den zwischen den Lebewesen und den vier Elementen. In der Durchführung des Themas begann er mit Tieren, die einen Standortwechsel infolge klimatischer Verhältnisse durchführen (also z. B. Menschen, Vögel, Fische), um sich dann den Lebewesen zuzuwenden, die in der

Erde verborgen sind. Das sind die bei Nacht und in Erdhöhlungen Lebenden (Menschen, Kaninchen, Fische, Nachtvögel), es folgten Lebewesen, die Höhlen zum Winterschlaf benötigen, und schließlich Lebewesen, welche dauernd unter Tage leben (Maulwurf, Würmer, Fische und ... die Berggeister oder Dämonen, wie sie AGRICOLA nannte). AGRICOLA wußte, daß er auf diesem Gebiet erst einen Anfang gemacht hatte, daß es noch viel Unbekanntes gab. Darum mahnte er auch zum weiteren Studium und meinte: »... denn es stände ja übel mit den Wissenschaften, wenn es den Späteren nicht mehr erlaubt sein sollte, zu dem, was die Früheren gefunden haben, noch Neues hinzuzufügen!«

»Kommentare«

Offensichtlich hatte AGRICOLA mit NIKOLAUS EPISCOPIUS (eigentlich BISCHOFF), dem gelehrten Basler Buchdrucker, Verleger und Schwager FROBENS, einen Briefwechsel wegen des Druckes seiner »Kommentare« geführt. In einer Antwort an AGRICOLA am 17. September 1548 meinte EPISCOPIUS, daß AGRICOLA diese neuen »Commentationes« erst im nächsten Frühjahr senden solle, da man derzeit in Basel genug zu drucken habe und es überdies nützlicher sei, die Bücher im Sommer als im Winter zu drucken.

Am 30. November 1548 nannte FABRICIUS in einem Brief an MEURER neben »De re metallica« diese sechs Bücher Commentationes in der Reihenfolge der noch von AGRICOLA geplanten Werke an letzter Stelle. Sie waren damals noch nicht vollendet. Zum Inhalt kann man nur sagen, daß es sich um Erläuterungen schwieriger Stellen aus griechischen und lateinischen Schriften gehandelt haben muß, die sich vielleicht mit geowissenschaftlichen, bestimmt aber mit metrologischen Problemen befaßten. Es war vermutlich eine philologische Schrift gewesen, die Überschriften der ersten zwei Bücher sind erhalten geblieben, sie lauteten »De demonstratione« (Die Beweisführung) und »De methodis« (Die wissenschaftliche Erforschung).

Augsburger Interim 1548

Inzwischen war auf dem »geharnischten Reichstag« 1548 das Augsburger Interim verabschiedet worden. Unter Vorsitz des Bischofs JULIUS PFLUG hatte eine kleine Kommission die wohl brauchbar erscheinende Formel für eine deutsche Nationalkirche konzipiert. Sie wäre vom Papst fast unabhängig und vom Kaiser nicht zu abhängig gewesen. In 26 Artikeln wurden allerdings weitestgehend katholische Lehren vertreten. Es ist daher der allseitige Widerstand begreiflich. AGRICOLA aber begrüßte diese erasmianische Richtung.

Leipziger Interim 1548

Als Vertreter von Chemnitz war AGRICOLA mit Bürgermeister HOBLER auf dem Landtag zu Leipzig Ende Dezember 1548. Dort wurde das unter Mitwirkung MELANCHTHONS geschaffene, vom Kaiser gebilligte »Leipziger Interim« bekannt gegeben. Es sah die Wiederherstellung der bischöflichen Machtbefugnisse, Fasten, Feiertage, Fronleichnam etc. vor. Es wurde im Juli 1549 Landesgesetz. AGRICOLA hat dieses Interim begrüßt, entsprach es doch vielfach seinen der erasmianischen Mitte zugewandten Ansichten.

Bruder CHRISTOPH stirbt

Am 12. Februar 1549 wurde AGRICOLAS Bruder CHRISTOPH PAWER, der seit 1540 als Tuchmacher lebte, in Chemnitz begraben.

GEORGII AGRICOLAE

De mensuris & ponderibus Romanorum atque Graecorum Lib. V
De externis mensuris & ponderibus Lib. II
Ad ea, quae Andreas Alciatus denuo disputauit de mensuris & ponderibus, breuis defensio Lib. I
De mensuris, quibus interualla metimur Lib. I
De restituendis ponderibus atque mensuris Lib. I
De precio metallorum & monetis Lib. III

FROBEN

BASILEAE M D L

Cum priuilegio Imp. Maiestatis ad quinquennium.

Abb. 27. Titelblatt der metrologischen Veröffentlichungen AGRICOLAS, 2. Auflage, Basel 1550 (Bücherei der Technischen Universität Bergakademie Freiberg)

Widmungsbrief an Kurfürst MORITZ über sächsische Geschichte

Die Neuauflage seines 1533 erschienenen Werkes »De mensuris et ponderibus« (Maße und Gewichte) widmete AGRICOLA am 10. März 1549 dem Kurfürsten MORITZ und dessen jüngerem Bruder Herzog AUGUST von Sachsen (Abb. 27). Zwischen beiden Auflagen liegen gerade 16 Jahre, in denen sich AGRICOLA sehr stark mit der sächsischen Geschichte beschäftigt hatte. Dies kam ganz entschieden in diesem Widmungsbrief zum Ausdruck, in dem die Geschichte des »Sachsenstammes« bis in das 7. Jahrhundert zurückverfolgt wurde. Darauf gab er eine kurze topographische Übersicht von Thüringen und Sachsen mit den wichtigsten Naturreichtümern: Getreide in Thüringen und Silbererze in Sachsen. Unter dem Eindruck des Leipziger Interims aber sind die politischen Ansichten AGRICOLAS bedeutungsvoll. Nachdem dieses Interim die katholischen Bischöfe wieder in ihre Ämter eingesetzt hatte, die heftig umstrittenen Riten wieder eingeführt waren, konnte es für AGRICOLA nun noch einen weiteren, entscheidenden Schritt geben: die Einheit der Kirche wieder herzustellen, damit der Streit über die Religion, der fast ganz Deutschland schwersten Schaden gebracht hatte, beendet würde. Dies sind kühne und unerschrockene Worte. Offenbar hat AGRICOLA sich bei dem Theologen Dr. JOHANNES STRAMBURGER nochmals versichert, daß seine damaligen Ansichten über Messe und Zeremonien mit den älteren des Kurfürsten FRIEDRICH DEM WEISEN (dem Beschützer und Förderer LUTHERS) noch weitestgehend übereinstimmen, wie die Antwort des griechischen Gelehrten JANUS LASCARIS auf Fragen der Theologen des Kurfürsten vor 1525, also vor einem Vierteljahrhundert, gelautet hatte.

Werke zur Metrologie

Von März bis August 1549 schloß AGRICOLA nicht weniger als fünf, zum Teil recht umfangreiche wissenschaftliche Werke über Probleme der Metrologie ab.

Am 18. März 1549 schrieb er einen Widmungsbrief an den kurfürstlichen Rat ERNST VON MILTITZ, in dem er eine Diskussion über Geburts-, erworbenen und Geistesadel anstellte. Daraus wurde klar ersichtlich, daß sich der bürgerliche humanistische Gelehrte als Vertreter des Geistesadels ebenbürtig neben den Vertreter des sächsischen Geburtsadels stellte. Das Werk »De externis mensuris et ponderibus libri II« (Die ausländischen Maße und Gewichte, 2 Bücher) behandelt die ausländischen, d. h. die nichtgriechischen und nichtrömischen Maße und Gewichte, also die ägyptischen, persischen, syrischen, hebräischen und arabischen. Dieses Werk ist deshalb auch noch bemerkenswert, weil AGRICOLA in ihm überhaupt eine Zusammenstellung der hebräischen und arabischen Maße auf der Grundlage eigenen Quellenstudiums der Texte des Alten Testamentes und der (lateinischen) Texte der arabischen Gelehrten, z. B. auch von AVICENNA, vorlegte.

Verteidigungsschrift gegen ANDREAS ALCIATUS 1549

GEORG FABRICIUS hatte aus Straßburg schon 1545 AGRICOLA geschrieben, daß der italienische Jurist ANDREAS ALCIATUS gegen AGRICOLAS 1533 erschienenes Werk »De mensuris et ponderibus« polemisiert hatte. Erst 1549 fand der Kritisierte nun Gelegenheit, dem Italiener zu antworten. Seine Verteidigungsschrift »Ad ea, quae Andreas Alciatus denuo disputavit de mensuris et ponderibus, brevis defensio« (Kurze Verteidigung gegenüber dem, was ANDREAS ALCIATUS von neuem über Maße und Gewichte vorgebracht hatte), die AGRICOLA deshalb am 24. April 1549 GEORG FABRICIUS widmete, ist die einzige uns erhalten gebliebene Streitschrift AGRICOLAS. Der Streit ging um eine Interpretation von Stellen römischer Autoren über bestimmte Maße und Gewichte und um die Verwechslung des ALCIATUS von Gewichts- und Maß-Unzen. Es war eine echte humanistische Streitschrift voller Ironie und Schärfe, aber auch mit Überlegenheit gegenüber dem offenbar etwas eitlen Juristen.

Werk De mensuris quibus intervalla metimur (Maße, mit denen wir Entfernungen messen

Die schon im Widmungsbrief an ERNST VON MILTITZ begonnene Diskussion über den Adel setzte AGRICOLA in seinem Widmungsbrief an CHRISTOPH VON CARLOWITZ vom 5. Mai 1549 fort. Das Werk »De mensuris, quibus intervalla metimur« (Die Maße, mit denen wir Entfernungen messen) befaßte sich mit den Längenmaßen der Griechen und Römer sowie denen der Perser, Ägypter und Hebräer. Da aber römische Maße zu AGRICOLAS Zeit auch noch teilweise in Gebrauch waren, war die Wendung in dem Titel »womit wir ... messen« durchaus gerechtfertigt.

Werk De restituendis ponderibus atque mensuris (Wiederherstellung der Gewichte und Maße)

Am 29. Juni 1549 widmete AGRICOLA dem kurfürstlichen Rat HIERONYMUS KIESEWETTER sein Werk »De restituendis ponderibus atque mensuris« (Die Wiederherstellung der Gewichte und Maße). Es ist für AGRICOLAS Geschichtsverständnis von Bedeutung. Sein Anliegen, die antiken Maße und Gewichte wieder einzuführen, erschien ihm aus volkswirtschaftlichen, staatsrechtlichen und medizinischen Bedürfnissen und Gründen dringend notwendig. Weil die genauen Maße der Antike verlorengegangen wären, könne ein verantwortungsbewußter Arzt oft wichtige Rezepte antiker Ärzte, für die es keine neuen Heilmittel gäbe, nicht mehr herstellen. AGRICOLA zeigte hier die aktuellen Probleme eines einheitlichen Maß-, Gewichts- und Münzsystems, die ihm als Humanisten nur auf dem Wege der Wiederfeststellung der antiken Maße lösbar erschienen. Der reichstreue AGRICOLA sah im Römischen Reich deutscher Nation die direkte Fortsetzung des antiken Imperium Romanum und glaubte, durch seine

Vorschläge auch eine reichseinheitliche Regelung schaffen zu können. Dafür war es aber historisch zu spät.

De precio metallorum et monetis (Der Preis der Metalle und die Münzen)

Das wichtigste monetare Werk widmete AGRICOLA am 17. August 1549 GEORG VON KOMERSTADT, es war »De precio metallorum et monetis« (Der Preis der Metalle und die Münzen). Darin untersuchte AGRICOLA Wesen, Zahl und Art sowie Verwendungsmöglichkeit der Metalle, um anschließend deren Wert und Verwertbarkeit für Münzen zu behandeln. Dabei nannte er das Gold als oberstes Metall, es folgten die Metalle Silber, Kupfer, Eisen, Zinn, Wismut und Quecksilber. In der Nutzbarkeit stand jedoch Eisen an erster Stelle. Anders hingegen war die Rangordnung in Hinsicht auf den Preis (d. h. eigentlich auf den Wert) der Metalle, weil hierbei deren Seltenheit, die Anzahl ihrer Eigenschaften und ihre Nutzbarkeit in Relation traten. Mit der gleichen Gründlichkeit und Systematik behandelte AGRICOLA die Münzen. Zunächst gab er eine Definition der Münze und erläuterte den enormen Vorteil der Verwendung des Geldes gegenüber dem Tauschhandel. Schließlich entwickelte er in der Frage der Münzqualität solche Gedankengänge, wie sie 1530 schon in den Schriften des sächsischen Münzstreites dargelegt worden waren. Scharf wandte er sich gegen Münzfälscher. Vielleicht darf man AGRICOLA – unter allem Vorbehalt – zu einem frühen Vertreter des Merkantilismus zählen.

Für dieses Werk ist von philosophischem Interesse die historisch-kritische Methode AGRICOLAS, durch die uns eine gewaltige Fülle von Wissen übermittelt wurde. In dem Sammelband aller metrologischen Arbeiten sind etwa 1 500 Zitate enthalten, davon stammen rund 1 300 Zitate von 146 antiken Autoren und nur 200 Zitate (also ca. 13 %) von 50 zeitgenössischen Schriftstellern!

Im August 1549 erschien nun auch in Basel bei FROBEN und EPISCOPIUS die erste Auflage seines Werkes »De animantibus subterraneis«.

Am 30. Juli 1549 fand in Freiberg eine Zusammenkunft zwischen Kurfürst MORITZ von Sachsen, König FERDINAND I. von Böhmen, Kurfürst JOACHIM von Brandenburg, dem Bischof von Gran und dem venezianischen Gesandten FEDERIGO BADOARIO statt. Auf der Rückreise waren König FERDINAND und der Venediger nach Marienberg gereist. Dort traf AGRICOLA mit BADOARIO zusammen, wobei letzterer ihm das 1540 in Venedig erschienene Werk »De la Pirotechnia Libri X« des VANOCCIO BIRINGUCCIO überreichte.

AGRICOLA und BADOARIO in Marienberg 1549

Dieses Buch enthält die Feuerwerkskunst, und es werden in ihm ausführlich alle Erze behandelt sowie das, was zu ihrer Bearbeitung, zum Schmelzen und Gießen gehört. BIRINGUCCIO hatte auch AGRICOLAS »Bermannus« zitiert. AGRICOLA wird wohl mit dem klugen Italiener die Probleme des Hüttenwesens eifrig diskutiert haben.

Auch 1549 erhielt AGRICOLA wiederum vom Stadtrat eine Vergütung für seine Tätigkeit als Schulvisitator.

Sicherlich nicht ohne seinen Einfluß, zumindest aber mit AGRICOLAS Billigung, veröffentlichte ADAM SIBER, Schulmeister am Gymnasium zu Chemnitz, im Jahre 1549 in Straßburg bei BLASIUS FABRICIUS sein »Ludus literatius apud Chemnizium Misniae« (Literarisches Spiel bei Chemnitz – Meißen). Es lohnt sich, einen Blick in den Lehrstoff zu werfen. Nach diesem Buch waren die Lehrgegenstände folgende:

SIBERS Schulbuch 1549

5. Klasse: Buchstabieren und Syllabieren nebst Anfangsgründen im Christentum,
4. Klasse: Lesen und Schreiben, kleiner lateinischer Katechismus, Deklinieren und Konjugieren,
3. Klasse: Lesen der kleinen Briefe CICEROS und lateinischer Verse, Deklinieren und Konjugieren,
2. Klasse: Lateinische Grammatik, VERGILS Bukolia, CICEROS Epistula, TIBULLS Elegien oder ein Brief von OVID und Fertigen lateinischer Verse
1. Klasse: vollständige lateinische Grammatik, CICEROS Schriften über das Alter, die Freundschaft, die Pflichten. VERGILS Aeneis, TERENZ' Lustspiele, Griechische Grammatik, ISOKRATES' Schrift über die Sitten, LUKIANS Dialoge, Dialektik, Rhetorik und Stilübungen.

Eine knappe Notiz in einem kurzen Brief GEORG FABRICIUS' an WOLFGANG MEURER vom 3. Januar 1550 zeigt, wie AGRICOLAS Freunde sich selbst mit naturwissenschaftlichen Problemen befaßten, andererseits aber auch, wie sie ihn mit immer neuen Nachrichten versorgten. FABRICIUS hatte auf einer Reise bei Weida/Vogtland Erde brennen sehen, es sind vermutlich Sumpfgase gewesen. Er erwartete AGRICOLAS Urteil darüber, das aber unbekannt ist.

Im März 1550 war »uff erforderung unßern gnedigstn herrn« AGRICOLA mit Bürgermeister HANS SCHNEIDER und noch drei Ratsherren in Freiberg. Offensichtlich ging es dabei um die leidige Angelegenheit der Freilassung des Landgrafen PHILIPP von Hessen aus der Gewalt des Kaisers. Oder ging es um eine Kleiderordnung?

AGRICOLA reist nach Freiberg

Am 14. April 1550 ließ der Katholik GEORGIUS AGRICOLA seinen soeben geborenen Sohn THEODOR in der evangelischen Stadtkirche St. Jakobi taufen. Als Paten wurden aufgeführt: der Ratsherr SIMON RUEDEL, der Tuchmacher und Ratsherr JACOB KNOCH und die ältere Herrin SCHÖNBERG. Um diese Patin gab es im AGRICOLA-Schrifttum einige Unklarheiten. Nach neuen Forschungsergebnissen war es KATHARINA VON SCHÖNBERG geb. VON TAUBENHEIM. Sie war die Witwe des 1546 in Stollberg gestorbenen FRIEDRICH VON SCHÖNBERG und lebte offenbar als Witwe in Chemnitz, wo sie auch am 1. August 1552 starb.

Sohn THEODOR getauft

Es darf angenommen werden, daß im Frühjahr 1550 in Basel bei FROBEN der stattliche, 356 Folioseiten umfassende Band »De mensuris et ponderibus« erschienen ist, denn AGRICOLA schickte ein Exemplar an Herzog AUGUST, der damals in Weißenfels

Metrologischer Sammelband in Basel erschienen

residierte. Dieser ließ am 9. Juni 1550 durch GEORG VITZTHUM und HIERONYMUS KIESEWETTER dafür danken.

Italienische Ausgabe der mineralogischen Werke 1550

In Italien erschien 1550 in Venedig eine italienische Übersetzung der geowissenschaftlichen Werke einschließlich des »Bermannus« in der Übersetzung des Druckers MICHELE TRAMEZZINO, der diese Ausgabe dem Papst JULIUS III. gewidmet hatte.

AGRICOLAS Tätigkeit für die Stadt

Obwohl AGRICOLA in jenem Jahr kein Bürgermeister war, reiste er in Angelegenheiten des Rates im August/September 1550 zweimal an den Hof nach Dresden. Am 28. Oktober 1550 ritt er mit Bürgermeister HANS HEINZ und dem Stadtschreiber nach Torgau. Dort tagte vom 2. bis 19. November 1550 der Landtag. Auf ihm kam es zu heftigen Auseinandersetzungen zwischen Kurfürst MORITZ und den Abgesandten. Der Kurfürst war vom Kaiser mit der Durchführung der Reichsacht gegen die Stadt Magdeburg beauftragt worden. Der Landtag war absolut nicht gewillt, den Kurfürsten gegen die protestantischen Magdeburger zu unterstützen.

Widmungsbrief an Kurfürst MORITZ und Herzog AUGUST zu De re metallica

Zurückgekehrt von den dienstlichen Reisen, schrieb AGRICOLA am 1. Dezember 1550 den Widmungsbrief zu »De re metallica« an Kurfürst MORITZ und Herzog AUGUST. Darin stellte der Autor fest, daß er fast keine geeigneten antiken Vorläufer, außer PLINIUS, gehabt habe und es nur sehr wenige zeitgenössische Werke zu diesem Themenkreis gäbe. Er erwähnte eigentlich nur ULRICH RÜLEIN VON CALWS »Ein nützlich Bergbüchlein« von 1500 und BIRINGUCCIOS »Pirotechnia« von 1540. Je weniger Autoren über den Bergbau geschrieben haben, um so merkwürdiger erschien es ihm, daß es so viele Alchemisten gegeben habe, welche vorgaben, ein unedles Metall in ein edles verwandeln zu können. Er hielt sie alle für Lügner. Nach diesen harten Angriffen gegen die Chymisten gab AGRICOLA dann eine knappe Übersicht über den Inhalt der 12 Bücher des Werkes. »Deren erstes enthält das, was gegen diese Kunst und gegen die Bergwerke und Bergleute ... gesagt werden kann. Das zweite entwirft ein Bild des Bergmannes und geht über zu der Erörterung, wie man sie gewöhnlich über die Auffindung der Erzgänge anstellt. Das dritte handelt von den Gängen, Klüften und Gesteinsschichten. Das vierte entwickelt das Verfahren des Vermessens der Lagerstätten und legt auch die Ämter der Bergleute dar. Das fünfte lehrt den Aufschluß der Lagerstätten und die Kunst des Markscheidens. Das sechste beschreibt die Werkzeuge, Geräte und Maschinen im Bergbau. Das siebente handelt vom Probieren der Erze. Das achte gibt Vorschriften über die Arbeit des Röstens, des Pochens, des Waschens und des Dörrens. Das neunte entwickelt das Verfahren des Erzschmelzens. Das zehnte unterrichtet die Bergbau Betreibenden darüber, wie man Silber von Gold und Blei von diesem und von Silber scheidet. Das elfte weist die Wege, wie man Silber von Kupfer trennt. Das zwölfte gibt Vorschriften für die Gewinnung von Salz, Soda, Alaun, Vitriol, Schwefel, Bitumen und Glas.«

Die Meinung, daß die bildende Kunst für die Renaissance und die Literatur für den Humanismus steht, wobei eine weitere Trennung in geistes- und in naturwissenschaftlichen Humanismus postuliert wird, kann durch die bildlich-textlichen Handlungsvorschriften zu den Holzschnitten in »De re meallica« widerlegt werden.

Abb. 28. JOHANNES MATHESIUS, 1531 bis 1565 Pfarrer in St. Joachimsthal, Kupferstich von J. J. BOISSARD, 1597

Vom Monat Dezember 1550 an befand sich AGRICOLA in St. Joachimsthal. Der alte Graf HIERONYMUS SCHLICK hatte ihn als Arzt dorthin gerufen, als ihm das brandige Bein amputiert werden mußte. Das Grafenhaus befand sich offensichtlich in finanziellen Nöten, denn AGRICOLA lieh ihm und seinen Söhnen 5000 Taler.

AGRICOLA in St. Joachimsthal

Während dieses Aufenthaltes im Obergebirge traf AGRICOLA oft mit dem Pfarrer der Bergstadt, JOHANNES MATHESIUS, zusammen (Abb. 28). Er war ein bergbaulich und mineralogisch recht interessierter Mann, der selbst eine große Sammlung besaß, über die er sich mit AGRICOLA wissenschaftlich angeregt unterhielt. MATHESIUS wurde später als Populisator AGRICOLAS bezeichnet. Das ist nur zum Teil richtig.

Bekanntschaft mit JOHANNES MATHESIUS

Anfänglich hatte er wohl AGRICOLAS philosophische Erkenntnisse, wie dieser sie 1546 im geowissenschaftlichen Sammelband vertrat, weder gebilligt, vielleicht nicht einmal begriffen. In einem jahrelangen Lernprozeß aber verstand er AGRICOLAS Absichten doch immer besser. Vor allem in seinen Bergpredigten übertrug er den lateinischen Text AGRICOLAS seinen Knappen ins Deutsche und wurde so ein hervorragender Übermittler der Bergmannssprache seiner Zeit. In der Mineralogie aber vertrat er wieder die von AGRICOLA bekämpften Ansichten der Quecksilber/Schwefel-Theorie der Mineralgenese.

MATHESIUS war sich sehr wohl darüber im klaren, daß diese Gespräche für ihn höchst ehrenvoll waren, denn in mehreren Briefen an Professor EBER teilte er diesem nach Wittenberg diese Gespräche mit, wissend, daß diese Neuigkeiten dort schnell Verbreitung finden werden.

Auf dem Landtag in Torgau

Das Jahr 1551 begann wiederum mit politischen Geschäften. AGRICOLA war mit Bürgermeister MERTEN HOBLER und dem Stadtschreiber am 10. Februar 1551 auf dem Landtag in Torgau. Dort versuchte Kurfürst MORITZ erneut, neue Steuern für seinen geplanten Zug gegen Magdeburg bewilligt zu bekommen. Aber der Landtag war wiederum zu nichts zu bewegen.

Agricola erneut in St. Joachimsthal

Nach Hause zurückgekehrt, begab sich AGRICOLA im Februar 1551 erneut nach St. Joachimsthal, wo es vermutlich noch allerlei wegen seines Zeichners für die Bergwerksbilder, BASILIUS WEFFRINGER, zu verhandeln gab.

In Chemnitz ereigneten sich im April 1551 zwei Sterbefälle, die AGRICOLA sicher nahegegangen sein werden. Am 6. April 1551 begrub man in der Stadtkirche den ehemaligen letzten katholischen Abt des Chemnitzer Benediktiner-Klosters, HILARIUS VON REHBURG. Schon 1539 Protestant geworden, heiratete er die Tochter des Bürgermeisters HANS HEINZE und zog in die Stadt. AGRICOLA pflegte mit diesem Mann, der in früheren Jahren ein recht unmoralisches Leben geführt hatte und als Abt grausame Justiz ausübte, also ein typischer Renaissance-Abt war, weiterhin Gesellschaft. Am 29. April 1551 starb aus Gram darüber, daß er am 17. April 1551 von Kurfürst MORITZ seines Amtes enthoben worden war, der erste evangelische Superintendent von Chemnitz, WOLFGANG FUSIUS oder FUESS. Er hatte am 4. Juli 1539 in Chemnitz die Reformation eingeführt und war über 11 Jahre in Chemnitz tätig gewesen. Beide Männer waren miteinander bekannt.

Zum dritten Male Bürgermeister

Die Vorgänge um die Bürgermeisterwahl 1551 sind nicht ganz klar. Offenbar hatte man HANS HEINZE gewählt, aber AGRICOLA mußte wiederum auf höheren Befehl das Amt übernehmen. Am 16. April 1551 saß der neue Rat unter AGRICOLA zu seiner ersten Sitzung an.

Reise nach Kalkreuth

Im Herbst 1551 reiste AGRICOLA in besonderer Mission des Rates nach Kalkreuth bei Großenhain, wo der kurfürstliche Rat GEORG VON KOMERSTADT ein Gut besaß. Leider wissen wir nichts vom Inhalt der Gespräche.

Der Engländer Wotton lobt Agricola

Sein englischer Freund in Venedig, EDWARD WOTTON, veröffentlichte 1551 ein Werk »De differentiis animalium« (Die Verschiedenheit der Lebewesen) und erwähnte in seiner Vorrede AGRICOLA mit ehrenden Worten.

Für 1551 mußte Chemnitz eine neue Türkensteuer von 437 Gulden aufbringen. AGRICOLA gab selbst ein Vermögen von 7 579 Gulden an und bezahlte 15 Gulden 16 Groschen 3 Pfennige und 1 Heller Steuern, das waren rund 0,2 %! Nach den Preisen von 1551 hätte sich AGRICOLA damals etewa 3 789 Kühe zum Preis von je 2 Gulden kaufen können. Er gehörte mit zu den reichsten Bürgern von Chemnitz und besaß, was bisher unbekannt war, im Vorort Sankt Niklasgasse, Grundbesitz.

Fürstenrebellion

Am 4. November 1551 hatte Kurfürst MORITZ die Reichsacht gegen Magdeburg durchgesetzt und die Stadt zur Unterwerfung gezwungen. Wenig später verbündete er sich mit König HEINRICH von Frankreich im Vertrag von Chambord. Damit wurde das politische Aufbegehren der deutschen Territorialfürsten gegen den Kaiser in den Bereich der militärischen Aktion gerückt.

Der König versprach der deutschen Fürstenrebellion unter MORITZ monatlich 60 000 Kronen Unterstützung. Dafür erhielt er die Reichsstädte Metz, Toul, Verdun und Cambrai, die nicht deutscher Sprache waren. Im Februar 1552 kam es in Torgau zu einem stürmischen Landtag. MORITZ eröffnete am Fastnachstag, dem 8. März 1552, den Landständen, daß er gegen den Kaiser ziehen müsse. Diese Eröffnung war eine allgemeine Überraschung. AGRICOLA wird wohl sehr betroffen über diese Wendung gewesen sein, die er in Chemnitz erfuhr, denn er weilte nicht in Torgau, da seine Frau kurz vor der Entbindung war. Am 23. März 1552 ließ er seine Tochter ANNA in der Stadtkirche evangelisch taufen. Paten waren sein Schwiegersohn, der Apotheker GREGOR ZIEGLER, die Frau des Apothekers LORENZ (mehr wissen wir nicht von ihr) und die Nichte von AGRICOLAS erster Frau, ANNA SORGENFREY, geborene ARNOLD.

Tochter ANNA getauft

Am 21. März 1552 schrieb AGRICOLA an seinen Verleger NIKOLAUS EPISCOPIUS in Basel einen Brief, der bislang übersehen worden war, aber für die Werksgeschichte von »De re metallica« aufschlußreich ist. Er schrieb, daß er nun endlich, nach mehreren vergeblichen Versuchen, einen Zeichner in St. Joachimsthal gefunden habe, der für viel Geld die wichtigsten Bergmaschinen abzeichnete. AGRICOLA will die Zeichnungen wegen der Gefahren des herrschenden Krieges erst später schicken. Aber er will von seinem Verleger auch wissen, ob die ersten 6 Bücher, also Kapitel, schon gedruckt wären und ob die bereits geschickten Zeichnungen fertig seien. Dort wären nämlich Korrekturen nötig, da der Holzschneider einige Fehler gemacht habe.

Brief AGRICOLAS an EPISCOPIUS wegen »De re metallica«

Es müssen noch ein paar Worte über Zeichner und Holz- bzw. Formschneider gesagt werden. Deren Kunst war ja vor allem zu danken, daß »De re metallica« in der Bergbau- und Hüttenpraxis lange Zeit eine überragende Rolle spielte. Auch ein des Lesens Unkundiger konnte sich aus den Bildern genügend Kenntnisse erwerben. In den Holzschnitten finden sich außer Gesamtansichten und Funktionsbeschreibungen bereits Detaildarstellungen einzelner Funktionselemente.

BASILIUS WEFFRING wurde vermutlich in Annaberg geboren, heiratete 1548 in St. Joachimsthal, wurde 1550 dort Bürger und 1559 Vater von Zwillingen. Nur diese wenigen Daten sind von dem Mann bekannt, der die berühmten Zeichnungen schuf.

BASILIUS WEFFRING, MANUEL DEUTSCH und ZACHARIAS SPECKLIN

Von den 292 Holzschnitten stammen 7 durch Signum gekennzeichnete und weitere 55 zugerechnete von HANS RUDOLF MANUEL DEUTSCH. Der 1525 in Erlach am Bielersee geborene Schweizer Künstler schnitt diese Abbildungen. Er starb im Alter von nur 46 Jahren in Morsee.

Als Formschneider ist noch der 1530 in Straßburg geborene ZACHARIAS SPECKLIN bekannt, er siedelte 1556 nach Basel über, wo er 1576 starb.

Der Krieg, der von März bis Mai 1552 Deutschland überzogen hatte, schmerzte AGRICOLA mehr als die Pestepidemie, welche vor allem das Land Meißen verheerte, so schrieb er am 27. September 1552 an BLASIUS FABRICIUS nach Straßburg. In der Stadt Meißen starben damals 2 000, in Freiberg 2 500 Menschen. Wenn man bedenkt, daß die Städte nur zwischen 5 000 und 10 000 Einwohner zählten, wird die Verheerung dieser furchtbaren Seuche offenkundig. Auch in AGRICOLAS Familie raffte die Pest ihr Opfer weg. Am 2. Januar 1553 starb der Schwiegersohn, der Apotheker GREGOR

Pestepidemie in Sachsen

ZIEGLER. Wer es ermöglichen konnte, floh aus den pestverseuchten Städten aufs Land, so auch GEORG FABRICIUS, der nach Kalkreuth zu GEORG KOMERSTADT ging. Von dort fragte er am 11. März 1553 bei AGRICOLA an, ob er etwa eine Schrift gegen die Pest vorbereite. AGRICOLA hatte tatsächlich ein Werk »De peste« (Die Pest) unter der Feder, wie viele andere Stadtärzte seiner Zeit ebenfalls. Aber seine letzten Arbeiten an »De re metallica« hinderten ihn daran, es zu vollenden. Er hatte nun endgültig »De re metallica« mit den Bildern abgeschlossen und alles nach Basel geschickt. GEORG FABRICIUS hatte eine Elegie auf seine Bitten hin geschrieben, die den Inhalt des Werkes wiedergibt. Sie ist heute wiederum recht aktuell in der Auseinandersetzung um die Aufgaben der Technik innerhalb der Gesellschaft. Sie stellt eine dichterische Verteidigung dessen dar, was man zu AGRICOLAS Zeit unter dem heutigen Begriff der Technik verstand, nämlich Kunstfertigkeit, darin eingeschlossen Theorie und Praxis. Die schwer verständliche Lobpreisung des FABRICIUS, die ständigen Rückgriffe auf antike Beispiele und Vorbilder erschweren uns heute sehr ihr Verständnis. Sie blieb auch deshalb bis in unsere Zeit unübersetzt.

FABRICIUS' Elegie über »De re metallica«

Zum 4. Male Bürgermeister

Zum viertenmal übernahm 1553 AGRICOLA das Amt des Bürgermeisters und saß am 20. April 1553 mit dem Rat an. Ursprünglich war MERTEN HOBLER gewählt worden. Dieser aber hatte beim Kurfürsten MORITZ darum gebeten, daß man ihn in diesem Jahr mit dem Amt verschonen möge. Dieser Wunsch war offensichtlich dem Kurfürsten entgegengekommen, und AGRICOLA wurde eingesetzt. GEORG FABRICIUS bedauerte in seinem Brief an WOLFGANG MEURER am 11. Mai 1553 nach Kalkreuth, daß AGRICOLA wiederum das Amt übernehmen mußte. »Wieder wird das ein Hemmnis sein für seine Studien, das bedaure ich.«

Erneut trat die Stadt Chemnitz an AGRICOLA wegen eines Darlehens heran und erhielt 500 Gulden für 5 % Zins.

Arbeit am Pestbuch

Die große Pestseuche war noch immer nicht erloschen, und die Freunde erwarteten dringlichst AGRICOLAS Pestbuch. AGRICOLA arbeitete intensiv daran, wie wir aus verschiedenen Briefen seiner Freunde wissen. Er selbst hatte FABRICIUS geschrieben, daß er das Manuskript dem Arzt Prof. Dr. WOLFGANG MEURER schicken wolle (Abb. 29).

Inzwischen hatten sich bemerkenswerte politische Dinge ereignet. Nachdem Kurfürst MORITZ die Ehrenberger Klause nördlich von Innsbruck am 19. Mai 1552 erstürmt hatte und Kaiser KARL V. zur Flucht zwang, kam es im Herbst 1552 zum Passauer Vertrag. Das Interim wurde aufgehoben, Herzog JOHANN FRIEDRICH von Sachsen und Landgraf PHILIPP von Hessen wurden aus der Gefangenschaft befreit und freie Religionsausübung bis zum nächsten Reichstag zugesagt. Der mit Kurfürst MORITZ von Sachsen verbündete Markgraf ALBRECHT ALCIBIADES von Brandenburg-Kulmbach aber glaubte, durch Ausnutzung der Fürstenverschwörung sich ein großes Territorium schaffen zu können. Seine Raubzüge richteten überall schreckliche Ver-

Passauer Vertrag 1552

GEORGII AGRICOLAE DE PESTE LIBRI TRES.

FRO BEN.

ANNO M D LIIII.

Abb. 29. Titelblatt von AGRICOLAS Buch über die Pest, Basel 1554 (Ratsschulbibliothek Zwickau)

wüstungen an, der Kaiser nahm den Friedensbrecher sogar in seine Dienste, um die Stadt Metz wiederzuerlangen. Der Markgraf mußte aber die Belagerung von Metz abbrechen und setzte seine Raubzüge fort, bis ihm Kurfürst MORITZ entgegentrat und am 9. Juli 1553 in der Schlacht bei Sievershausen bei Braunschweig entscheidend schlug. Dabei wurde der 32jährige Kurfürst schwer verwundet. Am 11. Juli 1553 verstarb Kurfürst MORITZ von Sachsen auf dem Schlachtfeld. Herzog AUGUST von Sachsen, sein 27jähriger Bruder, übernahm am 18. August 1553 die Kur (Abb. 30). Schon am 21. August 1553 fand der erste Landtag unter dem neuen Kurfürsten statt, bei dem auch AGRICOLA anwesend war.

Tod von Kurfürst MORITZ

Streit der Stadt mit dem Amtmann

Die Stadt Chemnitz hatte 1553 allerlei Ärger mit dem Amtmann des Amts Chemnitz, JÖRG ÖSTERREICHER. Dieser war Kaufmann und Bürgermeister zu Augsburg gewesen und hatte 1552 Kurfürst MORITZ anläßlich dessen Zuges gegen Kaiser KARL V. 80 000 Gulden zu 10 % Zins geliehen. Zur Sicherheit hatte ihm der Kurfürst u. a. das Amt Chemnitz und seine Einnahmen verpfändet. Als ÖSTERREICHER 1552 dann aus Augsburg ausgewiesen wurde, begab er sich nach Chemnitz, wo er nun als Amtmann möglichst viel für sich herauswirtschaften wollte. Dabei berührte er aber Interessen der Stadt Chemnitz, und es kam zum Streitfall, der auf dem »Tag« zu Mittweida 1553 verhandelt wurde, auf dem AGRICOLA die Rechte der Stadt vertrat.

Streit mit PAUL NEEFE

Ernsthaften persönlichen Streit gab es zwischen AGRICOLA und dem Stadtvogt PAUL NEEFE. Dieser hatte schon im März 1553 gegen AGRICOLA geklagt, aber erst im Dezember 1553 kam es vor beiden Räten der Stadt zur Verhandlung. Sie wurden vermahnt, jeden Zwist aufzuheben, sich jeder unguten Worte zu enthalten bei Strafe von 30 guten Schock Groschen (das ist die enorme Summe von 85 Talern 15 Groschen!) und Ausschluß aus dem Rat bis zur Erlegung der Strafsumme. Die Höhe der angedrohten Strafe erstaunt. Was der eigentliche Grund des Streites war, wird nicht ersichtlich. Man vermied im Protokoll fast ängstlich, den Kausalnexus zu nennen. Auf jeden Fall aber muß man daraus schließen, daß beide Kontrahenten rechte Dickschädel gewesen sein müssen.

Abb. 30. Kurfürst MORITZ (links) und Kurfürst AUGUST von Sachsen (rechts), Holzschnitte von LUKAS CRANACH d. J. (Kupferstichkabinett Dresden)

Werk »De peste« (Die Pest)

Wider Erwarten hatte sich das Erscheinen der Pestschrift immer wieder verzögert. AGRICOLA hatte lange Zeit überlegt, wem er diese Arbeit widmen sollte. Schließlich schrieb er am 23. Februar 1554 den Widmungsbrief an Dr. HIERONYMUS KIESEWETTER, dem er schon 1545 eines seiner metrologischen Werke zugeeignet hatte. AGRICOLA bekannte in seiner Pestschrift, daß er sich in der Hauptsache auf die antiken Ärzte HIPPOKRATES und GALEN berief. Es gibt nach ihm drei Arten der Pest, die eine allgemeine Krankheit von epidemischer Art sei. Sie ist eine fieberhafte Seuche, die für die meisten der Betroffenen tödlich verläuft. Als Ursache dafür wies er alle theologischen Deutungen (Krankheit als Strafe Gottes für ein sündhaftes Leben) entschieden zurück und gab als medizinische Erklärung u. a. an: verpestete Luft, schlechte Nahrung und Fäulnis. Häufig werde die Pest durch Reisende übertragen, sie sei also eine ansteckende Krankheit. AGRICOLA beschrieb dann die drei Pestarten, die ihm ja alle aus der Praxis bekannt waren. Über die Möglichkeit, sich gegen die Pest zu schützen, zog AGRICOLA zahlreiche Zitate der griechischen Philosophen und auch aus der Bibel an und gab auch einige praktische Hinweise für die Behandlung der Pestkranken, allerdings mit uns teilweise heute seltsam anmutenden Mitteln. Er führte die Quarantäne ein, der sich alle pestverdächtigen Personen unterwerfen mußten, wie er es in Venedig gesehen hatte, wo Kranke im Hospital St. Lazaretto untergebracht waren. Diesen uns heute so geläufigen Begriff führte AGRICOLA in die medizinische Sprache ein. Das Pestbuch erschien im gleichen Jahr bei FROBEN in Basel (s. Abb. 29).

Verlorene Werke

Es sei hier noch auf ein weiteres medizinisches Werk hingewiesen, das ebenfalls zwischen 1550 und 1555 geschrieben, aber nicht vollendet wurde oder verloren ging. Es führte den Titel »De putretudine solidas partes humani corporis humani« (Die Fäule, die die festen Körperteile des Menschen zerstört). Beschrieben wurde vielleicht eine putride, d. h. eitrige Entzündung bei Fischern, hervorgerufen durch angegangenes Fischmaterial. Man macht heute für solche Infektionen Eiweißabbauprodukte (Gruppe der Tomaine), z. B. Leichengifte, verantwortlich. Sitz der eitrigen Krankheit sind Haut und Augen.

1. Landtag mit Kurfürst AUGUST

Auf dem ersten Landtag, den der neue Kurfürst AUGUST in seiner Residenz Dresden am 6. April 1554 abhielt, war Altbürgermeister AGRICOLA mit dem amtierenden Bürgermeister HANS SCHÜTZ anwesend.

Arbeit an der Genealogie der Wettiner

AGRICOLA hatte Anfang April 1554 sein Amt abgeben können und befaßte sich nun intensiv mit der Genealogie der Fürsten von Sachsen, wofür er 200 Taler ausbezahlt bekam. Er lieh sich für diese Arbeit auch Handschriften aus der kurfürstlichen Kanzlei in Dresden aus, z. B. am 15. November 1554. Auch andere größere literarische Arbeiten hatte AGRICOLA noch vor. Sie waren teilweise bereits als Manuskripte vollendet oder befanden sich noch in der Planung. Nach 1549 war das Werk »De medicatis fontibus« (Die Heilquellen) in zwei Büchern abgeschlossen worden. Wegen vieler Ergänzungen wurde es immer wieder zurückgestellt; es ist heute verschollen. Gegen AGRICOLAS Ausführungen über die Entstehung der Metalle in »De ortu et causis subterraneorum« 1546 hatte der Tübinger Professor JAKOB SCHEGK 1550 polemisiert. AGRICOLA hatte dagegen »De ortu metallorum defensio contra SCHEGKIUM« (Eine Verteidigung gegen SCHEGK über den Ursprung der Metalle) geschrieben, die aber ebenfalls später verloren gegangen ist. AGRICOLA hatte selbst angekündigt, daß er sich mit Fragen des Bergrechts und der Bergordnungen (De jure et legibus metallicis libri II) befassen wollte. Dieses Werk blieb bestimmt unvollendet, wie auch »De aeris statibus« (Die Zustände der Luft), das er in der Pestschrift 1554 anmeldete.

Weitere unvollendete Werke

Theologische Dialoge

Sehr schwierig ist die Frage zu entscheiden, ob AGRICOLA vier theologische Dialoge um 1554/1555 geschrieben hat. Die Quelle gibt nur an, daß es Themen waren, über die AGRICOLA Gespräche zu führen pflegte. »Wie er aber bei Auseinandersetzungen über die Philosophie alle gelassen anzuhören pflegte, so konnte er niemanden mit Geduld ertragen, der sich bei Gesprächen über Dinge der Religion gegen ihn wandte«, schrieb GEORG FABRICIUS. – AGRICOLA plante, alle geowissenschaftlichen Werke in einem Band herauszugeben, und arbeitete an Verbesserungen und Ergänzungen. Offensichtlich sollten darin alle 23 Bücher von 1546 mit den 12 Büchern »De re metallica« zu einem Band vereinigt werden, wie FABRICIUS am 17. Januar 1555 berichtete. Der Verlag FROBEN hat aber dann dieses Vorhaben mehrfach geändert. Er gab zunächst 1556

»De re metallica« heraus und 1558 die Ausgabe letzter Hand der geowissenschaftlichen Werke.

Tag von Grimma

Die Stadt Chemnitz hatte bei Kurfürst AUGUST eine Generalklage gegen alle Rittergutsbesitzer im Bereiche der städtischen Bannmeile, gegen sämtliche Amtsdörfer und einige Dörfer im benachbarten Amte Schellenberg eingebracht und um Schutz ihrer Privilegien gebeten, d. h. Bannmeilenrechte durchzusetzen. Immer wieder scheiterte dieses Vorhaben an den ökonomischen Plänen der umwohnenden Adligen, in ihren Dörfern das Handwerk zu etablieren. Die Verhandlungen fanden in Grimma statt, und AGRICOLA vertrat die Rechte der Stadt Chemnitz, sie dauerten drei Tage und wurden am 16. Januar 1555 beendet. Der »Grimmaische Vertrag« war also eine Art Generalfestlegung nach Dutzenden wirkungslosen Einzelvereinbarungen, Klagen, Drohungen, militärischen Auszügen, Eingaben, Protesten etc. Die Gerechtsame der Stadt Chemnitz wegen des Brauens und Bierzwanges innerhalb der Meile blieb bestehen unter der Bedingung, gutes und kräftiges Bier zu brauen. Die Leineweber durften sich nur unter Beschränkungen in den Dörfern niederlassen und mußten zur Chemnitzer Innung halten. Aber: Vertragstext und Realisierung standen auch hier wieder im Verhältnis von Anspruch und Wirklichkeit. So strikt durchgesetzt hat sich die Stadt zwar nicht, aber vor der Hand war Ruhe eingezogen.

Brief von Kurfürst AUGUST

Am 18. Januar 1555 schrieb Kurfürst AUGUST einen kurzen Brief an AGRICOLA, der in der AGRICOLA-Forschung viele unterschiedliche Bewertungen erfahren hat. Er lautete:

D Agricola
eodem die
Hochgelarter l(ieber) g(etreuer). Nachdem ir hiebeuor im latein ein Buch im Druck ausgehen lassen. Des titel sein sal De rebus metallicis, welchs uns fast gerumbt wirt, und wir aber den Verstand desselben gerne wissen und haben mochten. Als ist unser gnedigs begeren, Ir wollet dasselb Buch zu forderlich ewer gelegenheit in die Deuczsche sprach Vordolmeczschen, Und nicht mehr dan eins wider abschreiben lassen, viel weniger in Druck geben sondern vorwart bei euch behalten und uns das abgechrieben exemplar dauon zuschicken. Do ir auch darczu eins schreibers bedurffen wurdet, sollen wir Ime darumb pflegen lassen
Daran thut ir unser gnedige und gefellige meinung
Datum

Der sächsische Kurfürst AUGUST verlangte also von AGRICOLA eine deutsche, nur für ihn bestimmte Abschrift des Werkes und verpflichtete sich sogar, einen Schreiber zu stellen und zu bezahlen. Kurfürst AUGUST führte damals den Brauch ein und setzte ihn zeit seines Lebens fort, ihm bemerkenswert erscheinende fremdsprachige Werke in die deutsche Sprache übertragen zu lassen. Ein Verbot, das Werk in Latein herauszubringen, kann man aus dem Brief nicht herauslesen, es wäre auch gar nicht mehr realisierbar gewesen, da das Manuskript schon in der Druckerei in Basel lag.

Es wurde die Vermutung ausgesprochen, daß der damals 27jährige Wardein am Hofe zu Dresden, LAZARUS ERCKER, vielleicht die Arbeit des Übersetzers bzw. Schreibers wahrnehmen sollte. Näheres ist jedoch darüber nicht bekannt.

Tod der Tochter IRENE

Im Alter von vielleicht 12 Jahren starb AGRICOLAS Tochter IRENE und wurde am 12. Februar 1555 begraben. Da kein katholischer Priester mehr in Chemnitz amtierte, wurde das Kind nach evangelischen Gebräuchen bestattet. AGRICOLA sandte dem katholischen Bischof von Meißen NIKOLAUS VON CARLOWITZ die für die katholischen Seelenmessen üblichen Gebühren. Am 2. März 1555 diktierte der Bischof aus seinem Amtssitz Stolpen den Empfang der Gelder.

Friedensbrief 1555

Am 19. März 1555 schrieb AGRICOLA an Kurfürst AUGUST einen Widmungsbrief zu seinen geowissenschaftlichen Werken in der 2. Auflage. Dieser ergreifende Brief lautet u. a.: »Denn was gibt es Traurigeres, Schädlicheres, Verhängnisvolleres als einen Krieg? Was dagegen Froheres, Fruchtbringenderes, Heilsameres als den Frieden? Aus jenem jedenfalls strömt wie aus einem häßlichen, widerlichen Sumpfe Schande, Übeltat, Mißgeschick, Verderben, aus diesem wie aus einer angenehmen, reinen Quelle Ehrenhaftigkeit, Tugend, Wohlstand, Heil. Denn die Masse der Soldaten wütet durchaus in Schamlosigkeit, Verbrechen und Schandtat; denn sie vergewaltigt die Keuschheit der Frauen ... sie geht auf Beute und Raub aus ... sie bringt den Äckern Vernichtung, sie zerstört die Maschinen der Bergwerke ... Deshalb kann man den Krieg mit Recht als Pflanzschule jeglichen Unrechts bezeichnen. Wenn aber Frieden herrscht, da werden Gesetze gegeben, da werden Entscheidungen getroffen, da werden Anordnungen erlassen. Sie setzen Belohnungen aus für die Tugend, Todesstrafen für das Laster ... In einem gesegneten und erfreulichen Frieden steht alles in Blüte: niemand wird seines Vermögens beraubt und aus seinem Besitze vertrieben; jeder einzelne macht froh Gebrauch von dem, was für uns zum Genießen erzeugt wird ... denn keine Gabe, die Gott den Sterblichen geschenkt hat, ist erwünschter, erfreulicher und besser als der Friede!«

Diese Ausgabe letzter Hand erschien 1558 in Basel.

Landtag in Torgau

Da in der Chemnitzer Generalklage 1555 und in dem »Grimmaischen Vertrag« ein Hauptproblem der Stadt die Tranksteuer war, nimmt es nicht wunder, daß AGRICOLA mit als Sachverständiger zum Landtag nach Torgau ritt, der dort vom 4. bis 7. April 1555 abgehalten wurde und auf dem vor allem über eine 8jährige Tranksteuer verhandelt wurde.

Sippschaft

Wiederum an Kurfürst AUGUST schrieb AGRICOLA am 1. Oktober 1555 seinen letzten Widmungsbrief, mit dem er die »Sippschaft des Hauses Sachsen« überreichte (Abb. 31).

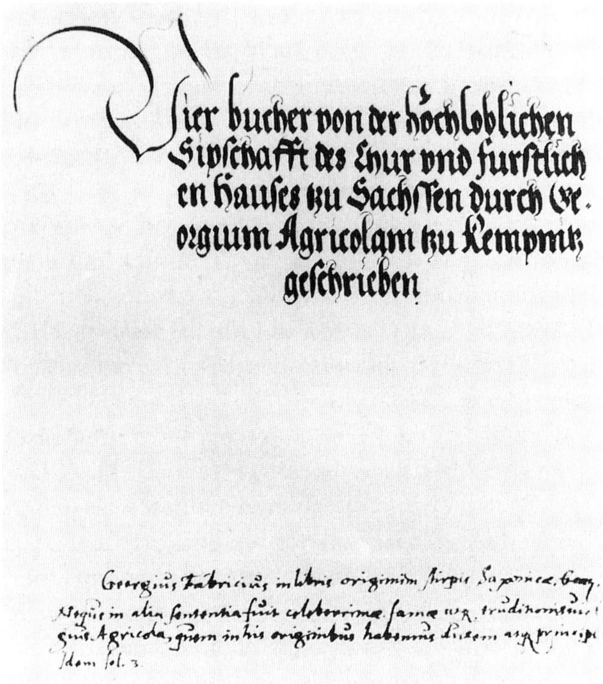

Abb. 31
Titelblatt von AGRICOLAS Schrift »Von der hochlöblichen Sippschaft des Hauses zu Sachsen«, Abschrift von 1600, Titelblatt der Originalhandschrift verlorengegangen (Sächsische Landesbibliothek Dresden)

Wir erfahren aus ihm, daß er sich seit 1532 mit der Geschichte Deutschlands befaßt hatte und daß ihm vor allem der kurfürstliche Rat CHRISTOPH VON CARLOWITZ und andere, ungenannte Räte geraten hatten, Auszüge über die sächsische Geschichte herzustellen. Seit Mitte 1554 hatte dann AGRICOLA diese Zusammenstellung begonnen, nachdem ihm schon um 1549, noch unter Kurfürst MORITZ, ein Auftrag dazu gegeben worden war. Die »Sippschaft« ist in mehrfacher Hinsicht ein eigentümliches Werk. Es ist die einzige Schrift des großen Humanisten, die er in seiner deutschen Muttersprache geschrieben hat, es ist das letzte, was er überhaupt vollendet hat, und es liegt weitab von seinen sonstigen Forschungen, wenngleich es auch seinen Neigungen und Interessen entsprach. Buch I enthält die Vorgeschichte der Sachsen und ihrer Fürsten bis KARL DEN GROSSEN; Buch II den Stamm BRUN, die sächsischen Herzöge und Kaiser mit ihren Seitenlinien. Buch III erzählt die Geschichte WITKINDS und seines Stammes und schließlich Buch IV die Sippschaft der Häuser zu Sachsen bis zu den Ernestinern und Albertinern seiner Zeit. Fast als letzter wurde Kurfürst AUGUST behandelt und lapidar, ohne jede höfische Art oder gar Liebedienerei, nach einigen Lebensdaten mit den Worten charakterisiert: »hat sich des friedens geflissen!« In der »Sippschaft« finden wir eine imponierende Bewältigung der Fülle des historischen Stoffes, eine sorgfältige, kritische Arbeit, ein unbeeinflußbares Urteil und die unbestreitbar patriotische Tatsache, daß er dieses Werk deutsch schrieb. Man muß es aber noch im historischen Zusammenhang sehen. Bekanntlich kam zu Beginn des 16. Jahrhunderts eine neue Geschichtsschreibung auf. Die Erforschung der Herkunft des Volkes und seiner Geschichte seit den ältesten erfaßbaren Zeiten entsprach dem Patriotismus der Humanisten, und eine Darstellung von Stammbäumen unter dynastischen Gesichtspunkten (besonders Darstellung ruhmreicher Taten der Vorfahren) wurde aktuell. So arbeitete für die ernestinischen Wettiner GEORG SPALATIN eine erste Geschichte dieser Fürsten aus. AGRICOLA kann man als albertinischen Nachfolger SPALATINS ansehen. Beider Arbeiten unterschieden sich grundsätzlich voneinander. SPALATIN mußte den Nachweis – für Erbzwecke – des Altadels bis ins 7. Jahrhundert zurück führen, AGRICOLA dagegen legte einen vollständigen Stammbaum mit Personenangaben und der Darstellung ihres Wesens und ihrer Taten vor. Zwar hatte der Kurfürst vor allem daran gedacht, die »löblichen Taten« verherrlicht zu erhalten, AGRICOLAS Auffassung von seiner Aufgabe aber ging tiefer. Er strebte unbedingte Wahrhaftigkeit an und schilderte auch schlimme Taten, Zerwürfnisse und anderes nicht Lobenswertes mit kühler Sachlichkeit und doch auch mit fühlbarer Teilnahme an teilweise selbstverschuldetem Geschick einzelner Personen.

Abb. 32. JULIUS PFLUG, Bischof von Naumburg-Zeitz, Grabmal im Zeitzer St.-Peter-Pauls-Dom

Dieses Werk ist als Ganzes etwas Einmaliges und für damals Außerordentliches. Es war eine erstaunliche Leistung, einen sehr komplizierten Stammbaum bis in alle Einzelheiten zu erforschen, eine Fülle von Berichten aus alter und neuer Zeit durchzuarbeiten, zu sichten und auszuwählen und sie zu einem historisch klaren Bild zusammenzustellen.

Rechtssache THIEL

Bis in die Zeit des Schmalkaldischen Krieges 1546/47 zurück reicht ein amtlicher Vorgang, mit dem sich AGRICOLA und der Rat von Chemnitz im Herbst 1555 zu befassen hatten. Kurfürst MORITZ hatte nach Kriegsende 1547 Vertreter der gegen ihn gerichteten Opposition in einigen Städten verhaften und sie nach Dresden bringen lassen. Darunter waren auch 16 Bürger von Chemnitz. Ihnen wurden umfängliche Fragen über ihre Beteiligung an der Opposition gestellt, wobei sich einer von ihnen auch auf den Eid, den AGRICOLA gegenüber der Stadt geleistet hatte, berief. Sie wurden nach Chemnitz zurückgeschickt und

Abb. 33. St.-Peter-Pauls-Dom in Zeitz, die Begräbnisstätte GEORG AGRICOLAS

a) Blick zum Chor

Der Dom St. Peter und Paul in Zeitz ist im späten 11. Jahrhundert romanisch erbaut worden. Von diesem Bau sind Teile des Chores und des Querschiffes erhalten.

Der Chor erhielt gegen 1300 sein gotisches Gewölbe. Nach Zerstörung des romanischen Langhauses durch die Hussiten 1430 wurde die jetzt noch den Raum bestimmende gotische Halle errichtet.

AGRICOLAS Grab liegt im Bereich der nördlichen Eingangstür des Querhauses.

nach und nach entlassen. Einige aber hatten die Stadt verlassen und sich in das ernestinische Gebiet begeben, darunter JOBST THIEL, der ein Haus in Chemnitz in der Lohgasse besaß. Im Jahre 1555 wurde ihm nun empfohlen, sich wegen einer Rückkehr direkt an Kurfürst AUGUST zu wenden. Dies geschah auch, und der Kurfürst fragte darauf in Leipzig bei dem damaligen Ankläger nach Prozeßakten. Der aber wußte nichts davon und riet dem Kurfürsten, sich deswegen an AGRICOLA zu wenden. Um den 23. August 1555 kam ein Bote deshalb nach Chemnitz. Aber auch AGRICOLA und der Rat besaßen keine Unterlagen und empfahlen nun ihrerseits dem Herrscher – etwas verklausuliert zwar, aber deutlich erkennbar –, doch auch einmal in seiner eigenen Kanzlei nachzuforschen! Das half, denn schon am 26. August erhielt THIEL die Erlaubnis, nach Chemnitz zurückkehren zu dürfen.

Tod AGRICOLAS

AGRICOLAS Freunde erwarteten täglich das Erscheinen von »De re metallica«. GEORG FABRICIUS schrieb seinem Bruder ANDREAS am 28. Oktober 1555 nach Nordhausen: »Daß AGRICOLAS Bücher nicht erschienen sind, ist mir unangenehm, ich habe sie begierig erwartet.« Zugleich teilte er auch mit: »AGRICOLA leidet heftig an Wechselfieber.« Die Fieberanfälle wiederholten sich ab dem 17. November, und am 21. No-

Abb. 33 (Fortsetzung)

b) Blick zur Herzogsempore

Nach Zerstörungen im Dreißigjährigen Krieg wurde die Kirche im Westteil verkürzt und als Schloßkirche in den Neubau des Residenzschlosses Moritzburg des Herzogs MORITZ von Sachsen-Zeitz einbezogen. Damals – um 1670 – entstand auch die barocke Ausstattung, insbesondere der Altar, die Kanzel und die Herzogsloge.

vember verstarb GEORGIUS AGRICOLA in Chemnitz im Alter von 61 Jahren. Er wurde am 26. oder 27. November in Zeitz bestattet.

Wie war es zu dieser ungewöhnlichen, Aufsehen erregenden Beerdigung in der Fremde gekommen? Es war doch Sitte, daß der Bürgermeister in der Stadtkirche St. Jacobi beigesetzt wurde. Inzwischen hatten im August und September 1555 auf dem Reichstag zu Augsburg, den noch Kaiser KARL V. einberufen hatte und den seit Februar sein Bruder König FERDINAND I. leitete, die entscheidenden Verhandlungen zu dem sogenannten Religionsfrieden stattgefunden. Das wichtigste Ergebnis der Verhandlungen war für die weltlichen Stände: »Nam ubi unus dominus ibit sit una religio«, woraus sich der Grundsatz »Cuius regio, hujus religio« entwickelte. Andersgläubige Untertanen bekamen keine Religionsfreiheit zugebilligt, sondern nur das Recht der Auswanderung! Zum Grundgesetz des Reiches geworden, hob der Augsburger Religionsfrieden die religiöskirchliche Basis des Reiches auf und förderte den Ausbau der weltlichen Territorialstaaten. Am 25. September 1555 wurde der »Abschied der Römischen Königlichen Majestät und gemeiner Stand auff dem Reichßtag zu Augspurg Anno MDLV auffgericht« proklamiert. Es wurde befohlen, dieses Mandat in jedem Fürstentum, jeder Landschaft, Stadt und jedem Flecken öffentlich anzuschlagen! – AGRICOLA war katholisch geblieben, Kursachsen aber war evangelisch. Die Stellung des jungen sächsischen Kurfürsten AUGUST war innerhalb des Reiches nach dem Tode seines Bruders MORITZ bei Sievershausen 1552 noch unsicher. Zwar hatte der abgesetzte ernestinische Kurfürst, jetzt Herzog JOHANN FRIEDRICH, am 24. Februar 1554 auf dem »Tag zu Naumburg« jeden Anspruch auf die Kurwürde aufgegeben, starb aber schon am 3. März 1554. Seine Söhne jedoch versuchten insgeheim, die Kurwürde zurückzugewinnen. Somit durfte AUGUST keine Fehler machen und es auch auf keinen Präzedenzfall ankommen lassen. Kurze Zeit nach dem Vertragsabschluß in Augsburg wollte er keine Konfrontation mit dem Kaiser wagen. So war die politische Situation im November 1555, sie kannte natürlich bis zu einem gewissen Grad auch Superintendent Magister TETTELBACH in Chemnitz. Er war für die Beerdigung verantwortlich. Deshalb suchte er in Dresden nach, wie er sich verhalten solle; die Familie AGRICOLAS bestand auf einem katholischen Begräbnis! Nach Lage der Dinge konnte AUGUST – bzw. seine Räte, denn er war vermutlich zu dieser Zeit gar nicht in Dresden, sondern auf der Jagd im Grillenburger Wald – ein katholisches Begräbnis nur verweigern. Es gab ja auch seit 1539 in Kursachsen keine katholischen Priester mehr.

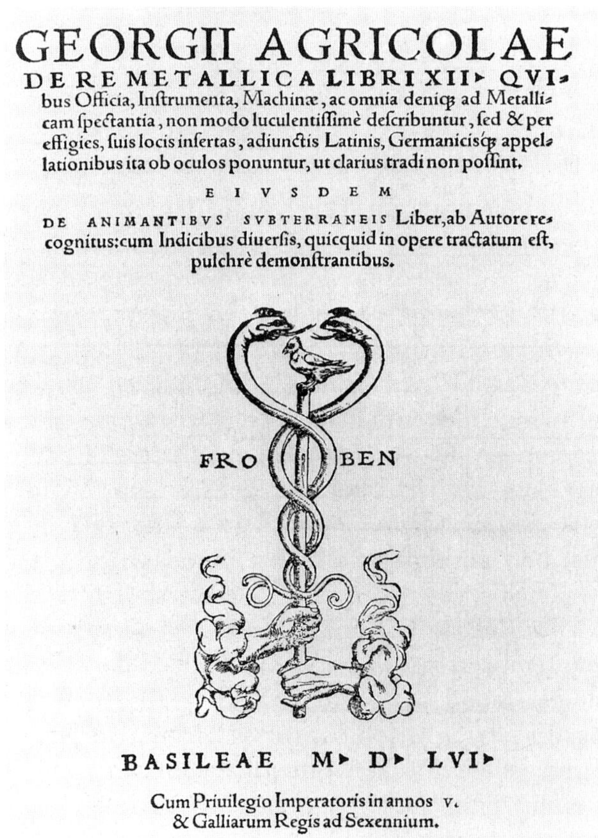
GEORGII AGRICOLAE
DE RE METALLICA LIBRI XII. QVIbus Officia, Inſtrumenta, Machinæ, ac omnia deniq; ad Metallicam ſpectantia, non modo luculentiſſimè deſcribuntur, ſed & per effigies, ſuis locis inſertas, adiunctis Latinis, Germanicisq; appellationibus ita ob oculos ponuntur, ut clarius tradi non poſſint.
EIVSDEM
DE ANIMANTIBVS SVBTERRANEIS Liber, ab Autore recognitus: cum Indicibus diuerſis, quicquid in opere tractatum eſt, pulchrè demonſtrantibus.

FRO BEN

BASILEAE M. D. LVI.
Cum Priuilegio Imperatoris in annos V. & Galliarum Regis ad Sexennium.

Abb. 34
Titelblatt von GEORGIUS AGRICOLAS Hauptwerk »De re metallica libri XII«, Basel 1556

Der katholische Bischof in Stolpen, unter dessen kirchlicher Regierung AGRICOLA stand, war im Frühjahr 1555 gestorben und ein neuer noch nicht gewählt. Der benachbarte Bischof des katholischen Bistums Zeitz, JULIUS PFLUG, war im Rang eines Reichsfürsten und konnte deshalb in einem anderen Lande keine Totenmesse lesen (Abb. 32). Der Befehl aus Dresden lautete an TETTELBACH, daß AGRICOLA keine solennes Begräbnis haben dürfe. Es ist – bewußt oder unbewußt – übersehen worden, daß der Kurfürst nicht prinzipiell ein Begräbnis verweigerte, nur eben eines nach katholischem Ritus. Dies geschah eben aus Rücksicht auf die Staatsraison! Die standesbewußte Witwe – und sicherlich vor allem ihre eigenen Verwandten – hielt dies aber für unwürdig, daß ihr Mann sang- und klanglos in des Wortes wahrster Bedeutung beerdigt werden sollte.

Vom Bergkwerck xij Bücher darinn alle Empter/ Instrument/ Gezeuge vnnd alles zu disem handel gehörig mitt schönen figuren vorbildet vnd klärlich beschriben seindt/ erstlich in Lateinischer sprach durch den Hochgelerten vnd Weitberümpten Herrn Georgium Agricolam/ Doctorn vnnd Burgermeistern der Churfürstlichen statt Kempnitz/ jetzundt aber verteutscht durch den Achtparen vnnd Hochgelerten Herrn Philippum Bechium Philosophen/ Artzet/ vnd in der Loblichen Vniuersitet zu Basel Professorn.

FRO BEN

Getruckt zu Basel durch Jeronymus Froben/ vnd Niclausen Bischoff im 1557. jar mitt Keiserlicher Freyheit.

Abb. 35
Titelblatt der von PHILIPP BECHI bearbeiteten, 1557 erschienenen ersten deutschen Übersetzung des Buches »De re metallica«

Beerdigung in Zeitz

Sie wandte sich deshalb an den Studienfreund ihres Mannes, den im Range eines Reichsfürsten regierenden katholischen Bischof von Zeitz-Naumburg, JULIUS PFLUG, und bat ihn, ihren Mann dort beisetzen zu dürfen. Der Bischof stimmte dem sofort zu. AGRICOLAS Leiche wurde dann über Penig nach Zeitz überführt und im St.-Peter-Pauls-Dom beigesetzt (Abb. 33). Die trauernde Witwe und die Kinder widmeten dem Toten »an der Wand der Kirchen-Seite nach Mitternacht seithalben der Obertür« ein Epitaph, das aber schon im 17. Jahrhundert verlorenging.

Es liegt eine große Tragik in der Tatsache, daß AGRICOLA das Werk »De re metallica«, an dem er ein Vierteljahrhundert gearbeitet hatte, nicht gedruckt in seinen Händen halten durfte. Erst im Jahre 1556, im Frühsommer, kam es auf den Büchermarkt, wie JOHANNES MATHESIUS 1562 in seiner »Chronik der Keyserlich freyen Bergstadt Sanct Joachimsthal« unter dem Jahr 1556 meldete: »Doctor AGRICOLE bergbuch außgegangen/ dazu jn BASILIUS WEFRING/ burger im Thal viel bericht geben/ und die figuren darzu abreyssen lassen« (Abb. 34 und 35).

3 AGRICOLAS wissenschaftliches Werk und seine Spuren

GEORGIUS AGRICOLA war einer der bedeutendsten Renaissance-Gelehrten, ein sächsischer Wissenschaftler von europäischem Rang. Das enthebt uns aber nicht der Frage, ob und wie lange sein wissenschaftliches Werk auch in späterer Zeit Spuren hinterlassen hat.

Welchen Rang AGRICOLA als Wissenschaftler unter den Gelehrten seiner Zeit hatte, zeigen u. a. die Widmungsbriefe seiner Werke und die wissenschaftlichen Kontakte z. B. zu ERASMUS VON ROTTERDAM.

AGRICOLA als Renaissance-Wissenschaftler

AGRICOLA gehört zu den vielseitigsten Renaissance-Wissenschaftlern. Er war Philologe wie MELANCHTHON und MOSELLANUS, Arzt wie PARACELSUS und VESALIUS, Naturforscher wie KONRAD GESNER, Historiker wie GEORG SPALATIN und darüber hinaus Diplomat und Bürgermeister. Dem Prinzip der Renaissance gemäß hat er auf allen diesen Gebieten antike Quellen wiedererschlossen oder zumindest in starkem Maße benutzt. In der Medizin zitiert er HIPPOKRATES und GALEN, in der Naturwissenschaft ARISTOTELES, PLINIUS und viele andere.

Methodisches zur Wissenschaftsgeschichte

Wissenschaftsbegriff und Wissenschaftstypen

AGRICOLA gilt insbesondere als der Vater der Mineralogie und als Begründer der Montanwissenschaften. Da diese Einschätzungen aber auch angefochten worden sind, seien sie näher begründet. Wenn wir prüfen wollen, wann und durch wen eine Wissenschaftsdisziplin begründet worden ist, muß klar sein, was wir unter »Wissenschaft« verstehen, d. h., wir müssen uns auf einen Wissenschaftsbegriff festlegen und in der Geschichte verfolgen, wann und durch wen ein Wissensgebiet so formiert worden ist, daß es dem Wissenschaftsbegriff Genüge tut. Das gilt gleichermaßen für alle Fachdisziplinen. Nun ist der Wissenschaftsbegriff selbst wieder von Periode zu Periode im Wandel begriffen. So können wir verschiedene historisch aufeinanderfolgende Wissenschaftstypen feststellen. Auf die Scholastik folgte die Renaissance-Wissenschaft, auf diese der Wissenschaftstyp der Aufklärung, im 19. Jahrhundert die Zeit der sammelnden Detailforschung und der Entwicklungslehren und im 20. Jahrhundert die »moderne« Naturwissenschaft, die – wie z. B. Atomphysik und Relativitätstheorie zeigen – in kleinste und größte Dimensionen eindringt. Allen diesen Wissenschaftstypen aber ist auch eine gemeinsame, allgemeine Wissenschaftsdefinition und ein Grundmuster wissenschaftlicher Arbeit eigen. Man kann Wissenschaft als die Gesamtheit des Wissens über ein bestimmtes Fachgebiet definieren, ergänzt durch Voraussetzungen, die die Erarbeitung dieses Wissens überhaupt erst ermöglichen, z. B. Institutionen und Berufe, in denen sich Menschen als Wissenschaftler dieses Fachgebietes betätigen können, sowie wissenschaftliche Vereinigungen und Gesellschaften, Zeitschriften und Bücher, in denen das Wissen dargestellt, bewahrt und für späteren Gebrauch verfügbar gehalten wird.

Die Rolle der Theorie in der Wissenschaftsbegründung

In den Diskussionen um den Begriff und die Kriterien der Herausbildung der Wissenschaften wird der Unterschied von Faktenerkenntnis und der diese verknüpfenden Theorie betont und der Beginn einer Wissenschaft oft erst dann angesetzt, wenn in einem Wissensgebiet eine Theorie formuliert worden ist. Wir meinen, der Unterschied zwischen Fakten und Theorie darf nicht überbewertet werden. Beides gehört zur »Gesamtheit des Wissens«, und beides gehört in einen einheitlichen Prozeß des Erkennens, den man wie folgt beschreiben kann:

Die Erkenntnis beginnt mit dem Beschreiben einzelner Fakten. In dem Augenblick, wo dies mit dem Ziel der Vollständigkeit geschieht, steht die Aufgabe einer systematischen Ordnung, einer Klassifikation der erkannten Fakten. Die Möglichkeiten verschiedener Klassifikationen provozieren sogleich die Frage nach den Kausalzusammenhängen zwischen den Fakten, also nach der Theorie.

Wenn der gesamte Erkenntnisprozeß von der ersten Faktenbeschreibung bis zur Theorie sich auf mehrere Wissenschaftlergenerationen verteilt, steht die Frage, bei welchem Stadium der Beginn der Wissenschaft anzusetzen ist. Wir meinen dann, wenn mit dem Aufstellen eines Systems, einer Klassifikation demonstriert wird, daß man Vollständigkeit der Erkenntnis einschließlich der Theorie anstrebt. Für eine solche Definition des Beginns einer Wissenschaft spricht auch die Heterogenität manchen Fachgebietes, so daß dafür nicht eine, sondern mehrere ganz verschiedene Theorien nötig sind. In der Bergbaukunde haben z. B. die Schachtfördertechnik und die Grubenwetterlehre (Frischluftversorgung untertage) ganz verschiedene theoretische Grundlagen, in der Hüttenkunde ebenso die Bunt- und die Eisenmetallurgie. In diesen Montanwissenschaften haben also die Teilgebiete ihre eigenen, ganz unterschiedlichen Theorien, die auch zu ganz verschiedener Zeit erforscht worden sind. Die Klassifikation hat zumindest in solchen Fällen eine stärker wissenschaftsformende Kraft als die Theorie.

Betrachten wir nach dieser kurzen wissenschaftstheoretischen und wissenschaftshistorischen Einleitung die beiden Gebiete, in denen AGRICOLA als Begründer von Wissenschaftsdisziplinen gilt, die Mineralogie und die Montanwissenschaften.

Die Mineralogie

Die Frühgeschichte der Mineralogie

Einzelbeobachtungen zur Mineralogie sind schon von THEOPHRAST und PLINIUS, ebenso von arabischen Gelehrten, von denen vor allem AVICENNA zu nennen ist, aber auch von mittelalterlichen Wissenschaftlern in Europa, z. B. ALBERTUS MAGNUS, überliefert worden. Dieser hat zwar um 1260/1262 ein Werk speziell mit dem Titel »de mineralibus« herausgegeben, erreicht aber weder methodisch noch vom Wissensumfang her AGRICOLA. AVICENNA und ALBERTUS haben im wesentlichen neu dargestellt, was die antiken Autoren über Minerale geschrieben hatten. AGRICOLA hat – und dazu bot ihm der Bergbau von Joachimsthal einen guten Einstieg – neben die Mineralbeschreibungen der Antike seine eigenen Beobachtungen gestellt. In zweierlei Hinsicht beginnt mit ihm eine neue Entwicklung, eben die Naturwissenschaft Mineralogie, und zwar mit der erstmaligen Aufstellung eines Systems von Merkmalen der Minerale, d. h. mit einer Kennzeichenlehre, und mit einer Fülle beschriebener Minerale und dem zugehörigen Mineralsystem.

AGRICOLAS mineralogische Forschung

Mit seiner Kennzeichenlehre ist AGRICOLA ein direkter Vorläufer ABRAHAM GOTTLOB WERNERS (1749 – 1817), der mit seinem Buch »Von den äußerlichen Kennzeichen der Fossilien« (1774) die moderne Mineralogie begründete (Tabelle 8). Auch in der Zahl der neu beschriebenen Minerale gibt es von AGRICOLA bis WERNER eine deutliche Kontinuität. Diese drückt sich sogar in den Punkten aus, in denen AGRICOLAS Mineralogie aus heutiger Sicht unvollkommen erscheint. So können wir chemische Kenntnisse zahlreicher Minerale bei AGRICOLA nicht und bei WERNER auch nicht oder nur in Ansätzen beobachten. Erzminerale waren durch den Erzbergbau, ihr Metallgehalt durch das Hüttenwesen bekannt. Die chemische Zusammensetzung von Silikatmineralen aber war WERNER noch fast ebenso unbekannt wie 250 Jahre zuvor AGRICOLA. Der von ARISTOTELES und AGRICOLA für Minerale (und alles, was man damals dazu zählte) benutzte Terminus »res fossiles« oder »fossilia« wurde im gleichen Sinne noch von WERNER gebraucht und erst im 19. Jahrhundert von dem Wort Mineral abgelöst. Wenn wir schließlich bei AGRICOLA beobachten, daß er in seinem Mineralsystem nicht nur Minerale im heutigen Sinne, sondern auch Gesteine, Versteinerungen und menschliche Produkte wie Ziegel und Urnen untergebracht hat, so gilt gleiches auch für andere Autoren bis ins 18. Jahrhundert hinein. Erst WERNER hat mit seiner »Kurzen Klassifikation der Gebirgsarten« (1786) die Gesteine aus der Mineralogie ausgeklammert und dieser damit den noch heute gültigen Kompetenzbereich zugewiesen. Bei feinkörnigen und tonigen Massen wurde eine exakte Unterscheidung zwischen Mineral und Gestein sogar erst im 19. Jahrhundert mit der Gesteinsmikroskopie bzw. im 20. Jahrhundert mit der Röntgenanalyse möglich.

Von GEORGIUS AGRICOLA bis ABRAHAM GOTTLOB WERNER

AGRICOLA hat die Mineralogie mit seiner Kennzeichenlehre und seinem Mineralsystem (Tabelle 9) bis zu der damals möglichen Vollendung geführt. Auch unter seinen Zeitgenossen galt er als der führende Mineraloge, so daß die Wissenschaftsgeschichte heute ihn mit Recht als den Begründer der Mineralogie betrachtet. Die von ihm aufgestellten Diagnosemerkmale sind im wesentlichen über WERNERS »äußerliche Kennzeichen« bis heute in Anwendung geblieben und werden von jedem Mineralogen und Geologen zur Schnellbestimmung von Mineralen benutzt.

Tabelle 8. Die Mineraldiagnose bei AGRICOLA (De natura fossilium, Buch I), ABRAHAM GOTTLOB WERNER und heute

AGRICOLA 1494 - 1555	A. G. WERNER 1749 - 1817	Gegenwart
	»Äußerliche Kennzeichen«	»Äußerliche Kennzeichen«
Farbe	*Farbe:* 8 Hauptfarben mit je zahlreichen Nuancen	Farbe
	Zusammenhang	
Gestalt (Kristalle)	(Kristalle)	Kristallform
	Oberfläche	
Glanz	Glanz	Glanz
	Bruch	Bruch
	Gestalt der Bruchstücke (= Spaltbarkeit)	Spaltbarkeit
Durchsichtigkeit	Durchsichtigkeit und Doppelbrechung	
	Strich	Strich
	Anfärben	
Härte	Härte	Härte
	Festigkeit	(MOHSsche Ritzhärte)
	Biegsamkeit	
	Anhängen an der Zunge	
	Klang	
	Anfühlen	
Fettigkeit	(Fettigkeit)	
Wärme, Kälte	Kälte	
Schwere	Schwere	Dichte
Geruch	Geruch	
Geschmack	Geschmack	
Feuchtigkeit		
Trockenheit		
		chemische Analyse
		Kristalloptik
		Röntgenanalyse
		Elektronenmikroskopie

Die Montanwissenschaften

Auch der Ruhm AGRICOLAS als Begründer der Montanwissenschaften ist angefochten worden. Die einen weisen darauf hin, daß die Technikwissenschaften sich erst in der Industriellen Revolution, also um 1800, herausbildeten, und ordnen AGRICOLAS Buch »De re metallica« als bloße Beschreibung montanistischer Arbeits- und Produktionsprozesse, Geräte, Maschinen und Öfen in die vorwissenschaftliche Periode ein. Die anderen lassen die Montanwissenschaften schon mit dem »Bergbüchlein« des ULRICH RÜLEIN VON CALW um 1500 beginnen. Doch hält dieses kleine Buch von Umfang und Inhalt her keinen Vergleich mit AGRICOLAS Werk aus und war – wie schon der Titel ausdrückt – nur zur Information solcher Zeitgenossen gedacht, die Kapital in den Bergbau stecken wollten. Ähnliches gilt für HANS RUDHARTS 1523 gedruckte »Anzeigung des neuen breit berufenen Bergwerks St. Joachimsthal«. In dem um 1518/1520 vermutlich in Gittelde am Südrand des Harzes erschienenen »Probierbüchlein Auf Gold, Silber, Kupfer, Blei und allerlei Erz« könnte man erste Keime der Disziplinen Analytische Chemie oder Metallurgie vermuten, wenn es nicht mit alchimistisch-astrologischen Darstellungen gefüllt wäre.

AGRICOLA als Begründer der Montanwissen schaften?

Demgegenüber erweist sich AGRICOLAS literarisches Werk in mehrfacher Hinsicht als bewußte und zielgerichtete Begründung einer neuen Wissenschaftsdisziplin, eben der Montanwissenschaft.

Bermannus

Im Vorwort des »Bermannus« kündigt AGRICOLA selbst an, daß er ein Werk über den Bergbau schreiben wolle. Insofern hat das als Dialog zwischen zwei Ärzten und einem Bergsachverständigen geschriebene und 1530 erschienene Buch den Charakter einer einleitenden Programmschrift. Dem widerspricht auch AGRICOLAS Credo nicht, man müsse Bergbau schon allein der Medizin wegen treiben. Daß er mit seinem »Bermannus« auf eine Bearbeitung des Montanwesens für die Wissenschaft abzielte, zeigt sich uns in der Übersendung des Manuskriptes an ERASMUS VON ROTTERDAM und in dessen dem Text des Buches vorangestellten Widmungsschreiben. Ehe 1556 AGRICOLAS Hauptwerk »De re metallica« erschien, brachte er eine Reihe Bücher heraus, die auf den ersten Blick scheinbar etwas abseits von Bergbau und Hüttenwesen liegen. Und doch fügen sich fast alle in seine Hauptabsicht, das Montanwesen wissenschaftlich zu erfassen, folgerichtig ein: Jede Wissenschaft steht vor der Aufgabe, Erkenntnisse zu quantifizieren. Dabei muß Klarheit über die Maßeinheiten und das Meßwesen bestehen. Für einen Renaissance-Wissenschaftler bedeutete dies nicht zuerst den Versuch, Ordnung in die verwirrende Vielfalt der Maßeinheiten im 16. Jahrhundert zu bringen, sondern das Meßwesen der Griechen und Römer zu erforschen. So haben seine metrologischen Schriften neben ihrer aktuellen Bedeutung für das 16. Jahrhundert, z. B. im Münzwesen, vor allem auch eine wissenschaftsbegründende Funktion im Hinblick auf sein Vorhaben eines wissenschaftlichen Werkes über das Montanwesen (Tabelle 10).

Die metrologischen Schriften

Tabelle 9. Die Mineralsysteme von Aristoteles bis Abraham Gottlob Werner

Aristoteles 382 – 322 v. Chr.		Fossilien			Metalle	
Ibn Sina (Avicenna) 980 – 1037		Salia (Salze)	Sulfura (Brenze)	Lapides (Steine)	Erze	
Albertus Magnus 1193 – 1280		Media		Lapides	Metalla	
Agricola 1494 – 1555	Terrae (Erden)	Succi concreti (Gemenge)		Lapides (Steine)	Metalla (Metalle)	Mista (Ge- mische)
		magere (Salze)	fette (Bitumen)			
In: *De natura fossilium*	*Buch II*	*Buch III*	*Buch IV*	*Buch V – VII*	*Buch VIII – IX*	*Buch X*
Beispiele	Ton Mergel Kreide Rötel	Steinsalz Soda Alaun Vitriol Cadmia Realgar Schwefel	Erdöl Kohle Obsidian Bernstein Bimsstein Schwämme Korallen	Magnetit Gips Asbest Glimmer Verstei- nerungen Bergkristall Marmor Kalkstein Sandstein Ziegel Urnen	Gold Silber Queck- silber Kupfer Bleiarten (Blei) (Wismut) (Zinn) Eisen Messing	 Silbererze Eisenerze Bleiglanz Bleierze Wismut- erze Zinnerze
A. G. Werner 1749 – 1817						
Klassen:	*I. Erdige Minerale*	*II. Salzige Minerale*	*III. Brenn- liche Minerale*		*IV. Metal- lische Minerale*	
»Geschlech- ter« (G.)	Diamant Zirkon Kiesel-G. (Silikate) Ton-G. Kalk-G. Baryt-G.	Kohlen- säure-G. Salpeter-G. Salzsäure- G. Schwefel- säure-G.	Schwefel-G. Erdharz-G. Graphit-G. Resin-G.		Platin-G. Gold-G. Silber-G. Kupfer-G. Eisen-G. Blei-G. Zinn-G. Wismut-G.	

Die gleiche Funktion haben seine mineralogischen und geologischen Schriften. Minerale und Gesteine sind der Arbeitsgegenstand des Montanwesens. Wenn dieses wissenschaftlich bearbeitet werden soll, müssen also zuvor die Minerale und Gesteine und ihre Entstehung und Lagerungsverhältnisse in der Erdkruste erforscht sein, dazu die Erscheinungen und Stoffe, die zwar weder Mineral und Gestein, aber doch untertage anzutreffen sind, z. B. Wasser und Lebewesen (bis hin zu Berggeistern). Welche Schwierigkeiten das den Gruben unterirdisch zufließende Wasser dem Bergmann bereitet, hatte AGRICOLA in Joachimsthal selbst beobachten können.

Veröffentlichungen zur Mineralogie und Geologie

Jede Wissenschaft braucht Klarheit in den Begriffen und Fachwörtern. Deshalb hatte PLATEANUS schon dem »Bermannus« ein lateinisch-deutsches Vokabularium beigefügt und schuf AGRICOLA 1546 in seinem Brief an WOLFGANG MEURER ein lateinisch-deutsches Wörterverzeichnis.

Die Fachsprache

Dem Ziel der Vollständigkeit des Wissens, das wir als Kriterium der Wissenschaft genannt hatten, ist AGRICOLA nicht nur mit dem Zitieren hunderter Literaturstellen aus der Antike nahegekommen, sondern vor allem auch mit seinem montanhistorischen Werk über »Erzlagerstätten und Erzbergbau in alter und neuer Zeit« (1546).

Die Montangeschichte

Dieses Buch ist eine nach Metallen geordnete Lagerstättenkunde und zugleich das erste Werk über Bergbaugeschichte. Damit dient auch diese Arbeit AGRICOLAS der Vorbereitung seines wissenschaftlichen Hauptwerkes und fügt den historischen Aspekt in das montanistische Wissenssystem ein.

Auf diesen von ihm selbst geschaffenen wissenschaftlichen Grundlagen konnte AGRICOLA bis 1550 das erste wissenschaftliche Handbuch über den Bergbau und das Hüttenwesen, »De re metallica libri XII«, vollenden, das allerdings erst nach seinem Tode, 1556, im Druck erschien. Es stimmt zwar, daß das Buch nur Beschreibungen, keine Theorien über Bergbau und Hüttenprozesse enthält. Aber es ist das erste, das Montanwesen vollständig und systematisch beschreibende Werk, begründete die bis in die Gegenwart gültige Klassifikation und gilt schon deshalb mit Recht als Beginn der Montanwissenschaft. Die wissenschaftliche Zielstellung dieses Buches kommt vor allem auch in seiner Abfassung in Latein zum Ausdruck. ULRICH RÜLEIN hatte sein Bergbüchlein in Deutsch geschrieben, weil es Unternehmer und damit Kapital anwerben sollte.

Das erste Lehrbuch der Montanwissenschaften

Der Italiener VANOCCIO BIRINGUCCIO, den manche AGRICOLA gleichstellen, hatte sein Werk »Pirotechnia« (1540) italienisch verfaßt und sich mit ihm demgemäß an die Kollegen in der technischen Praxis gewandt. Der lateinische Text von »De re metallica« beweist, daß dieses Buch für die Wissenschaft geschrieben worden ist. Mit »De re metallica« hat AGRICOLA das Montanwesen in das Gesamtsystem der Renaissance-Wissenschaft eingefügt und damit in deren Rahmen die erste Technikwissenschaft überhaupt begründet.

Tabelle 10. AGRIOLAS auf das Montanwesen orientierte Werke

Erscheinungsjahr	Originaltitel	Titel deutsch	Bedeutung für Montanwissenschaften
1530	Bermannus sive de re metallica Dialogus	Bermannus oder ein Dialog über den Bergbau	Programmschrift
1533/50	De mensuris et ponderibus Romanorum atque Graecorum	Maße und Gewichte der Griechen und Römer	Meßwesen
1544	De ortu et causis subterraneorum libri V	Die Entstehung der Stoffe im Erdinnern	Naturwissenschaftliche Grundlage
1546	Epistula ad Meurerum	Brief an Meurer	Fachwörterverzeichnis, lat.-dtsch.
1546	De natura eorum, quae effluunt ex terra	Die Natur der aus dem Erdinnern hervorquellenden Stoffe	Naturwissenschaftliche Grundlage
1546	De natura fossilium libri X	Die Minerale	Naturwissenschaftliche Grundlage
1546	De veteribus et novis metallis libri II	Erzlagerstätten und Erzbergbau in alter und neuer Zeit	Geschichte des Fachgebietes
1549	De animantibus subterraneis liber	Die Lebewesen unter Tage	Naturwissenschaftliche Grundlage
1550	De externis mensuris et ponderibus libri II	Die ausländischen Maße und Gewichte	Meßwesen
1550	De mensuris quibus intervalla metimur liber	Maße, mit denen wir Entfernungen messen	Meßwesen
1550	De restituendis ponderibus atque mensuris liber	Die Wiederfeststellung der Maße und Gewichte	Meßwesen
1550	De precio metallorum et monetis liber III	Der Preis der Metalle und die Münzen	Montanwirtschaft
1556	De re metallica libri XII	Bergbau und Hüttenwesen	Hand- und Lehrbuch der Bergbaukunde und Hüttenkunde

Diese Leistung AGRICOLAS wird uns erst neuerdings so recht bewußt, da die Technik früher weiterhin den angewandten Naturwissenschaften zugerechnet worden ist und die Technikwissenschaften erst seit etwa 1970 als eine den Geistes- und den Naturwissenschaften gleichrangige eigenständige Wissenschaftsgruppe anerkannt werden.

AGRICOLAS Buch »De re metallica« umfaßt die gesamten Montanwissenschaften und darüber hinaus noch die Gebiete, die später als Chemische Technologie bzw. Silikattechnik bezeichnet worden sind (Tabelle 11). Doch deutet sich in seiner Gliederung bereits die Differenzierung in einzelne Disziplinen an (Abb. 36).

Tabelle 11. Inhalt und Gliederung von AGRICOLAS Buch »De re metallica libri XII« (1556)

Buch	Inhalt	Wissenschaftsdisziplin in der Gegenwart
I	Vom Beruf des Berg- und Hüttenmannes	–
II	Das Aufsuchen der Erzgänge	Geologische Erkundung
III	Von Gängen, Klüften und Gesteinsschichten	Geologie der Erzlagerstätten
IV	Das Vermessen der Lagerstätte und die Ämter der Bergleute	Bergrecht, Markscheidekunde
V	Der Aufschluß der Lagerstätte und das Markscheiden	Bergbaukunde, Markscheidekunde
VI	Die Werkzeuge, Geräte und Maschinen im Bergbau	Bergbaukunde; Gewinnung, Förderung, Wasserhaltung, Wetterführung
VII	Das Probieren der Erze	Probierkunde
VIII	Das Aufbereiten der Erze	Aufbereitungskunde
IX	Das Schmelzen der Erze	Hüttenkunde
X	Das Scheiden der Edelmetalle	Hüttenkunde
XI	Das Scheiden des Silbers vom Kupfer	Hüttenkunde
XII	Von Salz, Soda, Alaun, Vitriol, Schwefel, Bitumen und vom Glas	Chemische Technologie, Silikattechnik

Die weitere Entwicklung der Montanwissenschaften

Überschaut man die seit AGRICOLA bis heute erschienenen montanistischen Lehrbücher (Tabelle 12), so wird einerseits die Spezialisierung und die Differenzierung deutlich, die die Montanwissenschaften in diesen rund 450 Jahren erfahren haben. Andererseits zeigt sich an der Summe der Inhalte auch die Kontinuität, die den Gesamtbereich und die Systematik der Montanwissenschaften in der Geschichte kennzeichnet. Deutlich wird diese Kontinuität z. B. in der Tatsache, daß alle Bergbaukundelehrbücher bis in die Gegenwart den dem Bergbau gewidmeten Abschnitten eine Darstellung der geologischen Lagerungsformen der Bodenschätze vorschalten, wie dies auch AGRICOLA in seinem Buch getan hat. Daß mit der Entwicklung der Technik auch in den Montanwissenschaften neue Spezialdisziplinen dazugekommen sind, z. B. zur Bergbaukunde um 1880 die Tiefbohrkunde, zur Aufbereitungskunde um 1900 die Brikettierkunde und zur Markscheidekunde um 1870/1920 die Gebirgsmechanik, ist selbstverständlich und mindert nicht die Bedeutung AGRICOLAS für die Begründung der Montanwissenschaften.

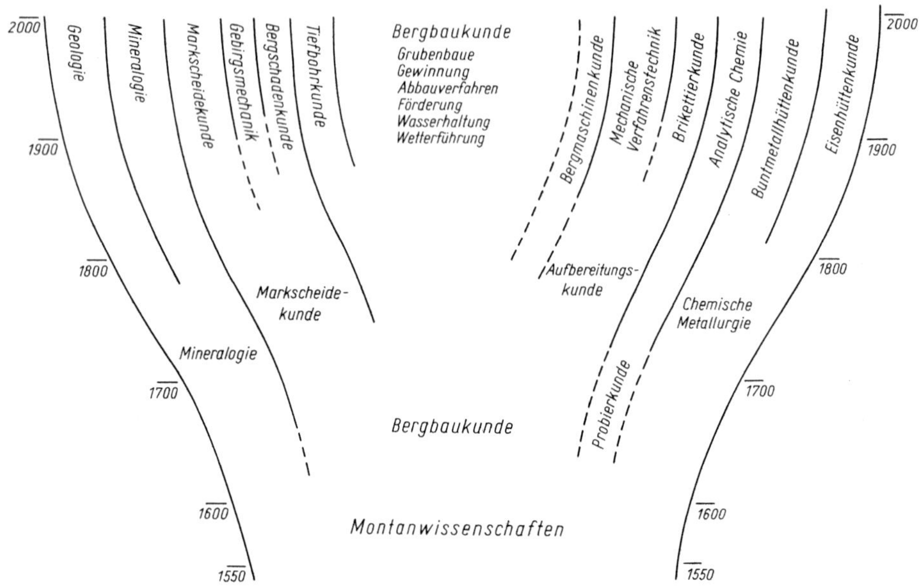

Abb. 36. Differenzierung der Montanwissenschaften von AGRICOLA bis heute in einem schematischen Stammbaum

Technikwissenschaften und technische Praxis in der Geschichte

Abschließend eine Erläuterung des Phänomens, daß die Montanwissenschaften als erste Technikwissenschaft – eben durch AGRICOLA – schon um 1550 begründet worden sind, wogegen die meisten anderen Technikwissenschaften, z. B. Maschinenkunde, Technische Mechanik, Technische Thermodynamik u. a., sich erst Jahrhunderte später formierten: Das erklärt sich mit dem Stand der Arbeitsorganisation in den einzelnen Produktionszweigen. In den Metall-, Holz- und Textilgewerben herrschte bis um 1800 handwerkliche Produktion, für die eine Weitergabe des Wissens vom Meister an die Lehrlinge ausreichte. Technikwissenschaften entwickelten sich in diesen Produktionszweigen deshalb erst, als um 1800 mit der Industriellen Revolution das Fabriksystem aufkam, die Maschinen komplizierter wurden, die Dampfmaschine eine wissenschaftliche Bearbeitung erforderte und für die technische Leitung der nun größeren Betriebe Ingenieure benötigt wurden.

Im Bergbau dagegen hatte die Arbeitsorganisation schon im 16. Jahrhundert handwerkliche Maßstäbe weit überschritten. Die Gruben erreichten 100 und mehr Meter Tiefe, manche Gruben hatten wohl etwa 100 Mann Belegschaft und komplizierte Maschinenanlagen, wie aus den Holzschnitten in AGRICOLAS »De re metallica« ersichtlich. Die zahlreichen Wasserräder in jedem Revier erforderten umfangreiche, für alle Gruben gemeinsame Graben- und Teichsysteme für das Aufschlagwasser. Dieses energetische Verbundsystem machte schon im 16. Jahrhundert eine einheitliche technische und ökonomische Leitung jeweils des gesamten Bergreviers notwendig, und so war es sachgerecht, daß Herzog GEORG DER BÄRTIGE mit der Annaberger Bergordnung 1509 das Direktionsprinzip, eben das Prinzip der technischen und ökonomischen Leitung des gesamten, auch des privaten Erzbergbaus durch seine Bergbeamten einführte. Beginnend mit der Kreiseinteilung Sachsens durch Herzog MORITZ im Jahre 1542, bildete sich im albertinischen Sachsen eine hierarchisch in Oberbergamt und Bergämter gegliederte Bergbehörde aus. Deren Mitglieder benötigten für ihre Ämter eine montanistische Ausbildung, und diesen Zweck erfüllte etwa 200 Jahre lang AGRICOLAS Buch »De re metallica«. Fortschritte in der Montantechnik erforderten jedoch in der Folgezeit weitere Literatur, die allmählich AGRICOLAS Werk aus der aktuellen montanwissenschaftlichen Ausbildung verdrängte (vgl. Tabelle 12). Vollendung fand dieser Prozeß 1765/1770 mit der Gründung der Bergakademien in Freiberg für Sachsen und in Schemnitz für Österreich (-Ungarn). Deren Wissenschaftler schrieben nun neue aktuelle Lehrbücher der Bergbau- und Hüttenkunde, und genau in jener Zeit erwachte das historische Interesse an AGRICOLAS Werk, wie die ersten Übersetzungen seiner Werke durch JOHANN GOTTLIEB STÖR (1778), FRIEDRICH AUGUST SCHMID (1806) und ERNST LEHMANN (1806 – 1812) zeigten.

De re metallica als Lehrbuch

Bibliographische Angaben zu Tabelle 12:

AGRICOLA, G.: De re metallica. – Basel, 1556
LÖHNEYß, G. E.: Bericht von Bergwerken. – Leipzig, 1617/1690
RÖßLER, B.: Hell-polierter Bergbau-Spiegel. – Dresden, 1700
KERN, J. G. (anon.): Bericht vom Bergbau. – Leipzig, 1772

Tabelle 12. Die Gliederung der Bergbaukunde in den deutschsprachigen Lehrbüchern

Autor	Jahr	Kapitel-Nummer						
		Bergmännische Ämter	Geologie	Aufsuchen der Lagerstätten	Gewinnung	Grubenbaue und Abbau	Grubenbewetterung	Grubenausbau
Agricola	1556	I, IV	III	II, V	VI	VI	VI	VI
Löhneyß	1617/90	1, 2	1	1, 2, 3	3	3	3	–
Rößler	1700	3	1	2	3	3	2	2
Kern	1772	–	1	2/1	2/2	2/3	3	2/5, 6
Delius	1773	4	1/1	1/2	2/1	2/2, 3, 4, 5	2/8	2/4, 6
Delius	1806	4	1/1	1/2	2/1	2/2, 3, 4, 5	2/8	2/4, 6
Richter	1823	–	2	2	3	4	5	–
Leo	1844	–	1/1	1/2, 3	1/4	1/5	2/1	1/6
Ponson	1856	–	1/1–4	1/5, 6	2/2, 3; 4	2/1; 4	3/1–6	2/5–10
Leo	1861	–	1–4	5	6	11	12	8, 9
Lottner, Serlo	1869	–	1	2	3	4	8	5
Stöhr	1875	–	1	3	2	4	9	5
Serlo	1884	–	1	2	3	4	8	5
Köhler	1884	–	1	2	3	4	8	6
Treptow	1892	11	1	2	3	4	9	5
Treptow	1903	11	1	2	3	4	9	5
Köhler	1903	–	Einleitung	1	2	3	8	6
Heise-Herbst	1908/10	–	1	2	3	4	5	6
Fritzsche	1949/50	–	1	2	3	4	5	6
Fritzsche	1962	–		5		7	5	8

Delius, C. T.: Anleitung zu der Bergbaukunst. – Wien, 1773 (2. Auflage 1806)

Richter, F. J.: Die Bergbaukunst nach Abraham Gottlob Werners Vorlesungen. – Dresden, 1823

Leo, W.: Erster Unterricht im Bergbau. – Quedlinburg und Leipzig, 1844

Ponson, A. T. (übers. von C. Hartmann): Handbuch des Steinkohlenbergbaus. – Weimar, 1856

Leo, W.: Lehrbuch der Bergbaukunde. – Quedlinburg, 1861

Lottner, H., und Serlo, A.: Leitfaden zur Bergbaukunde. – Berlin, 1869

Stöhr, E.: Katechismus der Bergbaukunde. – Wien, 1875

Serlo, A.: Leitfaden zur Bergbaukunde (4. Auflage). – Berlin, 1884

Kapitel-Nummer								
Schacht-abteufen	Förde-rung und Fahrung	Wasser-haltung	Gruben brände	Mark-scheide-kunde	Aufbe-reitung	Probier-kunde	Bunt-metall-urgie	Eisen-metall-urgie
V	VI	VI	–	IV, V	VIII	VII	IX – XI	IX
–	3	3	–	–	4	7	5, 6	5, 6
–	2	2	–	2, 4	4	4	5	5
2/4	5	2/5; 4	–	–	6	–	–	–
2/3	2/7	2/9	–	–	3	–	–	–
2/3	2/7	2/9	–	–	3	–	–	–
–	8	9	–	1	10	–	–	–
1/5/4	2/3	2/5	–	–	2/4	–	–	–
2/4	5	3/8–9	–	–	–	–	–	–
11/4	10, 14	15	–	–	16	–	–	–
4/3	6, 7	9	8 K	–	–	–	–	–
3/2	6, 7	8	11	–	–	–	–	–
4 B	6, 7	9	8 H	–	–	–	–	–
4/3	5, 9	7	8 D	–	–	–	–	–
4/1	6, 7	8	9/5	–	10	–	–	–
4/1	6, 7	8	9/5	–	10	–	–	–
3/2	4, 5	7	8/10	–	–	–	–	–
7	8	9	10	–	–	–	–	–
7	8	9	10	–	–	–	–	–
6		10	12	–	–	–	–	–

KÖHLER, G.: Lehrbuch der Bergbaukunde. – Leipzig, 1884 (6. Auflage 1903)
TREPTOW, E.: Grundzüge der Bergbaukunde einschließlich der Aufbereitung. – Wien, 1892 (3. Auflage 1903)
HEISE, F., und HERBST, F.: Lehrbuch der Bergbaukunde (1. Auflage). – Berlin, 1908
FRITZSCHE, C. H.: Lehrbuch der Bergbaukunde. 1. Band (7./8. Auflage von HEISE und HERBST: Lehrbuch der Bergbaukunde). – Berlin/Göttingen/Heidelberg, 1949/1950
FRITZSCHE, C. H.: Lehrbuch der Bergbaukunde. 2. Band (10. Auflage von HEISE und HERBST: Lehrbuch der Bergbaukunde). – Berlin/Göttingen/Heidelberg, 1962

4 Die Montantechnik der Agricola-Zeit und ihre Spuren

GEORGIUS AGRICOLA hat in seinen Werken bei den Beschreibungen geologischer und technischer Details viele konkrete Ortsangaben gemacht. Es ist deshalb verlockend zu prüfen, ob, wo und wie wir heute noch am originalen Ort beobachten können, was er vor Jahrhunderten beschrieben hat. Ebenso konkret hat er in »De re metallica« geologische Lagerungsverhältnisse, bergbauliche und hüttenmännische Anlagen, Arbeitsprozesse, Geräte und Maschinen mittels Holzschnitten wiedergegeben. Diese sind zwar oft nicht mit Ortsangaben versehen, dann aber repräsentativ für mehrere Orte seiner Zeit oder späterer Jahrhunderte. In solchem Fall ist es verlockend zu prüfen, wo, wann und mit welchen Details solche für AGRICOLAS Bilder repräsentative Anlagen im Original existiert haben und welche davon noch heute erhalten sind.

Beides, die Sachzeugen am originalen Ort und die für AGRICOLAS Holzschnitte repräsentativen technischen Denkmale sind somit Spuren seines Werkes und seiner Zeit.

Das Kriterium des absoluten Alters darf dabei nicht überbewertet werden. Anlagen, wie sie in AGRICOLAS »De re metallica« abgebildet sind, wurden teils noch im 19. Jahrhundert gebaut, wenn auch in manchen Details weiterentwickelt. Trotz dieses jüngeren Alters sind auch solche Anlagen originale Spuren derjenigen Technik, die AGRICOLA aus seiner Zeit darstellt.

Beobachtungen zur Mineralogie und Geologie

Minerale sind von antiken Schriftstellern, von AVICENNA und ALBERTUS MAGNUS und eben auch von AGRICOLA beschrieben worden. Dieser hat zwar zahlreiche Mineralangaben antiker Schriftsteller zitiert, wie es für einen Renaissance-Wissenschaftler selbstverständlich war. Aber er hat auch zahlreiche Mineralfundpunkte aus seiner Zeit angegeben, teils solche, die er aus eigener Anschauung kannte, teils Mineralvorkommen, die ihm mitgeteilt worden sind, teils Erze, da die Erforschung des Bergbaus sein besonderes Anliegen war, teils aber auch andere Minerale, da es ihm auch in der Mineralogie um Vollständigkeit des Wissens ging. Zahlreiche der von AGRICOLA angegebenen Mineralfundpunkte sind auch heute noch als solche bekannt (Tabelle 13).

Mineral-fundpunkte

Ähnliches gilt für Fossilien und Fossilfundpunkte. Allerdings sind diese ihm wohl größtenteils durch Gewährsleute bekannt geworden (Tabelle 14). So hat er einen Fischabdruck aus dem Kupferschiefer von Mansfeld in der 1544 erschienenen Cosmography von SEBASTIAN MÜNSTER abgebildet sehen können.

Fossil-fundpunkte

Tabelle 13. Heute noch bekannte Minerale und Mineralfundpunkte, vorwiegend in Mitteleuropa, die von G. AGRICOLA beschrieben worden sind

Mineral (heutige Bezeichnung)	Ort	AGRICOLAS »Terminus« Bemerkungen	Stelle in AGRICOLAS Werk AGA
Elemente			
gediegen Gold	Zuckmantel/Schlesien	»ein Klumpen« (327 g)	IV 213
	Goldkronach, Steinheid, Eule, Reichenstein und Goldberg/Schlesien, Kremnitz, Gastein und Rauris/Tirol	»goldführende Erze«	VI 94
gediegen Silber	Joachimsthal	»Silberbäumchen«, »Drahtsilber«, »gediegen Silber«	II 118, 122, 124, IV 215, VI 97
	Freiberg	»die reinste und beste Art des Silbers«	IV 215, VI 96
	Schneeberg, Grube »St. Georg«	»gediegen Silber«	II 123, IV 215 f., VI 96
	Abertham, Annaberg, Geyer	»gediegen Silber«	IV 215, VI 94 ff.
	Ilmenau, Marienberg, Lauterberg	»gediegen Silber«	VI 96
	Zellerfeld, Rochlitz, Scheibenberg, Treppenhauer, Wolkenstein		
	Elterlein, Hohenstein, Mittweida, Iglau, Kuttenberg, Příbram, Schwaz, Sterzing, Schemnitz, Hodritsch	»gediegen Silber«	VI 97
Kupfer	Neusohl	gediegen? »dünne Blättchen am Gestein«	IV 220
Schwefel	Island, Neapel	»am Vulkan Hekla«, auf »Phlegräischen Feldern«	IV 87
Wismut	Schneeberg	»aschgraues Blei«	IV 223, VI 101 f.
Quecksilber	Idria, Kreuznach, Spanien	leberfarben oder schwärzlich	IV 253, VI 98

Tabelle 13 (Fortsetzung)

Mineral (heutige Bezeichnung)	Ort	AGRICOLAS »Terminus« Bemerkungen	Stelle in AGRICOLAS Werk AGA
Sulfide			
Löllingit	Reichenstein/Schlesien	mit Gold	II 102, 130
Pyrit	Reichenstein/Schlesien, Kuttenberg, Goslar	»Kies«	IV 255, 257
Bleiglanz	Freiberg; Tirol, Schemnitz, Bleistadt	»große Mengen, sehr silberhaltig«	IV 215, 255
Rotgültigerz	Schneeberg	reich an Silber, dem Granat ähnlich	IV 252
Silberglanz	Freiberg, Schneeberg	»Stücke und Blättchen«	IV 215, 252
Silberfahlerz	Schneeberg u. a. O.	viel in »Himmlisch Heer« bei Annaberg	IV 253
Stephanit	Schneeberg u. a. O.		IV 253
Grauspießglanz	Hohenstein, Příbram	»Spießglanz«, strahlig	IV 256
Oxide			
Zinnstein	Altenberg, Ehrenfriedersdorf	Graupen bis 13,6 bzw. 27 g Gewicht	II 129, IV 254, VI 100 ff.
	Schlaggenwald/Böhmen	Graupen	IV 254, VI 100 ff.
	Vogtland, Cornwall/England		VI 100 ff.
Magnetit	Schwarzenberg, Eibenstock	»Eisenstein«, »Magnetstein«	II 131, IV 116
	Pöhla/Erzgebirge	»St. Burkhard-Fundgrube«	IV 116
Hämatit	Harzgerode	»blutfarben«	IV 119
	Harz (Goslar?)	»Glaskopf«	IV 120
	Pobershau bei Marienberg	in der Grube »Goldkrone«	IV 119
Quarz (Bergkristall)	Erzgebirge	»Citrin«, »Iris«	IV 167
Amethyst	Wolkenstein	»Hyazinth«	IV 149
Achat	Zwickau-Planitz	»Onyx«	IV 171
Chalcedon	Mittelbach und Lungwitz bei Chemnitz	»Onyx« und »Jaspis«	IV 171, 177
Fluoride			
Flußspat	Erzgebirge (»in Silbergruben«)	»Fluß«, verschiedene Farben	IV 176

Tabelle 13 (Fortsetzung)

Sulfate			
Gips	Steigerthal bei Nordhausen	»Marienglas«	IV 124
	Stolberg/Harz, Nordhausen	Nordhausen: »viele Gipsberge«	IV 122
	Seeberg bei Gotha, Jena	am Seeberg Gipsabbau; Jena: horizontale Gipsschichten	IV 122
Alaun	Zwickau (?)	»alaunhaltiger Kies unter der Steinkohle«	IV 261
	Schachwitz bei Komotau/Böhmen	»Haaralaun«	IV 76
Vitriol	Rammelsberg bei Goslar	Tropfsteine	IV 78
Carbonate			
Malachit	–	»Grünspan, Begleitmineral von Kupfererz, auf Kupferschiefer«	II 131, 135, IV 85
Azurit	Eisleben	»Bergblau«	IV 261
Galmei	Aachen	rötlichgelb	IV 128
Silikate			
Granat	Seufzergründel bei Pirna	»Karfunkel« und »Hyazinth«	IV 149, 172
	Leitmeritz, Brüx, Plan/Böhmen	»Karfunkel«	IV 149, 172
Chrysokoll	Neusohl/Slowakei	sandähnlich in Klüften des Kupfererzes	IV 81 f.
Organische Verbindungen			
Bernstein	Samland/Ostsee	Diskussion der Entstehung	IV 104 ff.

Gesteine

AGRICOLA hat auch Gesteine und Gesteinsschichten genannt, aber weder vollständig noch systematisch, sondern von Fall zu Fall bei den Mineralen. Die Gesteine als selbständiger Forschungsgegenstand, die Gesteinskunde als eigenständige Wissenschaftsdisziplin ist ja erst 1786 von A. G. WERNER eingeführt worden. Trotzdem können wir bei AGRICOLA auch über Gesteine Beobachtungen lesen, die wir heute noch im Gelände nachvollziehen können, so z. B. die kupferschieferführende Schichtfolge von Mansfeld, die ihm PAULUS EBER mitgeteilt hat.

Tabelle 14. Heute noch bekannte Fossilien und Fossilfundpunkte in Mitteleuropa, die von G. AGRICOLA beschrieben worden sind

Fossil	Ort	AGRICOLAS »Terminus« Bemerkungen	Stelle in AGRICOLAS Werk AGA
Pflanzen			
Calamiten	–	»Calamites«, subfossil?	IV 114
Blätter	Robschütz bei Meißen	in holozänem Süßwasserkalk	IV 197
Holz	Chemnitz-Rabenstein	»versteinerte Baumstümpfe«, verkieselte Rotliegend-Hölzer	IV 209
Holz	Hildesheim	»versteinerter Eichenklotz«	IV 209
Holz	Falkenau bei Elbogen/Böhmen	»versteinerte Tannen«, pyritisiert, in der nordböhmischen Braunkohle	IV 209
Wirbellose			
Hexakoralle	–	»Astroites«	IV 180
Bohrmuschel	–	»Dactylen«	IV 131
Schnecken, Muscheln	Robschütz bei Meißen	in holozänem Süßwasserkalk	IV 134, 197
Schnecken	Hildesheim	»Strombites«, »Porphyroides«	IV 134
Brachiopod	Ehrenbreitstein	»Diphysis«, Devon	IV 131
Ammoniten	–	»Ammonshorn«, pyritisiert	III 154, IV 128, 131
Belemniten	Hildesheim, Pommern, Braunschweig, Hechingen	»Belemnites«, Kreidezeit, Pommern – Rügen (?!)	IV 134, 136
Seeigel	–	»Lepidotes«	IV 132
Seeigelstachel	Judäa	»Judenstein«	III 33
Trochiten	Hildesheim, Einbeck	auch »Räderstein«, Oberer Muschelkalk (?!)	IV 129
Seelilie	Hildesheim, Einbeck	»Entrochus«	IV 130
	Hildesheim	»Encrinus«, »Pentacrinus«	IV 131
Wirbeltiere			
Haifischzähne	Lüneburg	»Glossopetra«	IV 131, 180
Seetiere, Fischzähne	Lüneburg	in »schwarzer, alaunhaltiger Erde«	IV 210
Tierknochen	Hildesheim	in »alaunhaltiger Erde« (Lias?)	IV 210
Fische	Mansfeld	Kupferschieferfossilien: »Plattfische«, »Hechte«, »Barsche«	IV 261
		»mannigfaltige Tiergestalten«	III 165
		»verschiedene Arten von Lebewesen«	VIII 175
Knochen, Frosch, Fische	Saal bei Kelheim/Donau	in Malm-Kalkstein	IV 204

Da AGRICOLA Gesteine noch nicht in unserem Sinne von Mineralen trennt, vergleicht er die Säulen des Basaltes mit Kristallen und schreibt: »Manche sind eckig. Sie bilden sich also entweder in dreieckiger Gestalt ... oder mit fünf Ecken, eine Gestalt, wie sie der Basalt im Meißner Lande besitzt. Doch der wechselt in der Zahl der Ecken, mindestens hat er vier, höchstens sieben« (AGA IV, S. 34). Und weiter: »Die Natur erzeugt auch Säulen, bald ohne Ecken, wie die aus Syenit in der Thebais zwischen Syene und Phylai zu beiden Seiten der Straße, bald eckig wie die Basalte im Meißner Lande, auf denen, wie gesagt, die Burg Stolpen des Bischofs von Meißen errichtet ist« (AGA IV, S. 194). Wenig später, 1565, hat der Torgauer Arzt JOHANNES KENTMANN in einem Brief an KONRAD GESNER in Zürich erstmals eine Gruppe der Stolpener Basaltsäulen gezeichnet (Abb. 37), und zwar so genau, daß R. A. KOCH (1983) diese Stelle in der sog. »Gerichtsgruppe« der Stolpener Basaltsäulen wiedererkannt hat (Abb. 38).

Auch zahlreiche andere Notizen AGRICOLAS von Gesteinen können wir aus heutiger Sicht bestätigen (Tabelle 15).

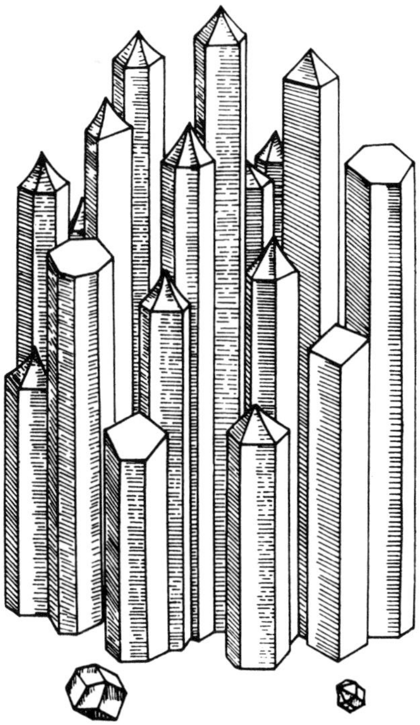

Abb. 37. Basaltsäulen der sog. »Gerichtsgruppe« an der Burg Stolpen, Zeichnung von JOHANNES KENTMANN, 1565

Abb. 38. Von JOHANNES KENTMANN 1565 auf der Burg Stolpen gezeichnete Basaltsäulen im heutigen Zustand (die als »Gerichtsgruppe« bezeichnete Felsgruppe am Koselturm)

Tabelle 15. Heute noch beobachtbare Gesteine und Schichtfolgen, die AGRICOLA aus Mitteleuropa beschrieben hat

Gestein Schichtfolge	Ort	AGRICOLAS »Bezeichnung«, Bemerkungen	Stelle in AGRICOLAS Werk AGA
Klastische Sedimente			
Sandstein	Pirna, Freiberg, Querfurt, Zwickau, Einbeck	Kreidezeit, Buntsandstein, Oberkarbon	IV 198
	Minden, Lohmen bei Pirna	Kreidezeit, für Mühlsteine	IV 199
Dachschiefer	Nürnberg (wohl Handelsort)	–	IV 204
Chemische Sedimente			
Kalkstein	Braunschweig; »an der Saale« (Jena)	»Kalkstein«, Muschelkalk	IV 204
	Saal bei Kelheim	»weißer« Kalkstein, Plattenkalk des Malm	IV 204
	Elbingerode	»elfenbeinfarbener Marmor« Devonkalk	IV 187
	Mansfeld	»Tuffstein«, offenbar poröse Zechsteincarbonate	IV 197
	Belgien, Sachsen	»schwarzer Marmor«, Kohlenkalk, Unterkarbon	IV 187
Travertin	Zips	»Stein, nicht weit von der Quelle«	III 147, 153
Süßwasser-kalk	Robschütz bei Meißen Helbe/Thüringen	»Tuffstein«, Holozän	IV 197
Rogenstein	Eisleben – Seeburg	»rogenähnlicher Sandstein«	IV 199
	–	»Ammonites« (??)	IV 132
Mergel	Hildesheim, Deister	Kreidezeitlich	IV 51
Kupfer-schiefer	Mansfeld	dazu Zechsteinschichtfolge	II 131, VIII 174 f.
	Hessen	»Gemisch aus Gestein, Metall, Schwefel und Bitumen«	IV 260
Gips (Alabaster)	Nordhausen, Ellrich	»fleckiger Marmor«	IV 189
Steinsalz	Wieliczka, Bochnia (Polen)	»Salz«	IV 64
	Staßfurt	»Salz«	IV 64
Kieselschiefer	Goslar (als Geröll)	»Probierstein«, »Lydischer Stein«	IV 141
Alaunschiefer	Zwönitz, Saalfeld	»alaunhaltige Erde«	IV 75, 263

Tabelle 15 (Fortsetzung)

Organogene Sedimente			
Braunkohle	Falkenau/Nordböhmen	»erdiges Bitumen«	IV 98
Steinkohle	Planitz bei Zwickau	Kohle, »Pechkohle, Schichtfolge detailliert	IV 98
	Döhlener Becken bei Dresden		IV 98
Schreibkreide	Insel Moen, Frankreich, England	»Kreide«	IV 59
Erdbrandgesteine			
gefrittete Sedimente	Falkenau-Karlsbad (Lessau-Kulm)	»Ziegelerden, die verbrannt sind«	III 318
	Planitz bei Zwickau	ausgebrannte Steinkohlenschichtfolge, brannte von 1505 bis 1870	II 146, III 123, 310 f.
Vulkanite			
Bimsstein	Vesuv, Aachen	»Bimsstein«	IV 142
Porphyrtuff	Rochlitz	»fleckiger Marmor«	IV 190, 194
		»roter Sandstein«	IV 198
	Chemnitz	»weiß-hellrot gefleckter Sandstein«	IV 202
Basalt	Stolpen	»Basalt«	IV 188, 194
Plutonite			
Syenit, Granit	Syene/Ägypten	»Syenit«, »mit roten Tüpfeln«	IV 192
Metamorphite			
Granulit	Penig-Rochsburg/Sachsen	»hartes Gestein«	IV 202 f.
Marmor	Auerswalde und Rabenstein bei Chemnitz	»Kalkstein«	IV 204
	Maxen: »nahe der Müglitz«	»Kalkstein«	IV 204
Serpentinit	Zöblitz/Sachsen	»Marmor«, »Ophites«, »Serpentin«	IV 31, 191, 194

Lagerungsverhältnisse und Erzgänge

Geologische Zeichnungen, Darstellungen der Lagerungsverhältnisse von Erzgängen finden wir im Buch III von »De re metallica«. Allerdings nennt hier AGRICOLA keinerlei Beispiele, denn seine Bemerkungen über die kurz zuvor ergiebigen Gruben St. Lorenz (Gottesgabe) bei Abertham und Himmlisch Heer bei Annaberg betreffen nur den Erzgehalt, nicht die Lagerungsverhältnisse der Gänge. Daß AGRICOLA bei dieser systematischen Darstellung der Lagerungsverhältnisse von Beispielen abstrahiert, beweist wohl ein weiteres Mal seine Absicht, mit »De re metallica« ein Lehrbuch der Montanwissenschaft zu liefern. Wir aber können für alle von AGRICOLA dargestellten Varianten Beispiele nennen. Wenn er schreibt: »Manche fallen von der Spitze eines Berges oder

Hügels durch den Hang ein in ein Tal oder in einen Talkessel und steigen wieder in dem Hang des entgegengesetzten Berges oder Hügels aufwärts« (AGA VIII, S. 113 f.) (Abb. 39), so können wir heute noch als Beispiele dafür den seit 1168 bekannten und auch zu AGRICOLAS Zeit noch in Abbau befindlichen Hauptstollngang bei Freiberg oder den seit 1523 erschlossenen Bauer-Morgengang bei Lauta im Marienberger Revier nennen (Abb. 40). Wie sich dieser in das Tal des Lautenbaches hinabzieht und jenseits am Hang emporsteigt, können wir heute noch an den zahlreichen Haspelschacht-Halden beobachten, die im Gelände den Gangverlauf markieren.

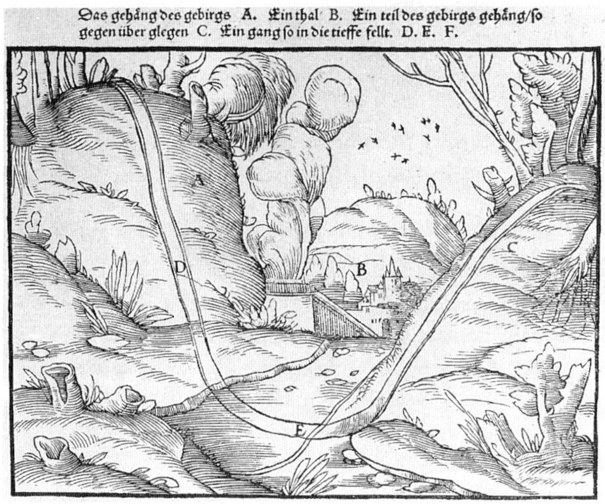

Abb. 39
Erzgang, der sich von einem Berghang durch ein Tal bis in den gegenüberliegenden Hang erstreckt (De re metallica, 1556, AGA VIII, S. 114)

Welche Vollständigkeit AGRICOLA in seinen mineralogisch-lagerstättenkundlichen Beobachtungen erreichte, zeigt schon sein Erstlingswerk »Bermannus« (1530). Darin beschreibt er fast alle damals in den Joachimsthaler Gruben auftretenden Minerale.

Erzlagerstätten

Einen regional umfassenden ersten Ansatz zu einer Erzlagerstättenlehre liefert AGRICOLA 1546 in dem nach Metallprovinzen gegliederten zweiten Teil des kleinen Buches »De veteribus et novis metallis« (Erzlagerstätten und Erzbergbau in alter und neuer Zeit). Fast alle von AGRICOLA genannten Lagerstätten werden noch heute in der Erzlagerstättenlehre behandelt oder sind zumindest in der Bergbaugeschichte bekannt (Tabelle 16).

Bergbautechnik

Bergmännische Tätigkeiten

Seit Jahrtausenden sind in der Technik des Bergbaus folgende Teilgebiete zu unterscheiden:

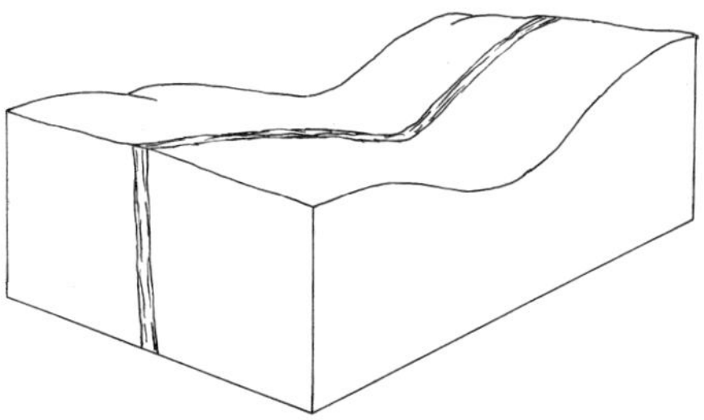

Abb. 40
Aus dem 16. Jahrhundert stammende Halden auf dem das Lautenbachtal kreuzenden Erzgang »Bauer-Morgengang«, Lauta bei Marienberg, darunter ein schematisches Blockbild des Tales mit dem Erzgang

- die Gewinnung: das Lösen des Erzes, der Kohle oder des tauben Gesteins aus dem Gesteinsverband,
- die Abbauverfahren: die Art und Weise, in der der Erzgang oder das Kohlenflöz systematisch gewonnen wird, z. B. hinsichtlich der Richtung der Abbaue und der Anordnung der Arbeitsplätze,
- die Förderung: der Transport der hereingewonnenen Erze, Kohle oder Gesteinsmassen vom Abbauort zum Schacht und durch diesen nach Übertage,
- die Wasserhaltung: die Abführung des Wassers, das den Gruben untertage zufließt,
- die Wetterführung: die Maßnahmen zur Frischluftversorgung des Bergmanns vor Ort.

Alle diese Teilgebiete der Montantechnik haben ihre eigene Geschichte. Diese ist teils durch große Entwicklungssprünge, teils durch die Langlebigkeit einzelner Maschinentypen oder Arbeitsprozesse gekennzeichnet (Tabelle 17).

Tabelle 16. Die wichtigsten, von AGRICOLA 1546 genannten Erzlagerstätten Europas (außer den in Zitaten antiker Schriftsteller genannten Orten)

Metall	Bergbauorte bei AGRICOLA	Nähere Angaben oder (heutiger Name)	Beginn bzw. Blütezeit des Bergbaus	Stelle in AGRICOLAS Werk AGA
Gold	Korbach/Westf.	Waldeck	1540/70	VI, S. 93
	Goldkronach	Fichtelgebirge	14. Jh.	
	Steinheid	Thüringer Wald	1529	
	Eule	südl. Prag	vor 1450	VI, S. 94
	Goldberg	Schlesien	13. Jh.	
	Reichenstein	Schlesien	um 1250	
	Kremnitz	(Kremnica/Slowakei)	um 1300	
	Diln	(Banská Belá/Slowakei)	um 1200	
	Königsberg	(Nová Bana/Slowakei)	um 1200?	
	Gastein	Tirol		
	Rauris	Tirol, Tauern	Antike; 1300	
Silber	Lebertal	westlich Straßburg (Elsaß), Vogesen-Westhang		VI, S. 96
	Zellerfeld	Harz	1526	
	Thüringen	Ilmenau	um 1250	
	Lauterberg	Harz	um 1200 bis nach 1600	
	Freiberg	Sachsen	1168	
	Brand	Sachsen	1515	
	Marienberg	Sachsen	1519	
	Annaberg	Sachsen	1492	
	Geyer	Sachsen	1390	
	Schneeberg	Sachsen	1460	
	Wolkenstein	Sachsen	13. Jh.	
	Drebach	Sachsen	1518	
	Zschopau	Sachsen	15./16. Jh.	
	Treppenhauer	bei Frankenberg (Sachsen)	13. Jh.	
	Scheibenberg	Sachsen	1515	
	Wiesenthal	Sachsen: Oberwiesenthal	1526	
	St. Joachimsthal	(Jáchymov)	1516	VI, S. 96
	Preßnitz	(Přisečnice)	15./16. Jh.	VI, S. 97
	Mies	(Střibo)	um 1490	
	Přibram	SW Prag	um 1530	
	Kuttenberg	Kutná hora	um 1270	

Tabelle 16 (Fortsetzung)

	Deutsch Brod	(Havlĭčkuv Brod)	um 1230	
	Iglau	(Jilahva)	um 1200	
	Schemnitz	(Banská Štiavnica)	8. Jh.	
	Hoderitz	(Hodruša)	um 1450	
	Oslo	Norwegen		
	Schwaz	Tirol		VI, S. 98
	Sterzing	Tirol	1460	
Queck-silber	Landsberg	bei Obermoschel		VI, S. 98
	Kreuznach	Pfalz		
	Schönbach	(Luby bei Eger)		
	Idria	Slowenien	1525	
	Spanien	Almaden		
Kupfer	Spanien	Rio Tinto		VI, S. 99
	Sangerhausen	Ostharz	um 1200	VI, S. 100
	Eisleben	Ostharz	um 1200	
	Mansfeld	Ostharz	um 1200	
	Hettstedt	Ostharz	um 1200	
	Sontra	Hessen	1460	
	Kupferberg	Schlesien	13. Jh.	
	Neusohl	(Banská Bystrica)	1255	
	Göllnitz		1276	
	Rosenau	(Rožňava)	1273	
	Schmöllnitz	(Smolník)	1270	
Zinn	Cornwall	England		VI, S. 100
	Devon	Devonshire/England		VI, S. 101
	Altenberg	Erzgebirge	1440	
	Lauenstein	Osterzgebirge		
	Ehrenfriedersdorf	Erzgebirge	1240	
	Geyer	Erzgebirge	1390	
	Fleschmaul	Eibenstock	1501	
	Platten	(Horni Blatná)	1530	
	Berningerberg	(Pernink)		
	Hengst	(Hřebečná)		
	Schlaggenwald	(Horni Slavkov)		
Wismut	Schneeberg	Erzgebirge	1460	
	Abertham	(Abertamy)	1530	
	St. Joachimsthal	(Jáchymov)	1516	

Tabelle 16 (Fortsetzung)

Metall	Bergbauorte bei AGRICOLA	Nähere Angaben oder (heutiger Name)	Beginn bzw. Blütezeit des Bergbaus	Stelle in AGRICOLAS Werk AGA
Blei	Pampelona	Spanien		VI, S. 102
	Telemarken	Norwegen		
	Rammelsberg	bei Goslar/Harz		
	Ehrendorf	Bayern		
	Bleistadt	(Olovy/Böhmen)		
	Elkosch	(Olkusz/Polen)		
	Villach: Bleiberg	Kärnten		
Eisen	Eifel			VI, S. 103
	Harz			
	Waldungen	Hessen		
	Siegen			
	Sauerland			
	Thüringer Wald	Schmalkalden	15./16. Jh.	
	Amberg-Sulzbach	Oberpfalz		
	Wunsiedel	Fichtelgebirge		
	Pöhla	Westerzgebirge		
	Emler	bei Raschau/Erzgebirge		
	Gießhübel	(Berggießhübel)		
	Sagan	Schlesien		
	Schweden			VI, S. 104
	Norwegen	u. a. Telemarken		
	Noricum	Steiermark		
	Wolfsberg	Wolfsberg/Kärnten		

Das Jahrhundert AGRICOLAS weist einige technische Neuerungen auf, so in der Förderung das Kehrrad und in der Wasserhaltung das Kunstgezeug. Andere Teile der Montantechnik wurden im 16. Jahrhundert nicht anders angewandt wie schon Jahrhunderte davor und auch Jahrhunderte danach. Im 17. bis 19. Jahrhundert finden wir im Montanwesen einige Neuerungen, aber auch noch Maschinen und Arbeitsprozesse der gleichen Art wie im 16. Jahrhundert. Erst das 20. Jahrhundert brachte in der Montantechnik einen grundlegenden Wandel.

Gewinnung

Die Arbeit mit Schlägel und Eisen

Die wichtigsten Werkzeuge für die Gewinnung waren seit Jahrtausenden für lockeres Gestein die Keilhaue, eine spitze Hacke, und für festeres Gestein Schlägel und Eisen (Abb. 41).

Abb. 41
Stolln mit Bewetterung durch Schütteln eines Tuches, rechts Bergmann, mit Schlägel und Eisen arbeitend (De re metallica, 1556, AGA VIII, S. 291)

Das Eisen, ein Meißel am Stiel, wurde vom Bergmann mit der linken Hand auf dem Gestein angesetzt. In der rechten Hand führte er den Schlägel und schlug mit ihm so auf das Eisen, daß er – unter Ausnutzung von Klüften im Erz oder Gestein – möglichst viel von den Massen löste. Schlägel und Eisen gekreuzt, gelten heute noch als Symbol des Bergbaus und verwandter Gebiete.

Die Leistung eines Bergmanns bei der Arbeit mit Schlägel und Eisen hing natürlich in starkem Maße von der Festigkeit des Gesteins ab; man wird mit einer Leistung 0,04 bis 0,5 m^3 pro Schicht rechnen können.Daraus resultiert als Vortriebsgeschwindigkeit einer Strecke oder eines Stollns mit Schlägel- und Eisenarbeit etwa 10 bis 40 cm pro Woche.

Der Bergmann schlug mit Schlägel und Eisen systematisch Bahnen von oben nach unten. In der Grube »Alte Elisabeth« bei Freiberg, heute Lehrgrube der Bergakademie, gibt es Stellen, wo Streckenvortriebe aus dem 18. Jahrhundert so plötzlich eingestellt wurden und so sauber erhalten sind, daß man die Arbeit des Bergmanns mit Schlägel und Eisen nachempfinden kann (Abb. 42).

Originale Schlägel und Eisen werden heute noch in alten Grubenbauen gefunden, stammen zum Teil wohl auch aus der Agricola-Zeit und werden in verschiedenen Bergbaumuseen aufbewahrt.

Tabelle 17. Übersicht über die wichtigsten Neuerungen in der Bergbautechnik und ihre Anwendungszeit (meist ungefähre Zeitangaben)

Einführung	Anwendung bis	Technische Neuerung	Ort	Bemerkungen
Antike	19. Jh.	Gewinnung mit Schlägel und Eisen	?	
	20. Jh.	Handhaspel	?	für Schächte bis 50 m Tiefe (über- und untertage)
	500 n. Chr.?	Schöpfrad	Rio Tinto, Spanien	zur Wasserhebung
Mittelalter	um 1880	Gewinnung mit Feuersetzen	?	bei besonders hartem Gestein
	20. Jh.	Schubkarren	?	zur Streckenförderung
1400	1900	Pferdegöpel	?	Schachtförderung bis 250 m Tiefe
1450	16. Jh.	Heinzenkunst	Goslar	Wasserhebung bis 30 m Tiefe
1450	20. Jh.	(Trocken-)Pochwerke	?	für Zerkleinerung von Erz
1480	1910/44	Kehrrad	Kremnitz (Slowakei)	Schachtförderung bis 600 m Tiefe
1500	1850	Ungarischer Hund	Slowakei (?)	für Streckenförderung
	19. Jh.	Planherde	?	Erzaufbereitung
1507/1	20. Jh.	Naßpochwerk	Dippoldiswalde/Sachsen	Erzaufbereitung
1535	1900	Kunstgezeug	Ehrenfriedersdorf/Sachsen	Wasserhebung aus 30 bis 400 m Tiefe
1627	20. Jh.	Gewinnung und Streckenvortrieb mit Sprengstoff	Schemnitz/Slowakei	
1650	20. Jh.	Hängekompaß	Sachsen/Böhmen	für Vermessungstechnik untertage
1712	19. Jh.	Newcomen-Dampfmaschine als Kunstgezeugantrieb	England	wo Wasserkraft ungenügend
1750	20. Jh.	Wassersäulenmaschine	Harz und Schemnitz/Slowakei	als Kunstgezeugantrieb
1776	19. Jh.	Watt-Dampfmaschine als Kunstgezeugantrieb	England	wo Wasserkraft ungenügend
1785	20. Jh.	Stoßherde	Freiberg	Erzaufbereitung

Tabelle 17 (Fortsetzung)

1800	20. Jh.	Dampfförder-maschine	England Ruhrgebiet	
1820	20. Jh.	Eisenschienenbahn	England	Streckenförderung untertage
1833	1900	Fahrkunst	Zellerfeld	für Einfahren in tiefe Schächte
1834	20. Jh.	Eisendrahtseile	Clausthal	für Schachtförderung
1840	20. Jh.	Theodolit	Freiberg	für Vermessungstechnik untertage
1843	1900	Wasserturbine	Freiberg	als Antriebsmaschine für Wasserhaltung und Förderung
1875	20. Jh.	Bohrmaschine		zum Herstellen von Sprengbohrlöchern
1877	20. Jh.	Flotation	Dresden	Erzaufbereitung
1882	20. Jh.	elektrische Grubenlokomotive	Freital bei Dresden	

Abb. 42
Geschlägelter Ortstoß im Auferstehung Christi Spatgang der Grube Alte Elisabeth, Freiberg, vermutlich um 1785, in der Sohle des Alten Tiefen Fürstenstollns (etwa 90 m tief)

Auch bei Grubenbauen, die die Ansätze der Schlägel- und Eisenarbeit nicht so deutlich erkennen lassen wie in der Alten Elisabeth bei Freiberg läßt sich die Art der Gewinnung feststellen: Schlägel- und Eisenarbeit führt stets zu sauber ausgearbeiteten, relativ glatten und einheitlichen Profilen von Strecken und Stolln. Die seit dem 17. Jahrhundert eingeführte und ab 19. Jahrhundert dominierende »Schießarbeit« (Gewinnung mit Bohren und Sprengen) hat größere Strecken- und Stollnquerschnitte, vor allem aber zackig-unregelmäßige Stöße (Seitenwände) und Firsten (Decken) zur Folge. Vor der Erfindung von Gesteinsbohrmaschinen um 1860 widerstand ganz festes Gestein dem Bohren, so daß man – wie noch ABRAHAM GOTTLOB WERNER 1785 betonte – die festesten Gesteine nur mit Feuersetzen gewinnen konnte (Abb. 43).

Das Feuersetzen

Das angezündete Holz A. Bärte B. Der Stollen C.

Abb. 43
Feuersetzen (De re metallica, 1556, AGA VIII, S. 166)

AGRICOLA beschreibt das wie folgt (AGA VIII, S. 165): »Wenn ein ... Gang wegen der Härte oder der Enge nicht (mit Schlägel und Eisen) verhauen werden kann und ... der Stolln zu niedrig ist, wird ein geschichteter Haufen getrockneten Holzes hingebaut und angebrannt, wenn er hoch ist zwei ... Die Kraft dieses Feuers löst auf diese Weise meist keinen sehr großen Teil der Gangmasse, sondern nur etliche äußere Schalen ... Das Feuer ... trennt den Gang vom Nebengestein, das selbst, obwohl es ganz hart ist, oft so gebräch wird ... daß es am allerbrüchigsten wird ... Gangteile oder Brocken ... des Gesteins, das die Gewalt des Feuers von dem übrigen Gesteinskörper abgetrennt hat, stoßen die Häuer, wenn es sich oben an der Firste befindet, mit Brechstangen ab oder, wenn sie sich an den Seiten befinden, schlagen sie sie mit den Fäusteln ab«. AGRICOLA beschreibt auch, wie die Scheite so eingekerbt werden, daß sich seitlich Bärte zwecks besseren Anbrennens bilden. Verkohlte Scheite mit dieser Bearbeitung hat man in alten Feuersetzorten noch gefunden. Die mit Feuersetzen hergestellten Grubenräume weisen entsprechend den thermischen Spannungen in dem umgebenden Gestein gerundete Formen auf, die sich deutlich von den mit Schlägel und Eisen oder mit Sprengkraft hergestellten Grubenräumen unterscheiden (Abb. 44).

Abb. 44
Zinngranitfelsen in der Pinge von Geyer mit Feuersetzorten in verschiedener Tiefe unter der Oberfläche

Große durch Feuersetzen entstandene »Weitungen« mit z. T. mehr als 10 m Durchmesser waren bis 1954 in dem Schaubergwerk Heinrichssohle im Zwitterstock von Altenberg/Osterzgebirge zu sehen. Ebensolche Weitungen gab es – heute nicht mehr zugänglich – im Zinnbergbau von Gottesberg/Vogtland und von Platten (Horní Blatná) auf der böhmischen Seite des Erzgebirges. Die einst 60 m lange, 40 m breite und 40 m hohe, heute zum Teil verfüllte Reichtroster Weitung und die unter der sächsisch-böhmischen Grenze liegende Schwarzwänder Weitung, beide bei Zinnwald/Osterzgebirge und im wesentlichen wohl aus dem 18. Jahrhundert stammend, sind die größten heute noch zugänglichen Weitungen. Man erreicht sie durch das Schaubergwerk Tiefer Bünaustolln bei Zinnwald.

Wenn zwischen benachbarten Weitungen die Pfeiler zu schwach waren, brachen sie zusammen. Das führte zum Herabbrechen des gesamten Deckgebirges, so daß an der Erdoberfläche tiefere Einbruchstrichter, Pingen, entstanden. Deren berühmteste im

Die Altenberger Pinge

Zinnbergbau des Erzgebirges, die Altenberger Pinge, brach erstmals zur Zeit AGRICOLAS, am Sonntag nach Martini 1545, ein und hatte damals einen Durchmesser von etwa 60 m. AGRICOLA beschreibt das Einbrechen von Pingen allgemein und den Pingenbruch von Altenberg wie folgt: »Ferner werden die Stockwerke auf eine ganz andere Art abgebaut. Wenn nämlich an der Erdoberfläche irgendein Erz heraustritt, wird zuerst ein Schacht abgeteuft, ... senkrecht in die Tiefe. Weil aber der Berg ... ganz untergraben wird, weil er ganz aus Erzmasse besteht, muß man natürliche Stützen und Wölbungen stehenlassen oder ihn unterbauen. Aber wenn bisweilen der Gang sehr hart ist, wird er mit Feuer gebrochen. Daher geschieht es, daß die Stützen gebräch werden, sich auflösen oder der Grubenausbau verbrennt und der Berg mit großer Wucht in sich zusammenstürzt und die Schachtbauten durch eine weite gähnende Öffnung verschlungen werden« (AGA VIII, S. 175). »Vor elf Jahren brach in Altenberg ein Teil des untergrabenen Bergs ein und sank zurück, und er verschüttete unversehens sechs Bergleute, und er riß sogar eine Kaue und eine Mutter zusammen mit ihrem kleinen Sohne hinunter« (AGA VIII, S. 296). Weitere größere und kleinere Einbrüche, so 1578, 1619, 1620, 1688, 1714 usw., erweiterten die Altenberger Pinge so, daß sie heute etwa 300 m Durchmesser hat. Trotzdem können wir die Altenberger Pinge als Sachzeugnis für AGRICOLAS Werk und Zeit betrachten.

Wesentlich später entstanden die Pingen von Sadisdorf (16. Jh., 1684/86, 1709) und Geyer (1703, 1764, 1791/95, 1810/12). Übertage sind die typisch gerundeten Formen von Feuersetzorten heute an den Wänden der Pingen von Geyer, Seiffen und Sadisdorf im Erzgebirge zu sehen. Alle Stellen lassen noch eine besondere Beziehung zu AGRICOLAS Holzschnitt erkennen. Auf diesem sieht man den Grubenbau mit den Holzscheiten in ganz geringer Tiefe unter dem mit abgebildeten Bergbaugelände. Hier hat AGRICOLAS Zeichner offenbar nicht nur aus zeichnerischer Freiheit die Feuersetzorte in geringe Tiefe unter die Erdoberfläche gerückt, sondern einen tatsächlichen Sachverhalt angedeutet: Die obersten Feuersetzorte an der Pinge von Geyer liegen nur etwa 10 m, die von der Seiffener und der Sadisdorfer Pinge nur 5 bis 6 m unter der Erdoberfläche und bestätigen damit im Prinzip die uns fast unglaubhaft erscheinende Darstellung von AGRICOLA.

Erhaltene Feuersetzorte

Abbauverfahren

Tagebau, Strossenbau und Firstenbau

Die zahlreichen heute im Erz-, Kohle- und Kalibergbau zu unterscheidenden Abbauverfahren sind erst im 19. und 20. Jahrhundert entwickelt worden. Zuvor gab es seit dem 18. Jahrhundert den Firstenbau. Bei diesem wurde in dem steil dem Gebirge eingeschalteten Erzgang von einer Strecke aus das Erz nach oben ausgehauen und entsprechend dem Vorrücken des Abbaus nach oben die darunter entstehenden Hohlräume mit dem anfallenden tauben Gestein ausgefüllt.

Vorher, seit der Antike, hatte sich aus dem Tagebau, dem Abbau der Erze an der Oberfläche, der Strossenbau entwickelt, bei welchem die Erze von einer vom Schacht ausgehenden Strecke nach unten abgebaut wurden. So gesehen ist der Strossenbau eigentlich nur ein nach Untertage verlegter Tagebau.

Zu AGRICOLAS Zeit waren also außer den unregelmäßigen Feuersetzweitungen nur Strossenbaue üblich. Es mußten also nicht verschiedene Abbauverfahren unterschieden werden. So wundert es uns nicht, daß dem, was in der heutigen Bergbaukunde unter Abbauverfahren behandelt wird, AGRICOLA noch keine besondere Aufmerksamkeit schenkt.

Streckenförderung

Schubkarren und Hunde

Als Geräte für den horizontalen Transport des Erzes nennt AGRICOLA den Erztrog, den Schubkarren und den Spurnagel-Hund. Die schüsselförmigen, aus Holz hergestellten, etwa 60 cm langen und 30 cm breiten Erztröge dienten (nach PLINIUS) schon in der Antike der Förderung der Erze auf der Schulter des Bergmannes.

Hölzerne Schubkarren waren im Bergbau des Erzgebirges bis ins 19. Jahrhundert üblich. Schubkarren aus Eisenblech wurden noch im 20. Jahrhundert im Erzbergbau angewandt, z. B. 1943 bis 1952 in der Antimonerzgrube Halber Mond, Oberböhmsdorf bei Schleiz/Ostthüringen. Um mit den Schubkarren gut fahren zu können, legte man Bretter auf die rauhe, steinige oder auch schlammige Sohle der Strecke. Diese Bretter waren, wie der Spurnagel-Hund erkennen läßt, die erste Vorstufe der Eisenbahn.

Der Spurnagel-Hund (Abb. 45), von Menschenkraft auf zwei parallelen Brettern geschoben (AGA VIII, S. 212), bestand aus einem eisenbeschlagenen Holzkasten von etwa 1,1 m Länge, 0,7 m Breite und 0,7 m Höhe, also etwa 0,5 m^3 Fassungsvermögen. Um kurze Eisenachsen liefen zwei Paare ungleich großer Holzräder. Zwischen den kleineren Rädern war ein »Spurnagel« angeordnet, mit dem »verhindert wird, daß der Hund von dem festgelegten Weg (auf den Brettern) abirrt, indem der Spurnagel in der Höhlung zwischen den Laufposten« läuft.

Dasselbe ohne Spurnagel war vom 16. bis ins 20. Jahrhundert der »ungarische Hund«, der im 19. Jahrhundert vom »englischen Förderwagen« mit gleichgroßen eisernen Spurkranzrädern auf Eisenschienen abgelöst worden ist. Die ersten englischen Förderwagen hatten wie der von AGRICOLA abgebildete Hund einen eisenbeschlagenen Holzkasten. Spurnagelhunde, ungarische Hunde und englische Förderwagen des alten Typs findet man in Museen (Abb. 46). Schon im 19. Jahrhundert, im 20. Jahrhundert dann allgemein wurden die Kästen der Förderwagen aus Eisenblech hergestellt.

Da heute die Streckenförderung fast überall mit Kraftfahrzeugen oder Transportbändern erfolgt, gehört die gesamte Entwicklungslinie der Grubenhunde der Geschichte an.

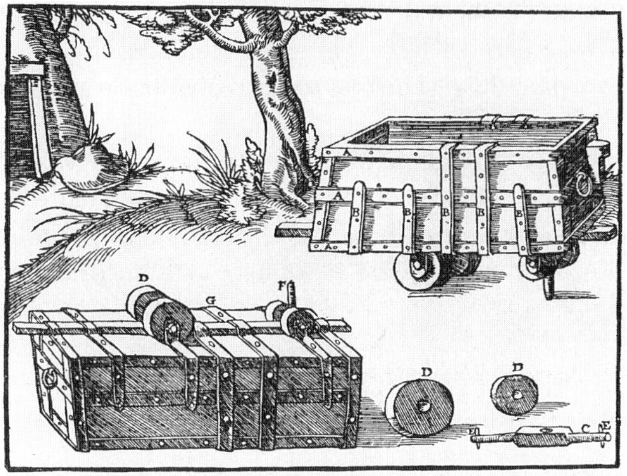

Die eisernen Bänder des Hundes A. Die eisernen Stäbe B. Die kleine eiserne Achse C. Die hölzernen Scheiben D. Die kleinen eisernen Nägel E. Der Leitnagel F. Ein umgekehrter Hund G.

Abb. 45
Spurnagel-Hund (De re metallica, 1556, AGA VIII, 212)

Abb. 46
Vom Anfang des 19. Jahrhunderts stammender ungarischer Hund, aufgestellt im Schachtgebäude der Grube Alte Elisabeth, Freiberg

Schachtförderung

Mit Schubkarren oder Spurnagel- bzw. ungarischem Hund gelangten Erz und Gestein sogleich nach übertage, wenn die Grube durch einen Stolln erschlossen wurde. AGRICOLA stellt das bei der Beschreibung des Zinnseifenbergbaus bildlich dar (AGA VIII, S. 450). Andernfalls mußten Erz und Gestein im Schacht hinaufgefördert werden. Schächte werden heute stets senkrecht niedergebracht. Da die Erzgänge oft nicht ganz senkrecht sind, man aber früher schon beim Schachtabteufen aus wirtschaftlichen Gründen Erz fördern wollte, wurden die Schächte bis ins 19. Jahrhundert aber oft im

Erzgang, also mehr oder weniger geneigt abgeteuft. Auch AGRICOLA bildet solche »tonnlägigen Schächte« ab (AGA VIII, S. 156).

Handhaspel

Schächte wurden schon im 16. Jahrhundert mit verschiedenen Fördermaschinen ausgerüstet. Die einfachste, mit der man Kübel mit etwa 0,05 bis 0,2 m^3 Fassungsvermögen (= etwa 100 bis 400 kg Gestein oder Erz) in etwa 6 Minuten aus rund 50 m Tiefe fördern konnte, war der Handhaspel (AGA VIII, S. 155, 156, 158, 218, 220) (Abb. 47). Er konnte von zwei, drei oder vier Haspelknechten bedient werden. Damit war die zu hebende Last, nicht aber die Tiefe der Haspelförderung zu variieren. Als Maße von Haspelschächten gibt AGRICOLA 13 bis 14 Lachter (= etwa 28 m) Tiefe und 2 x 2/3 Lachter (= 4 x 1,3 m) Querschnitt an (AGA VIII, S. 153). Noch heute finden wir in den Revieren des Erzgebirges und des Harzes, aber auch bei Kamsdorf Haspelschächte aus dem 16. bis 18. Jahrhundert mit etwa diesem Querschnitt. So hat die Kamsdorfer »Storzenzeche« einen Schachtquerschnitt von 3,3 x 1 m. Ein Drittel des Querschnittes nahm die Fahrten (Leitern) auf. Über den anderen zwei Dritteln stand der Handhaspel, so daß die beiden an diesen angehängten Kübel (jeweils für Aufwärts- oder Abwärtsförderung) je etwa 1 m^2 Schachtfläche verfügbar hatten.

Haspelkauen

Die Handhaspel standen teils frei, dem Wetter ausgesetzt, auf dem Schacht (AGA VIII, S. 158, 218), teils waren sie durch Bretterbuden, die Haspelkauen, geschützt (vgl. Abb. 47), »damit nicht Regengüsse in den Schacht eindringen und die Haspelleute nicht vor Kälte erstarren oder unter dem Regen zu leiden haben« (AGA VIII, S. 153). Bis ins 20. Jahrhundert gab es solche Kauen, die den von AGRICOLA abgebildeten völlig glichen. Vermutlich seit etwa 1700 sind jedoch auch Kauen in Form der heutigen Finnhütten, also bloße Satteldächer mit Brettbeschlag bekannt. Im Freiberger Revier sind Haspelkauen dieser Bauart im 19. Jahrhundert von E. HEUCHLER auf bergmännischen Bildern gezeichnet worden.

Haspelkauen sind von Bauart und Baustoff her keine dauerhaften Gebilde. So haben sich keine aus dem 19. Jahrhundert, geschweige denn aus älterer Zeit oder gar aus der Zeit AGRICOLAS bis heute erhalten. Da Haspelkauen aber auch in der Zeit ihrer Anwendung immer wieder erneuert werden mußten, ist ihre Rekonstruktion auf originalen Standorten in unserer Zeit denkmalpflegerisch durchaus gerechtfertigt. Drei Haspelkauen vom Typ des 19. Jahrhunderts sind inzwischen neu gebaut worden: eine auf einer alten Halde vor der Grube Alte Elisabeth in Freiberg, eine auf dem Friedrich-Schacht, Schönborn bei Mittweida, und 1985 eine auf dem um 1700 betriebenen Kommunschacht in Zinnwald (Abb. 48). Mit 2 x 1,5 m Querschnitt und 29,7 m Tiefe entspricht der Querschnitt dieses Schachts ungefähr dem von AGRICOLA angegebenen Maßen.

Handhaspel untertage

Mit einem Handhaspel konnte man nur aus etwa 50 m Tiefe fördern. Waren die Gruben tiefer, dann ordnete man mehrere Handhaspel untereinander und seitlich versetzt an. Die untertage aufgestellten Haspel standen also auf Schächten, die nicht bis übertage reichten, sondern nach oben untertage endeten. Solche »Blindschächte«, von AGRICOLA abgebildet (AGA VIII, S. 58) (Abb. 49) findet man heute in fast allen Schaubergwerken des Erzgebirges, so bei Freiberg, Johanngeorgenstadt und Pobershau. In der Lehrgrube Alte Elisabeth in Freiberg hat man am oberen Ende eines Blindschachtes einen Handhaspel am originalen Standort rekonstruiert (Abb. 50).

Drei tonnlägige Schächte. Der erſte Schacht, der noch nicht bis zum Stollen geteuft iſt A. Der zweite Schacht, der den Stollen erreicht hat B. Der dritte Schacht, bis zu dem der Stollen noch nicht vorgetrieben iſt C. Der Stollen D.

Abb. 47
Haspelschächte mit Handhaspeln und Schachtkauen (De re metallica, 1556, AGA VIII, S. 156)

Pferdegöpel

Das mehrstufige Fördern mit Handhaspel war durch das erforderliche mehrfache Umladen recht nachteilig. Deshalb nutzte man vom 15. Jahrhundert an für Schächte bis etwa 250 m Tiefe als Fördermaschine den Pferdegöpel.

Abb. 48
Haspelschachtkaue auf dem Communschacht in Zinnwald, Osterzgebirge, erstmals erbaut wohl im 18. Jahrhundert, nach alten Vorlagen von Schachtkauen 1986 von der Bergsicherung Freital wiedererrichtet

Dieser ermöglichte zugleich die Förderung der sechsfachen Last (AGA VIII, S. 222) (Tabelle 18).

Tabelle 18. Technische Daten der zur Zeit AGRICOLAS üblichen Fördermaschinen

Maschine	Maximale Schachttiefe in m	Fördergeschwindigkeit in m/s	Inhalt des Fördergefäßes in m³	Leistung in PS	in kW
Handhaspel	45 (ausnahmsweise: 100)	0,1 ... 0,2	0,05 ... 0,2	0,4 ... 0,8	0,3 ... 0,6
Pferdegöpel	250	0,3 ... 0,65	0,3 ... 1,2	1 ... 8	0,7 ... 6
Kehrrad (Wassergöpel)	550	0,65 ... 1,4	bis 1,2	10 ... 15	7,4 ... 11

Im Freiberger Bergbau werden schon 1384 Pferde urkundlich genannt, doch ist nicht sicher, ob das schon ein Beweis für die Existenz von Göpeln ist. Solche werden bei Freiberg erstmals 1445/46 in Form des Grubennamens »zum Geyppel« nachweisbar. Die älteste bildliche Darstellung eines bergbaulichen Pferdegöpels ist in dem jetzt in Wien aufbewahrten »Kuttenberger Kanzionale« von etwa 1480/1490 enthalten, doch weist er noch nicht die für die folgenden Jahrhunderte typische Bauform auf. Diese finden wir auf dem 1521 von HANS HESSE gemalten Annaberger Bergaltar und in »De re metallica« (AGA VIII, S. 224) (Abb. 51).

Ein Schacht A. Ein Feldort oder Querſchlag B, C. Ein anderer Schacht D. Der Stollen E. Das Stollenmundloch F.

Abb. 49
Handhaspelschacht, Blindschacht mit Handhaspel und Stolln mit Hundestößer (De re metallica, 1556, AGA VIII, S. 158)

Im »Bermannus« läßt AGRICOLA 1530 NAEVIUS fragen: »Mein Gott! Was für eine Riesenmaschine! Ist sie etwa gemacht, um Städte zu erobern, wie einst Sturmbock und Mauerbrecher?«, und BERMANNUS antworten: »Sie halten jenen Göpel am Umlaufen« (AGA VIII, S. 86).

Je nach Energiebedarf drehen zwei bis vier, maximal acht Pferde die senkrechte Göpelwelle, so daß sich auf dem um diese montierten Seilkorb das eine Förderseil auf-, das andere abwickelt. (Auf AGRICOLAS Holzschnitt sind beide Förderseile fälschlich auf der gleichen Seite des Seilkorbs gezeichnet.) Das bei jeder Fördermaschine notwendige Umsteuern (für den Auf- und Niedergang eines Kübels im Schacht) wurde durch Umspannen der Pferde bewirkt.

Abb. 50
Handhaspel untertage über einem Blindschacht, um 1990 rekonstruiert in der Grube Alte Elisabeth, auf der Sohle des Alten Tiefen Fürstenstollns, über dem aus dem 16. Jahrhundert stammenden Schöffauer Schacht des Grubenfeldes 6. Obere Maß der Reichen Zeche bei Freiberg

Der bergmännische Pferdegöpel ist eins der ersten Bauwerke, bei denen die Technik die Architektur bestimmt. Die Göpelwelle und der Pferdelauf um diese, die »Rennbahn«, bedingen die kegelförmige Gestalt des eigentlichen Göpelgebäudes. Im Freiberger Raum war dieses ringsum offen. Das rauhere Klima im Gebirge gab dort Anlaß, das gesamte Göpelgebäude mit Schindeln zu decken, wie auch bei AGRICOLA dargestellt. Auf dem Schacht, d. h. neben dem eigentlichen Göpel, stand ein an den Göpel anstoßendes Schachthaus mit Satteldach.

Erhaltene Göpel

In dieser Form wurden Göpel bis ins 19. Jahrhundert zahlreich gebaut. Doch nur wenige sind als technische Denkmale erhalten. Der typischste und dem Bild AGRICOLAS am meisten entsprechende war der von Johanngeorgenstadt im Erzgebirge, der dort 1798 auf der Grube »Neu Leipziger Glück« mit 20,8 m Durchmesser und 13,5 m Höhe erbaut und 1921 vom Landesverein Sächsischer Heimatschutz restauriert wurde (Abb. 52 und 53). Allerdings fiel dieser Göpel 1948 dem Uranbergbau zum Opfer, wurde aber 1992/93 ganz in der Nähe des alten Standortes, auf dem »Hohneujahr und Unverhofft Glück gemeinsamen Schacht« originalgetreu neu errichtet. Der bis 1946 bei Joachimsthal (Jáchymov/Böhmen) erhaltene typische Göpel ist, um ihn vor dem Uranbergbau zu retten, um 1960 in den Hof des Bergbaumuseums Kutná hora östlich von Prag umgesetzt worden. Im Schieferbergbau von Lehesten/Frankenwald ist ein typisches, schiefergedecktes Göpelgebäude von 1845 erhalten, in dem aber die Göpeltechnik schon 1865 durch eine nun auch historische Dampffördermaschine (jetzt mit Elektromotor) ersetzt wurde. Weitere Göpel, allerdings mit senkrechten Seitenwänden, sind im Hof des Bergbaumuseums Zellerfeld/Harz und bei dem ehemaligen Braunkohlenbergbau bei Kaufungen, etwa 10 km südöstlich von Kassel, erhalten.

Die Sparren A. Die Schuhe B. Die Steifen C. Der Umlauf im Göpel D. Der Holzklotz für das Fußlager E. Die Welle F. Die Schwengel G. Der Seilkorb H. Die Seile I. Das Fördergefäß K. Die in die Schwengel eingesetzten Hölzer L. Der Schemel für den Treiber, an den auch die Pferde gespannt werden M. Die Kette N. Die Wage O. Der Sturzhaken P.

Abb. 51
Pferdegöpel (De re metallica, 1556, AGA VIII, S. 224)

In der Ost-Slowakei ist im Salinengelände von Solivar bei Presov ein Göpel in einem dafür zwar untypischen, aber sehr repräsentativen Gebäude noch für die Salzförderung in Betrieb. Ein Göpelgebäude ist auf der Grube Haus Sachsen nahe Kongsberg/Norwegen rekonstruiert worden. Im Salzbergwerk Wieliczka bei Krakau/Polen ist ein Göpelwerk untertage eingebaut und zu besichtigen.

Abb. 52. 1798 erbauter Pferdegöpel der Grube Neu Leipziger Glück bei Johanngeorgenstadt; links die »Rennbahn« mit der senkrechten Göpelwelle, rechts das Schachthaus; 1948 abgebrochen, 1992/93 auf einem benachbarten Schacht wiedererrichtet

Abb. 53
Pferdegöpel der Grube Neu Leipziger Glück bei Johanngeorgenstadt, Innenansicht mit Göpelwelle und (oben) Seiltrommeln mit Bremsbacken

Göpel an Burgbrunnen

Die Göpeltechnik ist nicht nur im Bergbau, sondern auch zur Wasserförderung, insbesondere für Burgen und Schlösser auf Bergen benutzt worden. Ein gut erhaltenes Beispiel dafür ist der Burgbrunnen der Augustusburg zwischen Chemnitz und Freiberg. Sein Göpelwerk ist 1568/75 von dem Freiberger Bergmeister MARTIN PLANER erbaut worden, 1831 abgebrannt und wurde danach wohl in der ursprünglichen, noch heute bestehenden Form erneuert. Allerdings zeigt das massiv gemauerte, zweistöckige Brunnenhaus des Schlosses Augustusburg nicht die Architektur der bergmännischen Pferdegöpel.

Das Kammrad an der ſtehenden Welle A. Die liegende Welle B. Das Getriebe C. Die Bremsſcheibe D. Der Seilkorb E. Der Bremsſchuh F. Der zweiarmige Hebel G. Der Bremsklotz H. Der Sturzhaken I.

Abb. 54
Göpelmechanismus mit Kammrad und Getriebe (De re metallica, 1556, AGA VIII, S. 227)

Die Maschinerie des Augustusburger Göpels entspricht mit dem Kammrad von 7,3 m Durchmesser, dem von ihm angetriebenen Stockgetriebe auf der Welle mit den Förderseilen und der Bremsscheibe im Konstruktionsprinzip ganz dem bei AGRICOLA abgebildeten zweiten Göpeltyp, nur daß das große Kammrad, das Stockgetriebe und die Welle mit der Bremsscheibe in AGRICOLAS Darstellung unter dem Göpel untertage angeordnet ist (AGA VIII, S. 225 – 227) (Abb. 54 und 55).

Abb. 55
Getriebe des Brunnengöpels auf der Augustusburg bei Chemnitz, oben das auf der Göpelwelle sitzende waagerechte Kammrad, unten die Brunnenwelle mit dem Stockgetriebe

Göpel waren als Schachtfördermaschinen vom 16. Jahrhundert weit verbreitet (Tabelle 19, Abb. 56 und 57). Sie konnten fast überall angelegt werden, und ihre Tiefenkapazität reichte für die meisten damaligen Schächte aus.

Wassergöpel und Kehrrad

Nur dort, wo Aufschlagwasser verfügbar waren und große Mengen Erz und Gestein aus größerer Tiefe gefördert werden mußten, legte man vom 15. bis ins 19. Jahrhundert Wassergöpel mit Kehrrädern an. Das Kehrrad ist ein Wasserrad mit doppelter, gegenläufiger Beschaufelung und damit in beiden Richtungen drehbar, je nachdem, auf welche Beschaufelung Aufschlagwasser geleitet wird.

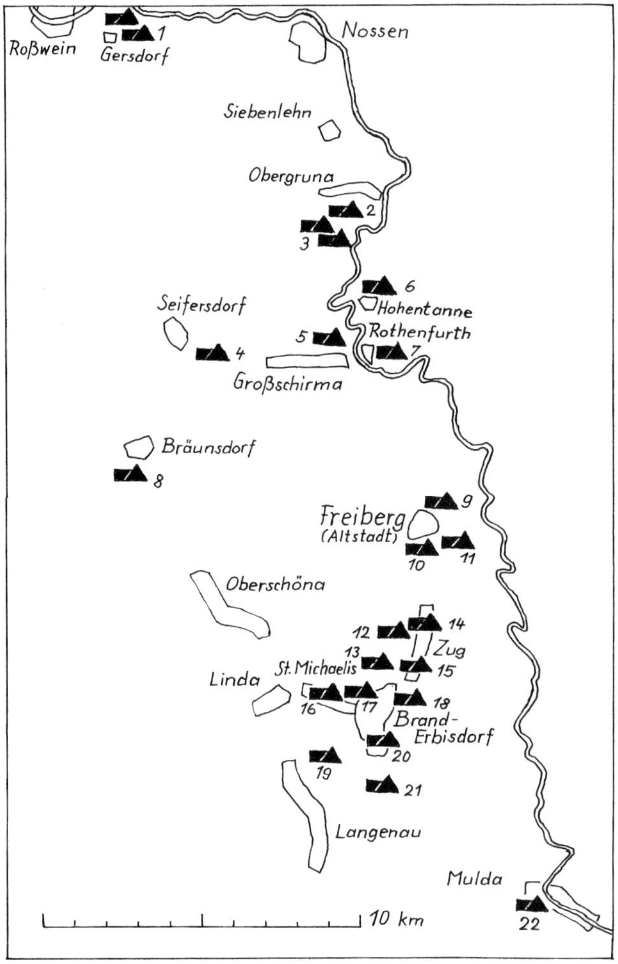

Abb. 56
Pferdegöpel im Freiberger Revier, 18./19. Jahrhundert (eventuell unvollständig). Die Jahreszahlen geben das Baujahr und das Stillegungsjahr bzw. eins von beiden oder (ohne Strich) ein Jahr des Nachweises an

1 Segen Gottes, 1756 – 1853
Wolfgangschacht, 1848 – ...
2 Gesegnete Bergmanns Hoffnung, 1800
3 Alte Hoffnung Gottes (2 Göpel) 1780 – 1790
4 Tiefer Seitenberg-Erbstolln, 1850
5 Churprinz, Schreiberschacht, 1785 – 1795
6 Gottvertrauter Daniel, 1800
7 St. Anna samt Altväter, 1672 – 1752
8 Neue Hoffnung Gottes, 1785
9 Alte Elisabeth, 1808 – 1843
10 Kuhschacht, 1750/1820
11 Thurmhof-Richtschacht, 1853 – 1857
12 Dreibrüderschacht, ca. 1780 – 1824
13 Beschert Glück, Leopoldschacht, 1780 – 1902
14 Hohe Birke, Unterer Göpel
15 Hohe Birke, Oberer Göpel
16 Matthias, 1799 – 1837
17 Vergnügte Anweisung, Hörnigschacht, 1833 – 1881
18 Mordgrube, Mendenschacht, 1815 – 1824
19 Himmelsfürst, Grüne Rose, 1791 –
20 Drei Eichen, Richterschacht, 1854 – 1872
21 Reicher Bergsegen, 1823 – 1844
22 Friedrich August, ... – 1920

Da somit das Wasserrad selbst umsteuerbar war, konnte der Korb für die Förderseile gleich auf der Wasserradwelle selbst angeordnet werden (Abb. 58). Zu dem berühmten Kehrrad-Holzschnitt in »De re metallica« sind noch folgende Erläuterungen zu geben: AGRICOLA beschreibt das Kehrrad als Maschine zum Wasserheben, und so hat er sie sicher auch kennengelernt (AGA VIII, S. 271). Vom Wirkprinzip her lassen sich mit dem Kehrrad natürlich auch Erz und Gestein fördern, und tatsächlich hat der Oberbergmeister PLANER auf der Freiberger Grube »Thurmhof untere 3./4. Maß« schon 1563 ein Kehrrad als Fördermaschine eingebaut.

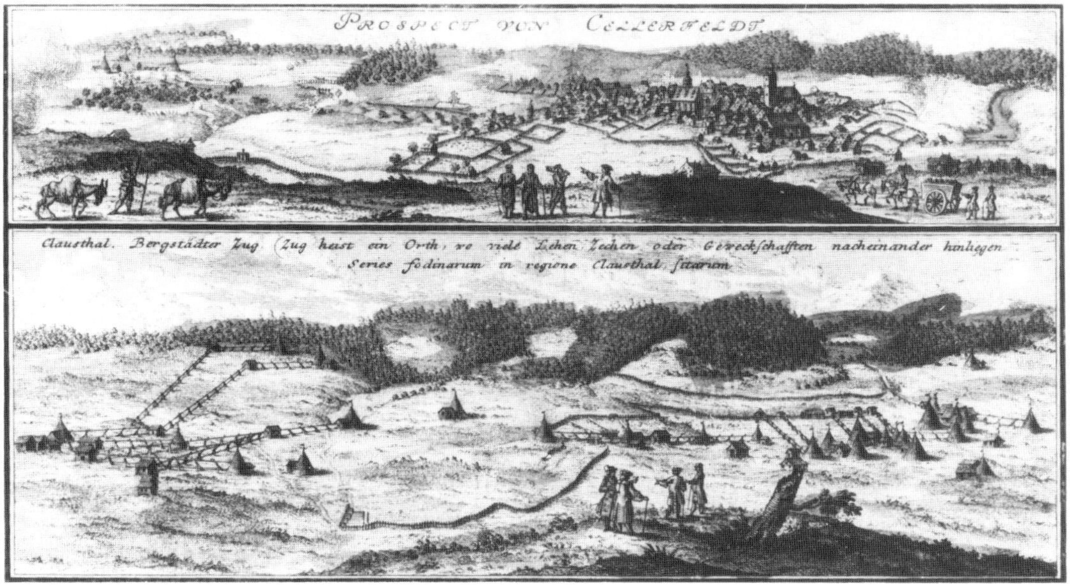

Abb. 57. Burgstädter Zug bei Clausthal/Oberharz, Kupferstich von 1690, mit 25 Pferdegöpeln

Daß diese damals größte Maschine noch in AGRICOLAS Lebenszeit nur zum Wasserheben eingesetzt wurde, ist ein Beispiel dafür, daß im Bergbau neue Maschinen vorrangig für die Wasserhebung, später erst für die Erzförderung eingesetzt wurden. Das betont auch AGRICOLA (AGA VIII, S. 217), und das galt nicht nur für das Kehrrad, sondern 200 Jahre später ebenso für die Dampfmaschine und ist auch verständlich: Das zufließende Wasser bedrohte die Existenz der Grube und mußte schnell und effektiv, meist auch ununterbrochen gehoben werden. Die Erz- und Gesteinsförderung konnte periodisch und zunächst auch mit nicht ganz so effektiver Technik eingerichtet werden.

Eine weitere Erläuterung betrifft den Ort des Kehrrades, das AGRICOLA abbildet. Die Wolken am oberen Bildrand lassen die Maschine als Übertageanlage erscheinen. Dem widerspricht die in den Himmel führende Fahrt (Leiter) und der aus den Wolken herabhängende Kübel, außerdem auch der Text AGRICOLAS, der von einem »ausgebauten Hohlraum« und auch von einem Stolln für die Wasserzuleitung spricht. So liegt die Annahme nahe, daß der Holzschneider AGRICOLAS Vorlagezeichnung mißverstanden hat und dort, wo AGRICOLA Gesteinsschraffur angedeutet hatte (vgl. AGA VIII, S. 270, Abb. 62), aus Versehen Wolken zur Darstellung gebracht hat. Unter der Annahme dieser Interpretation und mit AGRICOLAS Text läßt sich der Holzschnitt aus »De re metallica« leicht zu einem Überblick über die Gesamtanlage komplettieren (Abb. 59).

Der Wasserbehälter A. Das Gerinne B. Die Hebel C, D. Die Gerinne unter den Schützen E, F. Die zwei Schaufelkränze G, H. Die Welle I. Der Kettenkorb K. Die Förderkette L. Die Bulge M. Die hängende Bühne N. Der Maschinenwärter O. Die Arbeiter, welche die Bulgen entleeren P, Q.

Abb. 58
Kehrrad (De re metallica, 1556, AGA VIII, S. 274)

Durch einen höheren Stolln wird Wasser dem Kehrrad zugeleitet. Es wird zum Antrieb des Kehrrades genutzt und fließt mit dem von diesem gehobenen Grundwasser auf dem tieferen Stollen ab. Erz und Gestein werden von tiefer aufgestellten Haspeln bis auf das Stollnniveau gehoben und dann von dort bis übertage von einem übertage aufgestellten Handhaspel. Doch gab es auch übertage Kehrräder. Dann waren sie in eine hölzerne Radstube eingebaut und erhielten ihr Aufschlagwasser über ein aufgeständertes Holzgerinne. Die übertägigen Kehrräder waren aber wohl in der Minderzahl.

Abb. 59. Kehrrad-Holzschnitt in »De re metallica« mit seinem aus der Technik und AGRICOLAS Text abzuleitendem Umfeld
A Schacht, B Stolln, C Aufschlagrösche, D in die Radstube mündender Handhaspelschacht (gezeichnet in der Art der Holzschnitte in »De re metallica«)

Kehrräder vom 16. bis ins 19. Jahrhundert

Vom 16. bis ins 19. Jahrhundert sind Kehrräder vielfach gebaut worden, allerdings in mancher Hinsicht mit technischen Neuerungen. Hauptproblem war dabei, den Wassergöpel so weiterzuentwickeln, daß man auch mit einem untertage eingebauten Kehrrad sogleich bis übertage fördern konnte. Dazu wurden zwei Varianten entwickelt: Im 18. Jahrhundert ordnete man auf der Kehrradwelle Kurbelzapfen an, schloß daran vertikale Gestänge an, ließ diese die Bewegung nach übertage übertragen und dort über Kurbelzapfen den Seilkorb in Drehung versetzen. Die zweite Variante war einfacher und im Prinzip eine Rückkehr zu der von AGRICOLA dargestellten Kehrradanlage: Im 19. Jahrhundert ordnete man die Seilkörbe wieder auf der Wasserradwelle an bzw. kuppelte direkt mit dieser eine Gußeisenwelle mit dem nun auch gußeisernen Seilkorb, führte von ihm die Förderseile im Schacht nach übertage bis zu zwei oben im Förderturm befindlichen Seilscheiben und von diesen dann in den Schacht hinein. Wenn das in der Tiefe befindliche Kehrrad – mit Hebelmechanismen und Seilzügen – von über-

Tabelle 19. Nachweise von jeweils mehreren Pferdegöpel-Förderanlagen in einem Bergrevier (im wesentlichen nach WAGENBRETH 1977, 1990 und ARNOLD 1983)

Jahr	Ort und Revier	Zahl der Göpel
1555	Freiberg	2
1562	Hengst/Böhmisches Erzgebirge	2
1574	Altenberg/Osterzgebirge 40 Gruben, davon mit Göpel	12
1575	Schneeberg/Erzgebirge	2
1581	Clausthal-Zellerfeld	2
1606	Oberharz	15
1606	Rammelsberg bei Goslar	8
1680	Rammelsberg bei Goslar	5
1690	Clausthal-Zellerfeld/Harz	28
1694	Halsbrücke bei Freiberg	2
1696	Kongsberg/Norwegen	8
um 1700	Windschacht bei Schemnitz	19
vor 1715	Schneeberg	39
1725	Clausthal-Zellerfeld: Burgstätter Zug	22
1738	Rammelsberg bei Goslar	4
um 1750	Schlaggenwald/Böhmen	3
1771	Schemnitz/Slowakei	16
1784	Schneeberg/Erzgebirge	5
1792	Freiberg	20
1826	Freiberg	13
	Erzgebirge	12
1862	Mansfelder Revier	8
1870	Freiberg	9
	Erzgebirge	9
1900	Freiberg	1
	Erzgebirge	1

tage aus in Bewegung gesetzt wurde, wickelte sich ein Förderseil auf dem Seilkorb auf und zog – über die Seilscheiben im Förderturm gelenkt – die Fördertonne hinauf bis in den Förderturm. Eine solche Kehrradanlage wurde 1856 in der Roten Grube in Freiberg in etwa 85 m Tiefe eingebaut, war bis 1944 in Betrieb und ist zum Teil heute noch erhalten. Wenn auch der Seilkorb und seine Welle aus Gußeisen bestehen, so war das Kehrrad der Roten Grube in den Abmessungen (Tabelle 20) und mit seiner Holzkonstruktion dem von AGRICOLA abgebildeten Kehrrad so ähnlich, daß es fast als Original zu diesem gelten kann (Abb. 60). Es wird erwogen, die Kehrradanlage der Roten Grube zu restaurieren, zumal das Rad dem Besucher, mit dem dort auf dem Alten Fürstenstolln zufließenden Wasser beaufschlagt, in Bewegung vorgeführt werden kann.

Tabelle 20. Abmessungen und Daten der in Deutschland erhaltenen Kehrradanlagen im Vergleich zu dem von AGRICOLA beschriebenen Kehrrad (Zahlen in Klammern: geschätzt)

Grube/Ort	Bei AGRICOLA VIII, S. 271	Rote Grube/ Freiberg	Rammelsberg/Goslar	Samson/ Andreasberg	19-Lachter-Stolln/Wildemann
Kehrrad					
Durchmesser	10,2 m	10,6 m	8,64 m	9 m	9 m
Breite	(1 m)	2,45 m	1,50 m	1,86 m	2 m
Stärke der Welle	0,57 m	0,72 m	0,60 m	0,20 m	0,60 m
Seilkörbe					
Durchmesser	1,13 m	3,00 m	2,62 m	2,80 m	2,90 m
Breite	(2 m)	1,53 m	1,50 m	2 x 0,98 m	1,53 m
Material	Holz	Gußeisen	Holz	Holz	Gußeisen
Lage des Kehrrades	untertage	untertage 80 m tief	untertage unter Röderstolln	übertage 41,5 m vom Schacht entfernt	untertage am Ernst-August Blindschacht (60 m tief)
Tiefe des Schachtes	(100 m)	258 m	1853: 205 m 1907: 230 m	810 m	261 m
Erstes Kehrrad an dieser Stelle	–	1856	1804	um 1565	um 1862
Baujahr des jetzigen Kehrrades	–	1856	1804 (mehrfach erneuert)	1860	um 1890
In Betrieb bis	–	1944	1910	1910	1914
Konstruktionsmerkmale	Seilkorb auf Kehrradwelle, separate Bremsscheibe	Seilkorb auf Kehrradwelle, Bremse wirkt auf mittleren Radkranz	Seilkörbe 17 m über Kehrrad, Kraftübertragung mit Gestänge	Seilkorb auf Kehrradwelle, Bremse mit separater Bremsscheibe	Seilkorb auf Kehrradwelle

Erhaltene Kehrräder und Kehrradstuben

Kehrräder, die jedoch mehr oder weniger stark erneuert sind, können zur Zeit untertage im Rammelsberg bei Goslar und in einer übertägigen Radstube an der Grube Samson in Andreasberg/Oberharz besichtigt werden. Das Kehrrad von Samson (Abb. 61) liegt 41,5 m abseits vom Schacht, so daß die Förderseile durch eine ebensolange Seilbrücke zu den über dem Schacht liegenden Seilscheiben geleitet werden.

Abb. 60
Blick von unten an das Kehrrad in der Roten Grube in Freiberg, zwischen drei hölzernen Radkränzen zwei gegenläufige Beschaufelungen aus Eisenblech

Von dem 1846/47 in die Reiche Zeche bei Freiberg eingebauten und bis 1887 benutzten Kehrrad ist die 14 m hohe, 13 m lange und 2,3 m breite, aus Bruchsteinmauerwerk sorgfältig hergestellte Radstube erhalten und bei einem Besuch des Schaubergwerkes zu besichtigen.

Von den Kehrrädern der Agricola-Zeit bis zu den wenigen heute noch erhaltenen reihen sich in vielen Bergrevieren zahlreiche Wassergöpel zu einer kontinuierlichen Entwicklungslinie (Tabelle 21).

Die in der maschinentechnischen Entwicklung auf die Kehrräder seit dem 18. Jahrhundert folgenden Dampffördermaschinen haben keine Wurzel in der von AGRICOLA beschriebenen Technik.

Handgöpel und Tretrad

Zwei von AGRICOLA beschriebene und abgebildete Maschinen sind hier noch zu nennen, obwohl sie im Bergbau weniger wichtig waren und ihre Bedeutung in anderem Zusammenhang erlangt haben: Der Handgöpel und das Tretrad.

Abb. 61
Kehrrad der Grube Samson bei St. Andreasberg im Harz

Der Handgöpel entspricht konstruktiv genau dem Pferdegöpel, nur daß nicht Pferde angespannt sind, sondern Menschen, die die aus der Göpelwelle seitlich herausragenden Stangen schieben. Solche Handgöpel hat es bis ins 19. Jahrhundert zahlreich gegeben, auch im Bergbau, vor allem aber bei Lastenaufzügen in Speichern und Türmen sowie zum Ausziehen des Gestänges aus Bohrlöchern. AGRICOLA bildet eine Art Handgöpel ab, bei dem die Bergleute aber nicht im Kreise laufen, wie sonst bei Handgöpeln nötig, sondern die Göpelwelle mittels einer an dieser befestigten horizontalen Tretscheibe bewegen (AGA VIII, S. 221).

Erhalten sind keine Handgöpel in der von AGRICOLA abgebildeten Art, wohl aber einige des normalen Typs, so einer auf dem Kunstgrabenschacht der ehemaligen Saline Sulza bei Apolda und einer im Nikolaiturm in Görlitz.

Das Tretrad ist eine Kraftmaschine, die zu verschiedenen Zwecken angewandt wurde. AGRICOLA zeigt welche, in denen Menschen laufen (Abb. 62), zum Antrieb von Wasserkünsten (AGA VIII, S. 237 und 270).

Tabelle 21. Kehrräder im europäischen Bergbau (Beispiele), vergleiche auch Tabelle 20
(B) Baujahr, sonst Jahr der urkundlichen Nennung

Jahr	Revier	Grube	Bemerkungen
1480/90	Kremnitz (Kremnica/ Slowakei)	?	vermutlich erstes Kehrrad, von JOHANN THURZO?
1554 (B)	Schwaz/Tirol	Erbstolln	2 Kehrräder nebeneinander untertage, ca. 5 bis 7 m Durchmesser
um 1555	Joachimsthal	Grube bei Abertham	Kehrrad zur Hebung von Wasser aus 140 m Tiefe (nach MATHESIUS)
1563 (B)	Freiberg	Thurmhof 3./4. Maß	erstes Kehrrad bei Freiberg, von MARTIN PLANER
1686 (B)	Ilmenau	Gottesgabe	in Gefälle zwischen Unterem Berggraben und Ilm-Stolln untertage
1696/99 (B)	Altenberg/ Erzgebirge	Saustaller Schacht Kreuzer Schacht	2 Kehrräder, das vom Kreutzerschacht bis 1844
1698	Falun/Schweden	?	Kehrrad mit Gestänge, übertage
1727 (B)	Kongsberg/ Norwegen	Segen Gottes	betrieben bis 1781
1734 (B)	Kongsberg/ Norwegen	?	Kehrrad mit Gestänge
1730/37	Ilmenau	?	Gruben an der Sturmheide: 2 Kehrräder
1743	Schemnitz (Banská Štiavnica)	Siglisberger Schacht	von SAMUEL VON MIKOVINY
1766	Schemnitz	Magdalenäschacht	Kehrrad, ca. 12 m hoch, mit Spiralkorb von etwa 4 m Durchmesser
		Karlschacht	Förderung wahlweise aus beiden etwa 300 m tiefen Schächten, erbaut von MATTHÄUS ZIPSER
1766	Schemnitz	Spitalerschacht	Kehrrad, ca. 10 m hoch, mit Spiralkorb von etwa 4 m Durchmesser, fördert aus etwa 200 m Tiefe
1772/73 (B)	Marienberg/ Erzgebirge	Jung Fabian Sebastian	Kehrrad übertage am Schlettenbach, 600 m Gestänge bis zum Schacht, erbaut von J. F. MENDE
1785/86 (B)	Ilmenau	Johannesschacht	Bergbau von Goethe geleitet, Kehrrad übertage
1785 (B)	Freiberg	Neue Hoffnung Gottes	Kehrrad 12 m hoch, erbaut von J. F. MENDE

Tabelle 21 (Fortsetzung)

1786 (B)	Annaberg	Marcus Röhling	Kehrrad untertage, von J. F. MENDE, 1841 neu
1785/87 (B)	Freiberg	Beschert Glück	Kehrrad in 118 m Tiefe, 11,34 m hoch, 1,84 m breit
1788 (B)	Freiberg	Junge Hohe Birke	Kehrrad übertage, von J. F. MENDE, bis 1870 betrieben
1781/90 (B)	Freiberg	Himmelsfürst	Kehrrad untertage, mit Gestänge wahlweise auf 2 Schächte, von J. F. MENDE
1789/90 (B)	Freiberg	Alte Hoffnung Gottes	Kehrrad untertage, 9,2 m hoch, Seilkörbe 2,55 m Durchmesser, von J. F. MENDE, Schachtgebäude erhalten
1789/91 (B)	Mansfeld	Neue Hütte bei Creisfeld	zwischen Glückaufstolln und Froschmühlenstolln, Kehrrad untertage
1795 (B)	Freiberg	Churprinz	Kehrrad untertage, 9 m hoch, Seilkörbe 2,36 m Durchmesser, bis 1864 betrieben
1801	Johanngeorgenstadt	Frisch Glück	Kehrrad untertage, 7,7 m hoch, Seilkörbe 1,9 m Durchmesser, Schacht 309 m tief
1823/24 (B)	Freiberg	Dreibrüderschacht	Kehrrad in 140 m Tiefe, 9 m hoch, bis 1913 betrieben
1829	Freiberg	Abrahamschacht	Kehrrad in 73 m Tiefe, 10,2 m hoch, 1,1 m breit, Welle 0,65 m stark
1836/37 (B)	Freiberg	Abrahamschacht	neues Kehrrad: 11,32 m hoch, mit Gestänge, Seilkorb übertage, 3,16 m Durchmesser
1839	Freiberg	Matthias	Kehrrad in 25 m Tiefe, 12,47 m hoch
1848 (B)	Freiberg	4. Lichtloch des Rothschönberger Stollns	Kehrrad übertage, betrieben bis 1873
1850 (B)	Altenberg	Römerschacht	Kehrrad untertage, betrieben bis 1907
1852/53 (B)	Schneeberg	Weißer Hirsch	Kehrrad untertage, 13,44 m hoch (vermutlich größtes Kehrrad in Sachsen)
1863 (B)	Freiberg	Ludwigschacht	Kehrrad untertage, 10 m hoch, letztes in Sachsen gebautes Kehrrad

Vom 16. bis ins 19. Jahrhundert wurden Treträder oft zum Fördern von Wasser aus tiefen Burgbrunnen benutzt, allerdings nicht mit den von AGRICOLA dargestellten Mechanismen, sondern mit Kübeln am Seil, das sich einfach auf der verlängerten Tretradwelle aufwickelte.

Die Wellen A. Das Tretrad B. Das Zahnrad C. Das Getriebe D. Der Kettenkorb E. Das andere Rad F. Die Bälle G.,

Abb. 62
Heinzenkunst mit Antrieb durch ein Tretrad (De re metallica, 1556, AGA VIII, S. 270)

Solche Brunnen-Treträder sind heute z. B. auf der Conradsburg bei Aschersleben und auf der Wachsenburg bei Arnstadt zu besichtigen (Abb. 63). Mit dem 4 m hohen und 1,2 m breiten Tretrad auf der Conradsburg, in dem Esel liefen, wurde Wasser aus etwa 70 m Tiefe, mit dem auf der Wachsenburg Wasser aus 93 m Tiefe gehoben. Der 1651 bis 1659 abgeteufte Brunnen der Wachsenburg wurde bis 1912 zur Wasserversorgung der Burg benutzt. In dem 4 m hohen Rad liefen zwei Menschen und zwei Bernhardinerhunde und förderten in einer halben Stunde einen Kübel mit 140 l Wasser.

Abb. 63. Bis 1912 zur Wasserförderung aus dem 1651/1659 gebauten Brunnen benutztes Tretrad der Wachsenburg bei Arnstadt in Thüringen

Treträder benutzte man seit dem Mittelalter auch zum Antrieb von Lastenaufzügen, vor allem bei Kirchenbauten, sowie zum Antrieb von Kränen, so z. B. im Krantor von Danzig, und im 19. Jahrhundert zum Ziehen von Bohrgestängen aus Tiefbohrungen. In manchen Kirchtürmen, z. B. in Stralsund, sind Treträder heute noch zu sehen, ebenso in den Kränen von Bingen und Andernach am Rhein, Trier an der Mosel, Würzburg und Marktbreit am Main und in Lüneburg.

Wasserhaltung

Stolln für die Grubenentwässerung

Bald nach dem Beginn eines Bergbaus muß auch das aus Klüften und Poren des Gesteins zufließende Wasser aus den Gruben beseitigt werden. Zuerst hat man wohl das Wasser mit Eimern ausgeschöpft. Bald trieb man von benachbarten Tälern Stolln fast waagerecht, d. h. mit ganz geringem Ansteigen, so in Richtung auf die Gruben vor, daß das Wasser aus diesen abfloß, sobald der Stolln mit den Gruben durchschlägig wurde. Zu AGRICOLAS Zeit existierten Stolln schon in allen bedeutenden Bergrevieren (Tabelle 22).

Tabelle 22. Große Wasserlöse-Stolln bei Freiberg, im Erzgebirge und im Harz aus der Zeit bis 1560.

Revier	Name des Stollns	Baubeginn bzw. Bauzeit	Gesamtlänge[1] in km	Maximale Tiefe unter Gelände in m	Bauzeit des jetzigen Mundlochs
Freiberg	Alter Tiefer Fürstenstolln	vor 1384	10	130	um 1620
	Hohbirker Stolln	vor 1516	3	50	nicht erhalten
	Brandstolln	vor 1467	5	50	nicht erhalten
	Thelersberger Stolln	vor 1526	6,7	100	um 1820
	Anna Stolln	vor 1470	5	50	18. Jh.
Altenberg	Zwitterstocks Tiefer Erbstolln	1491 – 1545	1,9	160	um 1955
Zinnwald	Tiefer Bünaustolln	um 1550	1,4	82	um 1920
Ehrenfriedersdorf	Tiefer Sauberger Stolln	1536 – 1570	2,3	110	um 1925
Schneeberg	Marx-Semler-Stolln	1503	7,7	206	1841
	Griefner Stolln	um 1490	3	79	1850/52
Annaberg	Bierschnabelstolln	um 1493 – 1560	4,5	165	nicht erhalten
	Reitzensteiners Stolln	um 1493 – 1570	1,7	115	nicht erhalten
	Dorotheastolln	um 1500 – 1560	1,5	145	1853
Marienberg	Gläserstolln	1522 – 1550	0,75	80	19. Jh.
	Weißtaubner Stolln	1523 – 19. Jh.	8,4	130	1820
	Felberstolln	1529	4,1	120	nicht erhalten
Goslar	Rathstiefster Stolln	um 1140	über 1	330	um 1820
	Julius-Fortunatus-Stolln	1486 – 1585	2,2	375	vermutlich 1810/20
Andreasberg	St. Johannisstolln	1529	1,15	115	nicht erhalten
	Spötterstolln	1536	1,23	85	(Fels)
Clausthal-Zellerfeld	Fürstenstolln	1540 – 1554	1,1	44	

[1] Die Gesamtlänge umfaßt auch Vortrieb nach der Agricola-Zeit, ohne Verzweigungen

Tabelle 22 (Fortsetzung)

	Frankenscharrner Stolln	1548	8,5	73	
Wildemann	Tiefer Wildemann-Stolln (= 13-Lachter-Stolln)	1524	8,9	140	1828
	19-Lachter-Stolln	1535 - 1551	8,8	115	1887
Lauenthal	Tiefer Sachsenstolln	1549	1		
Schwaz (Tirol)	Sigmundstolln	1491	0,8	700 ... 800	1990

Die meisten dieser großen Stolln sind heute noch vorhanden. Allerdings stammt die jetzige Mundlochmauerung überall aus jüngerer Zeit. Das älteste erhaltene Stollnmundloch ist wohl das mit 1592 datierte des für den Bergbau von Ilmenau vorgetriebenen Martinrodaer Stollns.

Wasserknechte und erste Wasserhebemaschinen

Rückte der Bergbau in die Tiefe bis unter die Stollnsohle vor, so mußte aus den Tiefbauen das Wasser auf den Stolln gehoben werden, auf dem es dann abfließen konnte. Das Heben des Wassers bis auf den Stolln erfolgte zuerst durch Wasserknechte, die die im Tiefsten mit Wasser gefüllten Eimer von Mann zu Mann nach oben weiterreichten, bis der oberste die Eimer in das Stollngerinne ausgießen konnte. Je nach den Wasserzuflüssen waren in einer Grube 10 bis 400 Wasserknechte tätig. Weil das Wasser ständig bis auf den Stolln gehoben werden mußte, suchte man schon zeitig dafür Maschinen einzuführen. Schon lange vor der Zeit AGRICOLAS boten Mechaniker Erfindungen dafür an, erhielten Vorschuß für den Bau ihrer Maschine, erfüllten aber oft genug nicht die Erwartungen – oder sie nutzten die Dringlichkeit des Einbaus von Wasserhebemaschinen überhaupt betrügerisch durch falsche Versprechungen und Ankündigungen aus. Solche Hoffnungsträger für die Bewältigung des Grubenwassers waren NICLAS STAUDE aus Nürnberg, der 1473 den Auftrag zum Bau einer Wasserhebemaschine im Schneeberger Bergbau erhielt, GEORG STREUBEL, der 1478 in einer Schneeberger Grube die »alte Kunst« baute, und PETER FELTISHEIM aus Danzig, der 1482 mit seiner Schneeberger Wasserhebemaschine allerdings keinen Erfolg hatte. Technische Details dieser Anlage sind nicht überliefert, doch dürfte es sich dabei um Kannenwerke oder Heinzenkünste gehandelt haben, wie sie von AGRICOLA beschrieben werden (VIII, S. 234 – 238, 259 – 270).

Becherwerke

Becher- oder Kannenwerke bestanden aus endlosen Ketten mit angeschlossenen Bechern oder Kannen aus Metall oder Holz, die unten im Schacht jeweils etwa 1 Liter Wasser schöpften und es beim Lauf über die oben befindliche Antriebswelle ausschütteten. Als Antrieb der Becherwerke zeigt AGRICOLA Handkurbel, Tretrad und Wasserrad, nennt aber keine Leistung dieser Maschinen, weder hinsichtlich Fördermenge noch hinsichtlich Schachttiefe. Eine Überschlagsrechnung läßt vermuten, daß mit einem zweimännischen Tretrad etwa 1 bis 2 Liter Wasser pro Sekunde aus etwa 30 m Tiefe gehoben werden konnten – mit Handkurbel weniger, mit Wasserrad mehr. So wird AGRICOLAS Hinweis verständlich, das wasserradbetriebene Becherwerk sei weit besser als die anderen (AGA VIII, S. 238). Doch waren im 16. Jahrhundert mit diesen Maschinen weder die zusitzenden (zufließenden) Wassermengen noch die nun an vielen Stellen erreichten Schachttiefen zu bewältigen. Erhalten ist von solchen bergmännischen Becherwerken jener Zeit nichts. Bei »Edle Krone« südlich von Tharandt fand man 1854 bei der Aufwältigung alter Grubenbaue Reste einer Anlage.

In Rammelsberg bei Goslar gehört das um 1360 untertage mit Spitzbogenwölbung eingebaute »Feuergezäher Gewölbe« vermutlich zu einer mit Wasserrad betriebenen Becher- oder Kannenkunst. Becherwerke sind heute in der Technik überhaupt selten geworden. Besichtigen kann man welche mit etwas anderen konstruktiven Details in älteren Mühlen und in der Brikettfabrik Zeitz, die – 1889 erbaut – die älteste erhaltene Brikettfabrik ist und als einzige noch Becherwerke besitzt.

Heinzenkünste

Heinzenkünste (vgl. Abb. 62) waren endlose Ketten, denen mit etwa 1,7 m Abstand mit Roßhaar prall gefüllte Lederbälle zwischengeschaltet waren. Als Antriebe der Heinzenkünste findet man bei AGRICOLA Handkurbel (AGA VIII, S. 267, 268), Tretrad (VIII, S. 270), Pferdegöpel (AGA VIII, S. 265) und Wasserrad (AGA VIII, S. 261). Angetrieben durch diese Mechanismen, wurde die aufwärts gehende Seite der endlosen Kette durch ein Rohr gezogen, dessen unteres Ende im Schachttiefsten im Wasser stand. Die in dem Rohr aufwärts gezogenen Lederbälle lagen dicht an der Rohrwandung an und hoben so die über ihnen stehende, je 1,7 m hohe Wassersäule in dem Rohr bis an dessen oberes Ende empor, wo das Wasser aus dem Rohr in den Stolln ausgegossen wurde. So plausibel das Wirkprinzip der Heinzenkunst auch ist, sie hatte einen grundsätzlichen Nachteil, der technisch nicht zu beseitigen war: Sie hob das Wasser nur, wenn die Lederbälle dicht an der Rohrwandung liefen. In diesem Fall aber war die Reibung groß und der Wirkungsgrad klein. Liefen die Lederbälle weniger dicht, die Maschine insgesamt also leichter, lief das Wasser zwischen Rohrwand und Lederball wieder nach unten und wurde nicht gehoben. Als maximale Schachttiefen, die mit Heinzenkünsten entwässert werden können, nennt AGRICOLA bei Handkurbelantrieb 13,6 m (AGA VIII, S. 265), bei Antrieb mit Tretrad (vgl. Abb. 62) 18,7 m (AGA VIII, S. 269), bei einem 6,8 m hohen Wasserrad 59,5 m und bei einem 8,5 m hohen Rad 68 m (AGA VIII, S. 260). Eine Heinzenkunst mit Göpelantrieb durch 32 Pferde soll nach AGRICOLA auch Wasser aus 68 m Tiefe heben können (AGA VIII, S. 263). In Schemnitz (heute Banská Štiavnica/Slowakei) ist angeblich mit drei Heinzenkünsten untereinander Wasser aus 187 m Tiefe gehoben worden (AGA VIII, S. 264), doch war das wohl eine Ausnahme. An sich war die Heinzenkunst nicht geeignet, Wasser aus größeren Tiefen zu heben, zumal jeder Antrieb nur eine solche endlose Kette betätigen konnte, unter der Stollnsohle also nur Handkurbel oder Tretrad als wenig leistungsfähige Antriebe einzusetzen waren.

Das Ehrenfriedersdorfer Kunstgezeug

Gelöst wurde das Problem der Wasserhebung mit der Weiterentwicklung der uralten, auch von AGRICOLA dargestellten Kolbenpumpe. Diese war schon in der Antike bekannt und ist noch heute als Handschwengelpumpe auf Bauernhöfen zu finden. AGRICOLA bildet sie auch in verschiedenen Varianten des Handantriebes als Wasserhebemaschinen im Bergbau ab (AGA VIII, S. 241, 243, 244). Drei nebeneinander gestellte Kolbenpumpen sollen das Wasser mit Handantrieb etwa 7 m, mit Wasserradantrieb aber aus einem etwa 31 m tiefen Schacht heben.

Kolbenpumpen mit Handantrieb wurden im Bergbau des Erzgebirges noch im 19. Jahrhundert eingesetzt, so 1849 in der Grube »Unverhofft Glück an der Achte« bei Schwarzenberg, 1851 auf »Krönung Fundgrube« bei Annaberg und um 1852/54 im »Michaelis« bzw. »Morgenstern Erbstolln« bei Dippoldiswalde.

Die Aufgabe, mittels Kolbenpumpen das Wasser aus größerer Tiefe zu heben, erfüllte schließlich das Kunstgezeug, das von AGRICOLA »die Ehrenfriedersdorfer Radpumpe« genannt wurde und nach ihm (AGA VIII, S. 252) und einem von H. WILSDORF entdeckten, nur handschriftlich erhaltenen Flugblatt um 1539/40 in Ehrenfriedersdorf von Steiger HANS WIDMANN erfunden worden ist (Abb. 64). Das Kunstgezeug ist ein System von übereinander stehenden Kolbenpumpen. Es stellt eigentlich nur eine – allerdings geniale – Weiterentwicklung schon vorhandener Technik dar. AGRICOLA hat mehrere Wasserräder abgebildet, die (mit verschiedener Kraftübertragung) nur jeweils eine Kolbenpumpe betätigen (AGA VIII, S. 251, 257). HAND WIDMANN hat von einem Wasserrad mit Kraftübertragung über einen komplizierten Gestängemechanismus drei untereinander stehende Kolbenpumpen antreiben lassen, von denen die jeweils tiefere das Wasser der nächst höheren zuhob. Die unterste Pumpe saugte das Wasser im Schachtsumpf an, die oberste goß es in den Stolln aus. Jede Pumpe war 6,8 m hoch, so daß drei Pumpen das Wasser etwa 20 m hoch heben konnten. Dieser an sich geringen Hubhöhe entsprach das recht kleine, bei AGRICOLA genannte Rad von 4,5 m Durchmesser. Die Kraftübertragung erfolgte durch einen Kurbelzapfen und einen Gestängemechanismus, an den die Kolbenstangen aller drei Pumpen angeschlossen waren. Allerdings mußten die Art des Gestänges und des Anschlusses der Kolbenstangen zu deren Verkanten führen, ein Problem, das sicher nach wenigen Jahren gelöst wurde. AGRICOLA bildet noch eine zweite Variante des Ehrenfriedersdorfer Kunstgezeugs ab, und zwar eins mit jeweils zwei Pumpen nebeneinander und entsprechend langen Wasserkästen (AGA VIII, S. 258), und schreibt: »Da diese Maschine beiderseits Reihen von Pumpen hat, hebt sie sehr viel Wasser« (AGA VIII, S. 257).

MARTIN PLANERS und spätere Kunstgezeuge

Das Ehrenfriedersdorfer Kunstgezeug hat offenbar sehr schnell Verbreitung gefunden. Von 1557 bis 1570 baute der spätere Oberbergmeister MARTIN PLANER in die damals wichtigsten und tiefsten Gruben bei Freiberg insgesamt 38 Kunstgezeuge ein und machte damit über 2 000 Wasserknechte überflüssig, was folgerichtig zu sozialen Spannungen führte.

Der Schacht A. Der unterſte Pumpenſatz B. Der erſte Waſſerkaſten C. Der zweite Pumpenſatz D. Der zweite Waſſerkaſten E. Der dritte Pumpenſatz F. Das Gerinne G. Die verlängerte Radwelle H. Das erſte breite Geſtänge I. Das zweite breite Geſtänge K. Das dritte breite Geſtänge L. Die erſte Kolbenſtange M. Die zweite Kolbenſtange N. Die dritte Kolbenſtange O. Die Drehpunkte P. Die Scheren Q.

Abb. 64
Ehrenfriedersdorfer Kunstgezeug (De re metallica, 1556, AGA VIII, S. 255)

Sehr bald hat man Kunstgezeuge mit mehr als drei Pumpen untereinander gebaut und damit Wasser aus Tiefen heben können, die mit Becherwerk oder Heinzenkunst nicht zu bewältigen waren (Tabelle 23).

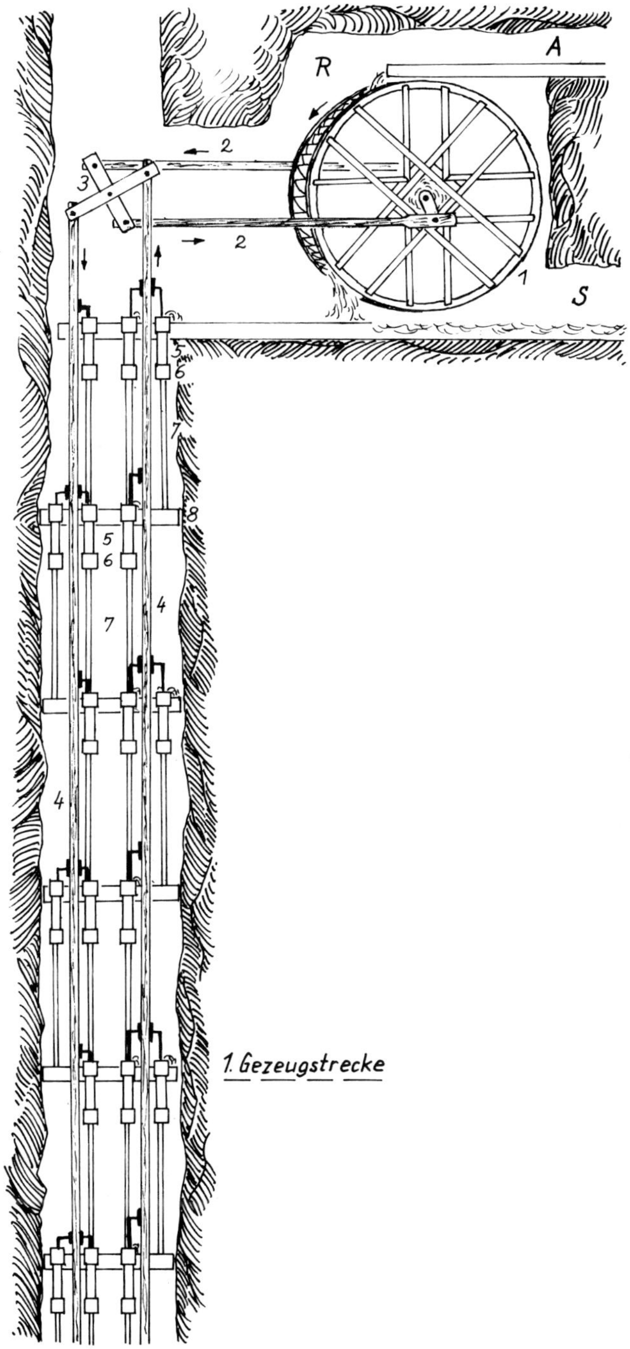

Abb. 65
Schematische Zeichnung eines Kunstgezeugs aus dem 18./19. Jahrhundert mit je drei Pumpen (Kunstsätzen) nebeneinander (alternierend 1 + 2, 2 + 1)

A Aufschlagrösche
R Radstube mit Kunstrad *1*
S Stolln
2 Streckengestänge
3 Kunstkreuz
4 Schachtgestänge (nun einfacher als bei AGRICOLAS Bild)
5 Pumpenzylinder mit Ausguß oben
6 Ventilstöcke
7 Saugrohre
8 Wasserkasten

Etwa 40 m unter dem Stolln (= 4 Pumpensätze) liegt die »1. Gezeugstrecke«, 40 m tiefer die »2. Gezeugstrecke« usw.

Tabelle 23. Kunstgezeuge des 16. bis 19. Jahrhunderts, Beispiele meist aus dem Freiberger Bergbau
(B) Baujahr, sonst Jahr der Beschreibung. Quellen: Literatur, Bergmännische Spezimina im Altbestand der Bücherei der Bergakademie Freiberg, Grubenrisse im Hauptstaatsarchiv, Außenstelle Freiberg (Bergarchiv)

Grube, Revier	Jahr	Kunstrad Durchmesser in m	Pumpensätze Gesamtzahl	Anordnung der Pumpen		Schachttiefe (m unter Stolln) bzw. Kunstgezeug hebt von ... bis (in m)
				nebeneinander	untereinander	
Ehrenfriedersdorf	1535	1. 4,25	3	1	3	20
(nach AGRICOLA)		2. 4,25	4	2	2	15 (?)
Elias, Joachimsthal (nach MATHESIUS 1564)	um 1550	12	2	1	2	20 (?)
Thurmhof, Freiberg	1608	1. 4	10	2 2	3 2	60
		2. 21,5 (?)	15	1	15	260
		3. 7,9	12	1	12	260
		4. 7,9	10	1	10	230
		5. 7,9	6	2	3	60
		6. 7,9	3	1	3	60
		7. 9,9	4	1	4	60
		8. 7,9	4	1	4	60
		9. 7,9	9	1	9	150
Erzengel Gabriel,	1661	1.	7	1	7	ca. 70
Zellerfeld		2.	7	1	7	ca. 70
St. Johannes, Zellerfeld	1661	1.	8	1	8	ca. 80
		2.	8	1	8	ca. 80
Windgöpel, Zellerfeld	1661	1.	9	1	9	ca. 90
		2.	9	1	9	ca. 90
Weißer Schwan,	1661	1.	12	1	12	ca. 120
Zellerfeld		2.	12	1	12	ca. 120
Thurm-Rosenhof, Claus-	1693	1. max. 12	20	1	max. 20	ca. 200
thal (nach RÖSLER 1700)	1700	2.		max. 4	4	ca. 70
Kunstschacht Schwaz	um 1700	ca. 12	20	3 2	6 1	ca. 210
Catharina, Johanngeorgenstadt	1714	ca. 8	3	1	3	ca. 30

Tabelle 23 (1. Fortsetzung)

Windgöpel, Zellerfeld	1717	1.	7,5	14			
		2.	7,0	15			
Weißer Schwan, Zellerfeld	1717	1.	8,0	10			
		2.	7,5	12			
		3.	8,0	14			
		4.	8,0	14			
Spießwecken, Marienberg	1739	?		7	1	7	ca. 70
Kuhschacht, Freiberg	1753	1.	10,8	5	1	5	53
		2.	10,8	11	1	11	80
		3.	6,2	5	1	5	53
		4.	6,2	9	1	9	45
Churprinz, Freiberg	1754	1.	8,8	15	2	6	138
					1	3	
		2.	8,8	21	2	10	185
					1	1	
		3.	12,4	8	2	1	125
					1	6	
		4.	12,4	21	2	10	190
					1	1	
		5.	13,5	9	1	9	150
Rammelsberg, Goslar (nach CANCRINUS)	1767	1.	7,7	5	2	2	ca. 80
					1	1	
		2.	7,36	15	2	7	
					1	1	
		3.	6,8	8	2	4	
Samson, Andreasberg (nach CANCRINUS)	1767		8,5	10–20			
Annaberg (nach CANCRINUS)	1767		7–8,5	8–10			
Michaelis Maßen Schneeberg	1774		ca. 10	9	1	9	ca. 75
Geyersches Stockwerk Geyer	1775		10	10	1	10	100
Churprinz, Freiberg	1787	1.	13,5	7	1	7	240 ... 170
		2.	12,7	14	2	6	170 ... 80
					1	2	
		3.	12,7	21	2	10	80 bis Stolln
					1	1	

Tabelle 23 (2. Fortsetzung)

Grube, Revier	Jahr	Kunstrad Durchmesser in m	Pumpensätze Gesamtzahl	Anordnung der Pumpen nebeneinander	Anordnung der Pumpen untereinander	Schachttiefe (m unter Stolln) bzw. Kunstgezeug hebt von ... bis (in m)
Johannesschacht, Ilmenau	1791	1. 9	14	2	7	130
		2. 12,3	14	2	7	
		3. 12,3	14	2	7	
		4. 12,5	14	2	7	
Gottvertrauter Daniel Freiberg	1796 (B)	11,4	8	1	8	80
Palmbaum, Marienberg	1797	1. 11,4	2	1	2	
		2. 11,4	10	1	10	154
Junge Hohe Birke, Freiberg	1797	11,9	29	1	29	280
Neuer Morgenstern, Freiberg	1797	11,3	16	2	8	81,5
Alte Hoffnung Gottes, Freiberg	1801	1. 9,2	26	2	12	
				1	2	240 ... 60
		2. 9,2	6	1	6	60 bis Stolln
Neue Hoffnung Gottes, Freiberg	1801	1. 11,4	28	2	11	177
				1	6	
		2. 11,4	27	2	7	200
				1	13	
Prophet Samuel, Freiberg	1802	12,5	10	1	10	100
Jung Himmlisch Heer, Freiberg	1805	11,4	16	2	8	80
Komm Sieg mit Freuden, Freiberg	1805	11,4	10	1	10	90
Abrahamschacht, Freiberg	1805	12,5	19	1	19	170
Neue Hoffnung Gottes, Freiberg	1806	11,9	43	2	19	244
				1	5	
Beschert Glück, Freiberg	1808	1. 11,3	24	1	24	351 ... 184
		2. 10,8	17	1	17	184 ... 65
		3. 10,8	18	2	6	65 bis Stolln
				3	2	
		4. 10,4	15	2	3	93 bis Stolln
				1	9	

Tabelle 23 (3. Fortsetzung)

Churprinz, Freiberg	um 1820	1.	11,5	33	2	4	380 ... 126
					1	25	
		2.	11,0	9	2	4	126 ... 76
					1	1	
		3.	11,0	12	2	6	76 bis Stolln
Alte Elisabeth, Freiberg	1832		11,48	19	1	19	280 ... 120
Abrahamschacht, Freiberg	1834		12,47	26	1	26	260
Churprinz, Freiberg	1834	1.	12,47	37	2	16	380 ... 160
					1	5	
		2.	11,9	23	2	10	160 ... 60
					1	3	
		3.	11,9	15	2	5	60 bis Stolln
					1	5	
Neuer Morgenstern,	1834	1.	9,8	12	1	12	260 ... 140
Freiberg		2.	?	?		4	140 ... 100
		3.	11,34	18	2	8	100 bis Stolln
					1	2	
Dreibrüderschacht,	1836/37		11,34	23	2	11	126
Freiberg					1	1	
Himmelsfürst, Freiberg	1837	1.	11,9	16	3	2	280
					2	5	
		2.	11,9	22	1	22	
		3.	13,60	15	1	15	
		4.	11,34	12	2	6	
Neuer Morgenstern,	1840	1.	10	12	1	12	260 ... 140
Freiberg		2.	10,35	20	2	10	160 bis Stolln
		3.	10,68	18	3	6	160 bis Stolln
Abrahamschacht, Freiberg	1840/41		12,5	30	1	30	327
Kröner, Freiberg	1840/41		10,9	32	1	32	343
Beschert Glück, Freiberg	1845/46		12,5	30	1	30	300
Röschenschacht	1845/46	1.	12,5	24	1	24	440 ... 160
		2.	12,5	9	1	9	160 ... 120
		3.	12,5	15	2	3	120 bis Stolln
					1	9	
Churprinz, Freiberg	1848/49	1.	12,5	56	3	8	380 ... 200
					2	14	
					1	4	

Tabelle 23 (4. Fortsetzung)

Grube, Revier	Jahr	Kunstrad Durchmesser in m	Pumpensätze Gesamtzahl	Anordnung der Pumpen nebeneinander	Anordnung der Pumpen untereinander	Schachttiefe (m unter Stolln) bzw. Kunstgezeug hebt von ... bis (in m)
Churprinz, Freiberg	1848/49	2. 11,9	28	3	6	200 ... 80
				2	4	
				1	2	
		3. 11,9	30	3	10	100 bis Stolln
Davidschacht, Freiberg	1860	1. 11,34	26	1	26	380 ... 160
		2. 11,34	22	1	4	160 ... 120
				2	9	80 bis Stolln
		3. 11,34	8	2	4	120 ... 80

Schon AGRICOLA stellt dar, wie das Wasser bei größeren Fallhöhen zwei Wasserräder untereinander antreibt (AGA VIII, S. 257, 413). Auf einem Grubenriß vom »Thurmhof-Gangzug« bei Freiberg aus der Zeit um 1600 sind bereits drei Wasserräder untereinander eingetragen, deren größtes 13 Pumpen antreibt.

Bis 13 m hohe und entsprechend leistungsstarke Wasserräder und ein Gewichtsausgleich durch beiderseits angeschlossene, alternierend zu hebende Gestänge oder durch Gegengewichte erlaubten im 19. Jahrhundert den Bau und Betrieb von Kunstgezeugen mit 20 und mehr Pumpen untereinander. Konstruktionsdetails wurden verbessert und vereinfacht, so die eisernen Kurbelzapfen und die nun gerade durchgehenden Holzgestänge, an denen Winkeleisen für das Anhängen der Kolbenstangen befestigt waren (Abb. 65). Die Saug- und Hubrohre sowie die Pumpenzylinder wurden im 19. Jahrhundert mancherorts noch aus Holz, oft aber aus Gußeisen gefertigt. Nur die Ventilgehäuse zwischen Saugrohr und Zylinder waren auch dann noch aus Holz.

Das Wirkprinzip des Ehrenfriedersdorfer Konstgezeuges aber blieb trotz dieser technischen Neuerungen in den Details bis ins 20. Jahrhundert erhalten und weit verbreitet (Tabelle 24). Auch die im 18. Jahrhundert eingeführten »hohen Sätze« änderten nicht das Prinzip, sondern vergrößerten nur die Hubhöhe einer Pumpe, indem man die Pumpe nicht sogleich über dem Kolben ausgießen ließ, sondern noch ein hohes Rohr aufsetzte, in dem das angesaugte Wasser durch den Kolben beim Aufwärtsgang weitere 10 m gehoben wurde. Auch die im 19. Jahrhundert eingesetzten Druckpumpen wurden mit Wasserrad und Kunstgestänge angetrieben wie die Pumpen des klassischen Kunstgezeugs. Als Antriebsmaschinen traten allerdings im 18. und 19. Jahrhundert die

Dampfmaschine, die Wassersäulenmaschine und die Wasserturbine neben das Wasserrad. Damit galt AGRICOLAS These »Wasser wird mit Wasser gehoben« (AGA VIII, S. 262) zu seiner Zeit für den Antrieb der Wasserhaltungsmaschinen durch Wasserräder (nicht für Handkurbeln, Göpel und Treträder), im 19. Jahrhundert zwar nicht für Dampfmaschinen, aber über Wasserräder hinaus auch für Wassersäulenmaschinen und Turbinen.

Tabelle 24. Kunstgezeuge in den sächsischen Bergrevieren im 19. Jahrhundert

Revier	1830		1860		1880		1900	
	gesamt	mit Wasserrad	gesamt	mit Wasserrad	gesamt	mit Wasserrad	gesamt	mit Wasserrad
Freiberg	39	36	55	29	48	20	25	8
Altenberg	4	4	4	4	5	2	1	–
Annaberg	9	9	3	1	4	2	1	–
Johanngeorgenstadt	3	3	–[2]	–[2]	–[2]	–[2]	–[2]	1
Marienberg	2	2	–[1]	–[1]	–[1]	–[1]	–[1]	–[1]
Schneeberg	18	18	27	20	22	7	9	1
Sachsen gesamt	75	75	89	54	79	31	36	10

[1] bei Annaberg
[2] bei Schneeberg

Grundsätzlich abgelöst wurde das Kunstgezeug erst um 1900 durch die heute im Bergbau allgemein übliche Kombination von Elektromotor und Kreiselpumpe. Heute ist nirgendwo mehr ein Kunstgezeug in Betrieb.

Erhaltene Kunsträder und Reste von Kunstgezeugen

Montanarchäologische Überreste von Kunstgezeugen des 16. bis 18. Jahrhunderts sind selten. Allenfalls findet man einzelne Pumpenrohre oder Kolben. Aus dem 19. Jahrhundert stammende Kunstgezeuge sind im 20. Jahrhundert fotografiert worden, so Kunstgezeuge der Gruben »Alte Hoffnung Gottes« und »Churprinz«, beide bei Freiberg (Abb. 66). Von dem um 1825 gebauten Churprinzer Kunstgezeug sind Teile geborgen worden und heute auf der Lehrgrube »Alte Elisabeth« bei Freiberg zu sehen (Abb. 67). Kunsträder aus Holz, doch ohne das eigentliche Kunstgezeug, sind heute noch im »Roederstolln« des Rammelsberges bei Goslar zu besichtigen (6 m Durchmesser, Abb. 68), ferner eins von 10,8 m Durchmesser in einer übertage befindlichen Radstube an der Grube »Samson« bei St. Andreasberg sowie ein um 1850 aus Eisen gefertigtes mit etwa 7 m Durchmesser in der Grube »Churprinz« bei Freiberg. Nicht zugänglich ist ein hölzernes Kunstrad mit rund 10 m Durchmesser in der Grube »Alte Hoffnung Gottes« in Kleinvoigtsberg bei Freiberg erhalten.

Abb. 66
1955 in dem schräg einfallenden Hauptschacht der Grube »Alte Hoffnung Gottes«, Kleinvoigtsberg bei Freiberg, entdeckter Kunstsatz, vermutlich aus dem 18./19. Jahrhunert
Von rechts nach links: Die Fahrt im Schacht (Leiter), das Kunstgestänge, die untere Pumpe mit der am Gestänge befestigten Kolbenstange, in den Wasserkasten ausgießend, in diesem das untere Ende der nächst höheren Pumpe

Abb. 67. Um 1955 geborgene und jetzt auf der Grube Alte Elisabeth museal aufgestellte Teile eines Kunstgezeuges der Grube »Churprinz« bei Freiberg
Mitte: Gestänge, oben: Kolbenstange mit Kolben, unten: gußeiserner Pumpenzylinder mit hölzernen Ventilstücken (Pumpe in Betrieb senkrecht stehend)

Abb. 68
Kunstrad im Schaubergwerk Rammelsberg bei Goslar

Einige Kunstradstuben vermitteln, auch ohne daß das Rad noch vorhanden ist, den Eindruck von der Größe der klassischen Kunstgezeuge, so die 12 m hohe und lange, unmittelbar unter der Rasensohle liegende Radstube der Grube »Unverhoffter Segen Gottes« von 1790/92 in Oberschöna bei Freiberg, die aus dem Fels gehauene Radstube von »Marcus Röhling« bei Annaberg und im Schaubergwerk »Frisch Glück« bei Johanngeorgenstadt aus den Jahren 1840/42 zwei je etwa 12 m hohe Radstuben untereinander.

Die Kunstglöckchen

Um den ordnungsgemäßen Gang von Kunstgezeugen auch von übertage aus kontrollieren zu können, koppelte man mit dem Kunstgestänge einen Seil- oder Stangenzug, der die »Kunstglocke« im Dachreiter des Schachtgebäudes oder (wenn im Schacht nur ein Kunstgezeug eingebaut war) auf dem über dem Schacht stehenden »Wächterhäuschen« anschlug. Solche Dachreiter für die Kunstglocke sind heute noch z. B. auf dem »Abrahamschacht« und auf dem Schachtgebäude vom »Oberen Neuen Geschrei«, beide bei Freiberg, auf dem Schachthaus vom »Weißen Hirsch« bei Schneeberg sowie auf dem »Unteren Wächter« der Grube »Churprinz« bei Freiberg erhalten. Alle diese baulichen Zeugen der Kunstglöckchen erinnern, obwohl erst rund 300 Jahre nach dem Erscheinen von »De re metallica« gebaut, an AGRICOLAS Text: »Da die Arbeiter an den jährlich wiederkehrenden Festtagen nicht arbeiten und an den Werktagen nicht immer in der Nähe der Maschinen sind und diese, wenn es die Sache fordert, laufend das Wasser ziehen, zeigt das Ertönen eines Glöckchens, das man immer hört, an, daß diese Maschine ... in Ordnung ist und unbehindert sich dreht.« (AGA VIII, S. 262). Da z. B. bei Freiberg zahlreiche Kunstgezeuge bis 1913 in Betrieb waren, hörte hier die Bevölkerung bis dahin die Kunstglöckchen, wie von AGRICOLA beschrieben.

Seifenbergbau

Bergbau auf Zinnseifen

Ebenso alt wie der Bergbau im Festgestein ist der »Seifenbergbau«, das Auswaschen von Metall- oder Schwermineralkörnern aus den von Bächen und Flüssen abgelagerten Sanden und Kiesen. Historischer Seifenbergbau betraf insbesondere Zinnstein, also dunkle, schwere Körner von Zinnoxid, aus dem Zinn erschmolzen wurde, und Gold. Sande und Kiese mit Gold und Zinnstein füllten die Talauen oder lagen auch höher am Hang – als Terrassen aus geologisch älterer Zeit oder in den Quellmulden von Bächen.

Der Bach A. Der Graben B. Die Breithaue C. Die Rasen D. Die Seifengabel E. Die eiserne Schaufel F. Der Trog G. Ein anderer daruntergestellter Trog H. Eine kleine hölzerne Schaufel I.

Abb. 69
Seifenbergbau auf Zinn im Erzgebirge (De re metallica, 1556, AGA VIII, S. 440)

Den Seifenbergbau auf Zinn beschreibt AGRICOLA anschaulich (Abb. 69): »Wenn Örtlichkeiten, die Zinnstein enthalten, viel Wasser führen und ... sanfte Abhänge und Schluchten haben, so daß Bäche zu ihnen geführt werden können, dann ziehen die Seifner an sommerlichen Tagen zuerst einen langen Graben schräg ab, so daß der Bach rasch hindurchströmt. Nach Fertigstellung des Grabens hacken sie die zinnhaltigen Massen ... mittels breiten Hacken ab und werfen alles in das Wasser, das den Graben durchfließt. Da bleiben die Sande und Graupen (größere Zinnsteinkörner), weil sie schwerer sind, am Boden des Grabens zurück. Moos und Wurzeln, weil sie leicht sind, reißt das Wasser beim Abfließen im Graben mit weg. Damit es aber nicht zugleich die Zinngraupen mitreißt, wird das untere Ende des Grabens mit Rasen und Steinen verbaut. Aber die Seifner, deren Füße mit hohen, aus gegerbtem Leder gefertigten Stiefeln bedeckt sind, stehen im Graben und werfen die Wurzeln der Bäume, Sträucher und Kräuter mit siebenzinkigen Holzgabeln aus dem Graben hinaus, und die Zinngraupen treiben sie zum Haupt des Herdes (Grabens) zurück. Nachdem sie innerhalb von 4 Wochen viel Mühe und Arbeit darauf gewendet haben, heben sie auf folgende Weise die Zinngraupen auf: Den mit ihnen vermischten Sand heben sie zu wiederholten Malen mit eisernen Schaufeln aus dem Graben hoch, schwenken ihn hierhin und dorthin im Wasser, bis der Sand von ihnen abfließt und in den Graben hinabfällt und allein die Zinngraupen auf den Schaufeln bleiben. Die sammeln sie alle und waschen sie in dem (daneben stehenden) Läutertrog, nachdem sie sie mit einer hölzernen Schaufel nach oben bewegt und gewendet haben, damit der restliche Sand von ihnen getrennt wird. Dann kehren sie (daneben) zu derselben Arbeit zurück, bis sie keine zinnsteinführende Masse mehr haben oder der Bach nicht mehr in weitere Gräben hineingeleitet werden kann« (AGA VIII, S. 438 f.).

Abb. 70
Raithalden des Zinnseifenbergbaus im Quellgebiet des Schwarzwassers bei Gottesgab (Boži Dar/Tschechische Republik)

Vom 13. bis 15. Jahrhundert an ist auf diese Weise in zahlreichen Tälern des Erzgebirges Seifenbergbau auf Zinnstein betrieben worden, so bei Ehrenfriedersdorf und Geyer, bei Eibenstock und Steinbach (in der Nähe des 1654 gegründeten Johanngeorgenstadt), bei Geising und Altenberg sowie bei Seiffen, das von diesem Bergbau seinen Namen hat. Auf böhmischer Seite des Erzgebirges haben im Osten die Bergstadt Graupen (Krupka) und bei Gottesgab (Boži Dar/Böhmen) der kleine Ort Seifen (Ryžovna) den Namen von Seifenbergbau auf Zinn.

In der Zeit AGRICOLAS war der Seifenbergbau an einigen Orten, so bei Ehrenfriedersdorf, wohl fast oder ganz zu Ende, an anderen noch voll im Gange, so bei Eibenstock. Im Gebiet der Sauschwemme, einer berühmten Seife westlich von Johanngeorgenstadt, begann das Auswaschen des Zinnsteins wohl um 1530. Um 1550 begann der Seifenbergbau bei Burkhardtsgrün südlich von Schneeberg. An beiden Stellen wurden die Seifen bis um 1830/1850 betrieben.

Raithalden von erzgebirgischen Zinnseifen

Heute finden wir von den von AGRICOLA beschriebenen erzgebirgischen Zinnseifen nur noch die sogenannten Raithalden, die 1 bis 5 m hohen Haufen groben, nicht zinnsteinführenden Gerölls, das mit der Seifengabel zu Haufen aufgeschüttet wurde. Wo Wiesen die Talauen bilden, hat man die Raithalden schon vor langer Zeit eingeebnet. Erhalten sind sie vor allem in bewaldeten Tälern, so bei Ehrenfriedersdorf an den Greifensteinen und im Greifenbachtal, bei Johanngeorgenstadt in der Sauschwemme und auf böhmischer Seite bei Gottesgab (Boži Dar) in schwach bewaldetem Gebiet in der Quellmulde des Schwarzwassers (Abb. 70).

Goldseifen gab es zwar auch im Erzgebirge, doch nur so unbedeutend, daß AGRICOLA sie nicht erwähnt.

Bergbau auf Goldseifen

Bedeutender war der Goldbergbau im Thüringer Wald. Dort findet sich gediegen Gold in Quarzgängen, die z. B. bei Reichmannsdorf, bei Goldisthal und bei der 1530 gegründeten sachsen-ernestinischen Bergstadt Steinheid geologisch uralte Quarzite durchsetzen. Beim Einschneiden der Bäche und Flüsse wurden auch die Goldquarzgänge erodiert und das Gold in kleinen Flittern vom Wasser mit im Sand und Kies sedimentiert.

Im festen Gestein wurde Goldbergbau betrieben

- bei Reichmannsdorf um 1200 bis 1400, 1477 bis 1481, 1577 bis 1579 und später,
- bei Steinheid um 1360, 1509 bis 1524, 1533 bis 1552 und später,
- bei Goldisthal 1567 bis 1602 und später.

Wenn man bedenkt, daß die Goldsucher vom Rand des Gebirges her erst Gold in den Bächen und Flüssen gewaschen haben, ehe sie am Oberlauf der Gewässer die primären Goldquarzgänge im festen Gestein fanden, muß man den Beginn des Goldseifenbergbaus in Thüringen um 1200 oder vorher vermuten.

AGRICOLA beschreibt die Thüringer Goldwäscherei wie folgt (Abb. 71): »Die Thüringer schneiden in das Haupt des Herdes runde Näpfe, die die Breite und Tiefe eines

Querfingers haben, zugleich mit den Rillen, die von den einen zu den anderen reichten. Den Herd selbst aber bedecken sie mit Leinen-Planen. Der zu waschende Sand wird auf das Haupt geworfen und mit der hölzernen Schaufel gerührt. So reißt das Wasser die leichten Goldflitter auf die Leinentücher, die schweren setzen sich in den Näpfen fest. Wenn diese sich gefüllt haben, wird das Haupt abgehoben und verkehrt in ein Faß gestürzt, die Flitter gesammelt und in einem Trog gewaschen. Manche verwenden einen Herd, der viereckige Vertiefungen hat, die nach unten kurze Einschnitte haben, die die Flitter des Goldes aufnehmen.

Der Planenherd A. Sein Haupt mit Vertiefungen und Rillen B. Das abgenommene Haupt wird in einem Faſſe gewaſchen C. Der Herd mit rechteckigen Vertiefungen D. Ein Herd, an deſſen Brettern kleine Flitterchen hängenbleiben E. Beſen F. Stierhäute G. Die Kiſte H.

Abb. 71
Goldwäscherei in Thüringen, auf Herden verschiedener Konstruktion (De re metallica, 1556, AGA VIII, S. 428)

Andere haben einen Herd zusammengesetzt aus rauhen Brettern, weil die kleinen Abfälle an ihnen hängenbleiben ... An ihnen haften, wenn der Sand gewaschen wird, die Goldflitter nicht minder als an den Leinentüchern, den Fellen, den Tüchern oder den Rasenstücken. Der Wäscher kehrt den Herd nach oben mit dem Besen ab. Nachdem er so viel Sand gewaschen hat, wie er wollte, läßt er reichlicher Wasser auf den Herd, das die Flitter abspült, und sammelt sie in einem Faß unter dem Herd und wäscht sie in einem Troge. Wie aber die Thüringer den Herd mit Leinentüchern bedecken, so einige mit Ochsen- oder Pferdefellen. Sie bewegen den Sand, der kein Gold enthält, mit einer hölzernen »Kiste« aufwärts. Auf diese Weise fließt das Leichte zusammen mit dem Wasser ab, und die Goldflitter setzen sich zwischen den Fellhaaren fest. Die Felle werden dann in einem Faß gewaschen, zuletzt die gesammelten Goldflitter in einem Trog« (AGA VIII, S. 426 f.).

Diese Goldwäschereien haben im Wetteratal bei Saalburg, bei Lobenstein am Köselebach und im Langwassergrund, bei Steinheid am Grümpenbach, bei Schwarzburg in den Tälern der Lichte und des Schlagebachs, vor allem aber im Schwarzatal stattgefunden (Abb. 72).

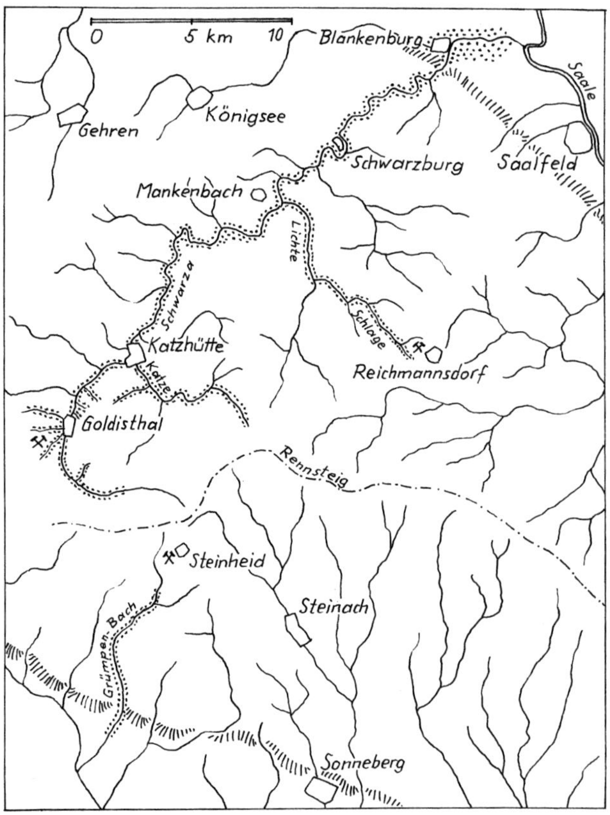

Abb. 72
Goldbergbau (Bergbausymbol) und Goldseifen (Punkte) im Thüringer Wald bei Steinheid, Goldisthal, Reichmannsdorf und im Schwarzatal

In diesem wurden die 1 bis 10 m mächtigen Talsedimente und die Terrassen an den Talhängen auf Gold durchgewaschen. Reiche Erträge haben diese Goldseifen nie ergeben. Die letzte relative Blütezeit lag wohl im 16. Jahrhundert. Auf diese bezieht sich AGRICOLAS Beschreibung.

Abb. 73
Goldseifen im Schwarzatal an der Mankenbachsmühle, oberes Bild: rechts Tagebauwand, links Raithalden, unteres Bild: langgestreckte Raithalden

Raithalden von thüringischen Goldseifen

Auch der Thüringer Goldseifenbergbau hat nur Raithalden hinterlassen, und zwar besonders zahlreich und instruktiv im Schwarzatal (Abb. 73). In den anderen genannten Tälern sind die Raithalden bis auf wenige Reste schon seit langem eingeebnet.

HESS VON WICHDORF hat insbesondere bei Blechhammer nahe Sitzendorf und an der Mankenbachsmühle die Raithalden kartographisch aufgenommen. Bei Blechhammer waren dies langgestreckte parallele Haldenzüge, die heute leider nicht mehr erhalten sind. An der Mankenbachsmühle wurde Material einer Schwarza-Terrasse am Hang so abgebaut, daß heute noch die Tagebauböschung und auf der Tagebausohle die Raithalden erkennbar sind.

Aufbereitung

Die Aufbereitung hat das geförderte Erz in taubes Material und metallhaltiges zu trennen, damit dem Schmelzprozeß sogleich ein Erzkonzentrat zugeführt werden kann.

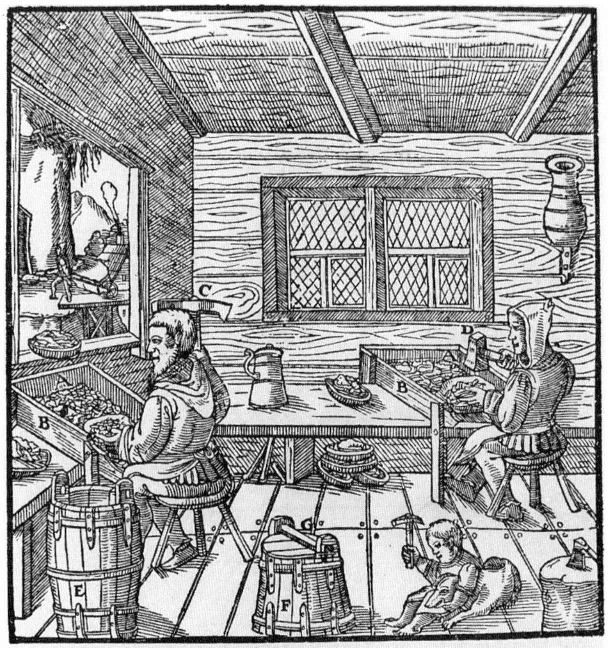

Das Scheideort A. Die aufgesetzten Bretter B. Der Hammer C. Der Quetscher D. Das Erzfäßchen E. Der Erzeimer F. Eisenstab G.

Abb. 74
Scheidebank (De re metallica, 1556, AGA VIII, S. 350)

Mit tauben Mineralen grob verwachsenes Erz kann von Hand »geschieden« und »geklaubt«, d. h. mit Fäusteln zerschlagen und sortiert werden. Das Scheiden geschieht in der Scheidebank, einem Gebäude mit möglichst großen Fenstern, da für diese Arbeit viel Licht benötigt wird und wohl auch Luftzug den Staub beseitigen sollte. Das Klauben geschieht an Klaubetischen. Beides wird von AGRICOLA abgebildet (AGA VIII, S. 347, 350) (Abb. 74). Aus dem 19. Jahrhundert sind einige Scheidebankgebäude erhalten, z. B. am »Abrahamschacht« und an der Grube »Alte Elisabeth« bei Freiberg. Bei dieser sind einige Arbeitsplätze rekonstruiert worden (Abb. 75).

Die Scheidebank

Abb. 75
Am Schachtgebäude der Grube »Alte Elisabeth«, Freiberg, rekonstruierte Scheidebank in dem Scheidebankgebäude von 1856

Feinkörnig verwachsenes Erz mußte erst bis auf Millimetergröße zerkleinert werden, ehe man das Taube abtrennen konnte. Dazu dienten ursprünglich Erzmühlen, die genau den seit der Antike bekannten Getreidemühlen entsprachen. Sie bestanden wie diese aus einem feststehenden Bodenstein und dem über diesem rotierenden Läuferstein. In dem »Mahlspalt« zwischen beiden Steinen wurde das Erz wie das Getreide zerkleinert. Ebenso wie es bei den Getreidemühlen seit der Antike verschiedene Antriebsarten gab, so auch bei den Erzmühlen. AGRICOLA bildet dafür die vom Menschen betätigte Tretscheibe und das Tretrad (AGA VIII, S. 379) sowie das Wasserrad ab (AGA VIII, S. 377) (Abb. 76).

Erzmühlen

AGRICOLA nennt die Erzmühlen speziell bei Golderzen. Für solche ist die Verwendung von Erzmühlen auch nachgewiesen, und zwar montanarchäologisch für den Goldbergbau im 13./14. Jahrhundert bei Pisek/Böhmen, durch den Ortsnamen »Goldmühl« für den ab 1365 betriebenen Bergbau von Goldkronach im Fichtelgebirge und urkundlich 1507 und 1525 für den Goldbergbau von Steinheid im Thüringer Wald. Hier wird urkundlich auch das von AGRICOLA beschriebene »Anquicken« genannt, das Extrahieren des Goldes mittels Quecksilbers in »Quickmühlen«.

Erzmühlen wurden aber auch für den »Zwitter«, das fein verwachsene Zinnerz, verwendet. Das beweisen heute noch der Ortsname Zwittermühl (Haje bei Boži Dar) im böhmischen Erzgebirge und der Flurname Mühlberg bei Altenberg, unterhalb von welchem im Tal zwischen Altenberg und Geising seit dem 15. Jahrhundert die Zwittermühlen standen. Ein Mahlstein der Altenberger Zwittermühlen des 15. Jahrhunderts ist im dortigen Museum erhalten. Nach J. MAJER wurde das Zinnerz von Schlaggenwald (Horni Slavkov) in Böhmen im Mittelalter mit Handdrehmühlen, ab etwa 1500 mit wasserradbetriebenen Erzmühlen zerkleinert.

Die Wasserradwelle A. Das Wasserrad B. Das Kammrad C. Das Getriebe D. Seine eiserne Welle E. Der obere Mühlstein F. Der Trichter G. Das hölzerne runde Gerinne H. Der Austrag I.

Abb. 76
Mühle zum Zerkleinern von Golderz (De re metallica, 1556, AGA VIII, S. 377)

Nach W. SCHWABENICKY wurden auch die Silbererze vom Treppenhauer bei Frankenberg im 13./14. Jahrhundert mit Handdrehmühlen (und Roßmühlen?), die Silbererze vom Hohen Forst bei Zwickau 1317 mit Erzmühlen zerkleinert.

Montanarchäologische Spuren von Erzmühlen der Zeit AGRICOLAS und vorher können sicher auch noch an anderen Orten gefunden werden. Aus dem Münzbach unterhalb von Freiberg hat man um 1950 zwei Erzmahlsteine geborgen (Abb. 77), die sicher dem 16. Jahrhundert angehören oder älter sind.

Klassische Mahlgänge sind auch noch in wesentlich jüngerer Zeit für besondere Fälle der Erzzerkleinerung angewandt worden. Die 1855 errichtete und heute als technisches Denkmal erhaltene Braunsteinmühle bei Geraberg/Thüringer Wald hat mit drei

Mahlgängen und Mühlsteinen von 1,2 m Durchmesser Manganerze bis 1982 gemahlen (Abb. 78).

Abb. 77
Erzmahlsteine, vermutlich 12. bis 15. Jahrhundert, gefunden im Münzbachtal unterhalb von Loßnitz bei Freiberg

Abb. 78
Mahlgänge für Manganerze in der 1855 gegründeten Braunsteinmühle Geraberg/ Thüringer Wald

Pochwerke

Wohl im 14./15. Jahrhundert kamen für die Erzzerkleinerung die Pochwerke auf, damals in Form der Trockenpochwerke, die AGRICOLA ausführlich beschreibt und abbildet (AGA VIII, S. 360 – 367) (Abb. 79). In einem kräftigen Holzgerüst waren drei, vier oder zweimal vier je 2,5 m lange Holzstempel mit eisernem »Pochschuh« am unteren Ende senkrecht beweglich gelagert und wurden durch eine mit Wasserrad angetriebene Nokkenwelle gehoben, bis sich die Nocken von den an den Stempeln befindlichen Nasen wieder lösten und damit die Stempel herunterfielen. Sie zerschlugen das unter ihnen auf der steinernen »Pochsohle« befindliche Erz in Körner von 1 bis 10 mm Durchmesser, die anschließend durch Siebung in gleichgroße Körnungen zerlegt wurden. Das grobe Siebgut wurde dem Pochwerk erneut aufgegeben.

Im Jahre 1507 führte SIGISMUND VON MALTITZ (gest. 1525), damals Besitzer von Stadt und Amt in Dippoldiswalde, im osterzgebirgischen Zinnbergbau die Naßpochwerke ein, für die er 1511 von Herzog GEORG DEM BÄRTIGEN und Kurfürst JOHANN ein Privileg erhielt. Im Jahre 1519 schlossen die Zwitterstocksgewerken von Altenberg mit ihm einen Vertrag über die Benutzung von Naßpochwerken (AGA VIII, S. 401 – 415). Diese arbeiteten nach dem gleichen Wirkprinzip wie die Trockenpochwerke, nur trat an Stelle der seitlich freien Pochsohle ein hölzerner »Pochtrog«, in dem das zerkleinerte Erz von Wasser durchspült wurde (vgl. Abb. 79).

Das erſte Geʒeug A. Seine Stempel B. Sein Pochtrog C. Das ʒweite Geʒeug D. Seine Stempel E. Sein Pochtrog F. Das dritte Geʒeug G. Seine Stempel H. Sein Pochtrog I. Das vierte Geʒeug K. Seine Stempel L. Sein Pochtrog M.

Abb. 79
Pochwerk mit vier Pochsätzen, jeder mit eigenem Wasserrad (De re metallica, 1556, AGA VIII, S. 413)

Dieses minderte die Staubentwicklung, verbesserte damit die Arbeitshygiene, reduzierte die Stauberkrankungen, erhöhte durch die Bindung des Zinnsteinstaubes die Ausbeute, trug aber vor allem die feinen Partikel durch eine Siebwand aus und setzte sie in den anschließenden Schlämmgraben ab.

Schlämmgräben

In den Gräben schwemmte das Wasser die leichteren tauben Körner fort, während sich die schwereren Zinnerzkörner am Boden der Gräben ansammelten wie beim Seifenbergbau. Dessen Prinzip wurde also in das künstliche System Pochwerk + Schlämmgraben übertragen. Das Naßpochwerk hat dabei das Erz zerkleinert, wogegen die Trennung von Taubem und Erz direkt anschließend das fließende Wasser ausführte. Die Schlämmgräben waren somit entscheidende Teile der Gesamtanlage und wurden von AGRICOLA ausführlich behandelt und abgebildet (AGA VIII, S. 405, 407, 409, 411, 415). Er weist in Text und Bild sogar darauf hin, daß durch die Strömungsverhältnisse in den Schlämmgräben ein Teil des Zinnsteins bis in die natürlichen Fluß- und Bachläufe weitergetragen wurde und man deshalb den dortigen Sand und Schlamm auch noch auf diesen Zinnstein durchwusch (AGA VIII, S. 410, 411). AGRICOLAS Beobachtung, daß durch die Altenberger Zinnaufbereitung die Müglitz rot gefärbt werde, traf noch um 1960 zu. Heute ist diese Rotfärbung zwar nicht mehr vorhanden, doch erinnern die Namen des Roten Wassers bei Geising, der Roten Weißeritz bei Dippoldiswalde und der Roten Pockau bei Pobershau an die früher dort tätigen Zinnsteinpochwerke.

Pochwerke in späterer Zeit

Trocken- und Naßpochwerke hat es in der Zeit nach AGRICOLA auch in den Silbererzrevieren gegeben, doch besonders viel in den Zinnrevieren (Tabelle 25).

Abb. 80. Das »Große Pochwerk« in Altenberg, 1955 abgebrannt, mehrere Pochsätze jedoch heute in der Schauanlage »Wäsche IV« bei Altenberg erhalten

Die Pfosten A. Die Planen B. Das Haupt des Herdes C. Das kleine Gerinne D. Der Trog E. Die Kisten F. Die Fässer G.

Abb. 81
Aufbereitung des im Pochwerk zerkleinerten Erzes auf einem Planherd und in Schlämmgräben (De re metallica, 1556, AGA VIII, S. 396)

Das Silbererz war seltener, das Zinnerz fast stets feinkörnig verwachsen, so daß hier Pochwerke in größerer Zahl nötig waren. Während vom sächsischen Silberbergbau nur noch wenige Pochwerksgebäude, z. B. bei Freiberg und Schneeberg, erhalten sind, existiert bei Altenberg noch eine komplette Pochwäsche.

Abb. 82
Langstoßherde in der Wäsche IV des Zinnbergbaus von Altenberg/Osterzgebirge um 1960

Tabelle 25. Pochwäschen und die Zahl der Pochstempel in den sächsischen Bergrevieren im 19. Jahrhundert

Revier (Bergbau auf ...)	Pochwäschen				Stempel in Trockenpochwerken				Stempel in Naßpochwerken			
	1830	1860	1880	1900	1830	1860	1880	1900	1830	1860	1880	1900
Altenberg (Zinn)	?	33	28	15	3	9	–	7	582	1439	1285	434
Geyer und Ehrenfriedersdorf (Zinn)	17	–[1]	–[1]	–[1]	6	–[1]	–[1]	–[1]	93	–[1]	–[1]	–[1]
Annaberg (Silber, Kobalt)	?	–[1]	–[1]	–[1]	21	–[1]	–[1]	–[1]	33	–[1]	–[1]	–[1]
Marienberg (Silber, Kobalt)	10	14	2	1	3	15	6	3	60	90	24	–
Schneeberg (Silber, Kobalt)	11	16	8	6	20	24	21	12	64	135	66	45
Johanngeorgenstadt (Silber, Kobalt)	?	–[2]	–[2]	2	9	–[2]	–[2]	–	53	–[2]	–[2]	15
Erzgebirge gesamt	?	63	38	24	64	48	27	22	885	1664	1375	494
Freiberg	?	42	39	15	81	143	125	58	306	519	476	152
Sachsen gesamt	?	105	77	39	145	191	152	80	1191	2183	1851	646

[1] Geyer-Ehrenfriedersdorf und Annaberg mit bei Marienberg
[2] Johanngeorgenstadt mit bei Schneeberg

Hier waren Pochwerke noch bis um 1950 voll in Betrieb. Das nach 1955 restaurierte technische Denkmal »Wäsche IV« enthält in paralleler Aufstellung, wie in »De re metallica« gezeichnet, vier Pochsätze mit je 2 x 5 Stempeln (Abb. 80) und ein originalgetreu rekonstruiertes System von Schlämmgräben und Planherden, wogegen Schöpfrad, Spitzkästen und Langstoßherde die Aufbereitungstechnik des 19. Jahrhunderts repräsentieren. Die Planherde (Abb. 81) dienten vom 16. bis ins 18. Jahrhundert zum Trennen des tauben Sandes und Schlammes von den Zinnsteinkörnern, indem man Wasser über den Herd fließen ließ, das das leichte taube Material wegschwemmte. Wäscharbeiter förderten den Vorgang dadurch, daß sie mit »Kisten« den Sand und Schlamm aufrührten.

Planherde

Diese Handarbeit fiel weg, als man 1780/1790 die »Freiberger Langstoßherde« in die Aufbereitungstechnik einführte. Die Langstoßherde wurden durch Wasserradantrieb rhythmisch bewegt, so daß auch das auf ihnen herabrutschende Material stets aufgelockert wurde. Das Wirkprinzip der Langstoßherde, von denen in der Altenberger Wäsche IV noch welche erhalten sind, ist im Grunde aber das gleiche wie auf den Planherden: das Trennen von Taubem und Zinnstein durch strömendes Wasser auf schräger Fläche (Abb. 82).

Erst im 20. Jahrhundert wandelte sich – u. a. mit den Flotationsverfahren – die Aufbereitungstechnik grundlegend.

Die Schmelzöfen A. Die Vorherde B.

Abb. 83
Schmelzhütte mit Schachtöfen für das Schmelzen von Buntmetallerzen (De re metallica, 1556, AGA VIII, S. 465)

Hüttentechnik

Hütten-
prozesse

AGRICOLA hat in den Büchern VIII bis XI von »De re metallica« die Hüttentechnik seiner Zeit sehr ausführlich beschrieben, und zwar die Prozeßstufen

- Rösten der Erze (Austreiben von Schwefel und Arsen),
- Schmelzen der Erze und
- Raffinieren des erschmolzenen Rohmetalls.

Nach einer allgemeinen Beschreibung der für alle Erze benötigten Gebäude, Öfen und Maschinen (z. B. Blasebälge) behandelt er verschiedene Schmelzverfahren und ihre Anwendung auf Gold-, Silber-, Kupfer-, Blei- und Zinnerze, ferner die Gewinnung von Quecksilber, Antimon und Wismut sowie die Herstellung von Eisen und Stahl. In den Büchern X und XI beschreibt er die Trennung von Gold, Silber und Kupfer, also verschiedene Verfahren zur Raffination der Schmelzprodukte.

Von dieser Hüttentechnik der Agricola-Zeit gibt es heute kaum noch Spuren. Das hat im wesentlichen zwei Gründe. Erstens hat sich die Hüttentechnik auch im 17. bis 19. Jahrhundert stärker entwickelt als die Bergbautechnik. In dieser gab es wie dargestellt noch im 20. Jahrhundert – wenn auch vereinzelt – Maschinen, die denen der Agricola-Zeit weitgehend entsprachen, wogegen bei einer Innovation im Hüttenwesen die älteren Aggregate praktisch vollständig verschwanden. Zweitens sind die Hüttenstandorte oft über Jahrhunderte die gleichen geblieben. Das bedeutete die Beseitigung der alten Gebäude und technischen Aggregate, wenn man eine technische Neuerung einführen wollte. Die Hüttentechnik betreffend, ist hier also mehr auf die Weiterentwicklung der von AGRICOLA beschriebenen Technik hinzuweisen, in einigen Fällen auch auf alte Hütten, die nur aus Archivquellen bekannt sind.

Abb. 84
1562 errichtete und 1953 abgebrochene »Lange Hütte«, das Saigerhüttengebäude von Grünthal bei Olbernhau

Das Rösten

Beim Rösten werden sulfidische und arsenidische Erze an der Luft so erhitzt, daß Schwefel und Arsen oxydiert werden und entweichen und das Metall – ebenfalls oxydiert – zurückbleibt. Heute erfolgt das Rösten in geschlossenen Apparaten, so daß die Schwefel- und Arsenoxide aufgefangen und weiterverarbeitet werden. Zu AGRICOLAS Zeit wurden die Erze unter freiem Himmel abgeröstet, teils auf bloßen Haufen (AGA VIII, S. 352, 360), teils auf Röststätten, die auf drei Seiten mit Mauern umgeben waren (AGA VIII, S. 354, 355, 356, 460, 461). Im 19. Jahrhundert gab es gemauerte Röststätten von etwa 50 bis 100 m Länge. Von solchen ist in Deutschland allerdings keine mehr erhalten. In Vordernberg am Erzberg in der Steiermark steht in alpiner Landschaft die Ruine einer großen Röststätte.

Der Saigerherd in Betrieb A. Derselbe außer Betrieb B. Der Sumpf C. Kleine runde Formen D. Kuchen von Saigerblei E. Saigerdörner F.

Abb. 85
Zwei Saigerherde, der eine in Betrieb, der andere vorgerichtet (De re metallica, 1556, AGA VIII, S. 639)

Das Schmelzen

Das Schmelzen der Erze erfolgte in Schachtöfen, die zur Zeit AGRICOLAS etwa 2 m hoch waren und in »Hütten« mit einem Rauchabzug am Dachfirst standen (Abb. 83). Heute sind Schachtöfen für Blei und Kupfer etwa 10 m hoch, Hochöfen für Eisen etwa 30 bis 40 m hoch, haben ein Stahlgerüst und zusätzliche technische Einrichtungen wie Gichtaufzug, Beschickungsmechanismus, Wasserkühlung und Abstichvorrichtungen, so daß sie keinerlei Ähnlichkeit mit den von AGRICOLA abgebildeten Öfen mehr haben.

Der Ofen A. Sein Stich B. Der erſte Vorherd C. Sein Stich D. Schlacken E. Der eiſerne Haken F. Der zweite Vorherd G. Die Wände des Rauchfanges H. Der Beſen I. Die Kupferplatte K. Zinngitter L. Signiereiſen M. Hammer N.

Abb. 86
Zinnhütte, links der die metallurgischen Arbeiten beschreibende AGRICOLA (De re metallica, 1556, AGA VIII, S. 526)

Diese Entwicklung begann bald nach der Zeit AGRICOLAS, wie die 1585 von BARTHOL KÖHLER und MICHAEL SCHÖNLEBE d. Ä. in das Freiberger Hüttenwesen eingeführten »hohen Öfen«, die ab 1865 üblichen, 8,5 m hohen Pilzschen Hochöfen für Bleierze und die rund 10 m hohen Hochöfen für Eisen um 1830 zeigen.

Allein das heute noch auch für metallurgische Großbetriebe übliche Wort »Hütte« erinnert an die Größenordnung der für Schmelzöfen üblichen Bauwerke der Agricola-Zeit. Allerdings gab es auch damals schon Schmelz-»Hütten«, die diesen Maßstab sprengten. Die 1562 erbaute, also noch aus der Agricola-Zeit stammende, aber leider 1953 abgebrochene »Lange Hütte« im Komplex der »Saigerhütte Grünthal« bei Olbernhau war ein für jene Zeit großes und repräsentatives Gebäude (Abb. 84). Eine Saigerhütte diente zur Trennung des silberhaltigen Schwarzkupfers in Silber und Reinkupfer. AGRICOLA beschrieb ausführlich die zu seiner Zeit in Chemnitz bestehende Saigerhütte (AGA VIII, S. 608 – 617), an der um 1970 Ausgrabungen stattgefunden haben. Da es vergleichbare historische Hüttengebäude auch andernorts nicht mehr gibt und da die anderen Gebäude der Grünthaler Saigerhütte, wie Schichtmeisterhaus, Faktorei, Richterhaus, Hüttenschänke und Arbeiterhäuser, noch existieren, gibt es Überlegungen, die »Lange Hütte« als technologischen und architektonischen Mittelpunkt des Gebäudekomplexes zu rekonstruieren und als Hüttenmuseum auszugestalten. In diesem müßte die Hüttentechnik der Agricola-Zeit und insbesondere der auch von AGRICOLA beschriebene und von 1537 bis 1851 in Grünthal praktizierte Saigerprozeß an rekonstruierten metallurgischen Aggregaten demonstriert werden. Als solche sind zu nennen

Das Saigern und die Saigerhütte

- der Frischofen, in dem Schwarzkupfer mit Blei zu einer Cu-Ag-Pb-Legierung eingeschmolzen wurde (AGA VIII, S. 627),
- der Saigerherd, auf dem die Legierung so erhitzt wurde, daß eine Pb-Ag-Schmelze senkrecht nach unten (»saiger«) abtropfte und Kupferstücke als »Kienstücke« übrigblieben (AGA VIII, S. 636, 639) (Abb. 85),
- der Darrofen und der Garherd, mit denen die Kienstücke zu Garkupfer gereinigt wurden (AGA VIII, S. 645, 647, 649, 654)
- und der Treibeherd, der dem Abtrennen des Silbers aus dem im Saigerherd abtropfenden »Werkblei« diente (AGA VIII, S. 575 – 595).

Das Treiben und der Treibeherd

Der Treibeherd war nicht nur in Saigerhütten, sondern auch in Blei-Silber-Hütten, z. B. in den Revieren von Sachsen, dem Harz und der Slowakei, üblich. Es war ein runder, unten beheizter Herd, in dessen wannenartiger Vertiefung silberhaltiges Werkblei eingeschmolzen und gewissermaßen abdestilliert wurde. Das oxidierte Blei floß als Bleiglätte (PbO) ab oder verdampfte und wurde durch eine abnehmbare eiserne Haube zurückgehalten. Indem man so, wie Bleiglätte entwich, stets weiteres Werkblei zugab, reicherte sich eine reine Silberschmelze unter der immer dünner werdenden Bleiglätteschicht an, bis diese aufriß und den Blick auf die Silberschmelze (»Silberblick«) freigab. Schließlich befand sich nur noch eine Silberschmelze in dem Treibeherd.

Die brennende Feuerſtätte A. Die Hölzer B. Die nicht brennende Feuerſtätte, in welche die Töpfe eingeſetzt werden C. Die Steine D. Die Topfreihen E. Die oberen Töpfe F. Die unteren Töpfe G.

Abb. 87
Ausschmelzen von Antimonerzen (De re metallica, 1556, AGA VIII, S. 540)

Als Zeugnis dieses von AGRICOLA beschriebenen und bis ins 20. Jahrhundert üblichen metallurgischen Prozesses der Silberraffination war bis um 1960 ein Treibeherd im Hüttenwerk Halsbrücke erhalten, wurde dann aber beseitigt. Nur das im 17. Jahrhundert erbaute Gebäude der dortigen Treibehütte blieb – im Dachbereich um 1980 modernisiert – bestehen und ist mit seinen Gewölben heute wohl das älteste erhaltene Hüttengebäude Sachsens.

Abb. 88. Scherben von Gefäßen, die vermutlich im 17./18. Jahrhundert für das Schmelzen von Antimon hergestellt und 1988 nordwestlich von Kleinreinsdorf bei Greiz/Ostthüringen gefunden worden sind

Verschiedene Metalle

AGRICOLA beschreibt die metallurgischen Prozesse für alle Metalle, so für Gold, Silber, Kupfer, Blei, Zinn, Quecksilber, Antimon, Wismut und Eisen.

Auf AGRICOLAS bildlicher Darstellung einer Zinnhütte (Abb. 86) sieht man – nach einer Interpretation von H. PRESCHER – am linken Bildrand den die Technologie beschreibenden AGRICOLA selbst und seinen, ein Tintenglas haltenden Gehilfen (AGA VIII, S. 526). Eine alte Zinnhütte im Tal zwischen Altenberg und Geising wurde erst 1937 abgebrochen.

Quecksilber und Antimon werden nach AGRICOLA in Töpfen erschmolzen, von denen jeweils eine große Zahl erforderlich ist (Abb. 87). Montanarchäologische Funde, z. B. bei der Antimonlagerstätte Kleinreinsdorf bei Greiz, bestätigen die Beschreibung AGRICOLAS (AGA VIII, S. 540 – 543) (Abb. 88).

Die Eisenmetallurgie

Von der Eisenmetallurgie beschreibt AGRICOLA zunächst das damals seit Jahrhunderten übliche Rennfeuer, d. h. die direkte Herstellung schmiedbaren Eisens aus Eisenerz, wobei die Schlacke abfließt und das nur teigartig erweichende Eisen mehrfach ausgeschmiedet werden muß (AGA VIII, S. 532 – 535).

Das Frischfeuer A. Die Blasebälge B. Die Zangen C. Der Hammer D. Das fließende Wasser E.

Abb. 89
Frischfeuer zur Bereitung von Schmiedeeisen und (vorn links) ein Eisenhammer (Aufwerfhammer) (De re metallica, 1556, AGA VIII, S. 538)

Dann aber folgt in seiner Beschreibung die erst im 16. Jahrhundert entwickelte indirekte (zweistufige) Herstellung des Schmiedeeisens, und zwar das Erschmelzen von Gußeisen und seine Weiterverarbeitung zu Schmiedeeisen im Frischfeuer (AGA VIII, S. 537 – 538) (Abb. 89).

Auf AGRICOLAS Bild vom Frischfeuer ist links unten ein Hammer dargestellt, von dem zwar das antreibende Wasserrad nicht, wohl aber das Hammergerüst, die Daumenwelle und der Hammer selbst zu sehen sind. Solche Hammerwerke wurden bis ins 19. Jahrhundert gebaut und bis ins 20. Jahrhundert betrieben. Mehrere sind als technisches Denkmal erhalten, so als Eisenhämmer der Frohnauer Hammer bei Annaberg sowie die Hämmer von Dorfchemnitz (Abb. 90) und Freibergsdorf bei Freiberg, Liebsdorf bei Weida, weitere in Hindelang bei Sonthofen/Bayern, Keidenzell bei Nürnberg, ferner der »Halbach-Hammer« bei Essen und ein Hammer in Dobřiv bei Pilsen (Tschechische Republik). Ebenso konstruierte Kupferhämmer gibt es in Sachsen an der Saigerhütte Grünthal, in Thüringen bei Ohrdruf, in Sachsen-Anhalt in Thießen bei Dessau.

Abb. 90
Zwei Schwanzhämmer im Eisenhammerwerk Dorfchemnitz bei Freiberg, 1567 gegründet, jetzige Bausubstanz von 1844, bis 1933 betrieben

Auf AGRICOLAS Bild vom Frischfeuer sind ferner zwei Blasebälge zu sehen, die im Hüttenwesen – seit dem 13. Jahrhundert mit Wasserradantrieb – bis ins 18. Jahrhundert die alleinigen Gebläsemaschinen gewesen sind. Dann kamen zwar Kasten- und Zylindergebläse dazu, aber Blasebälge waren bis weit ins 19. Jahrhundert hinein im Hüttenwesen zu finden. Heute gibt es noch einige in den genannten Hammerwerken.

Wasserwirtschaftliche Anlagen

Kunstgräben, Röschen und Kunstteiche

Die schon zu AGRICOLAS Zeit zahlreichen Wasserräder der Wassergöpel, Kunstgezeuge, Erzmühlen, Pochwerke und Blasebälge erforderten die Zuleitung von Aufschlagwasser. Zwar wurden Erzmühlen, Pochwerke und Hütten dort gebaut, wo Wasserkraft leicht nutzbar zu machen war, doch erforderten die an die Lage der Erzvorkommen gebundenen Schächte und die große Zahl der Wasserräder schon im 15. und 16. Jahrhundert größere wasserwirtschaftliche Anlagen, bestehend aus Kunstgräben, Röschen (Wasserleitungstunneln) und Kunstteichen, die als Energiespeicher dienten. AGRICOLA bildet solche zwar nicht ab, doch sind in mehreren Bergrevieren etliche der heute noch vorhandenen Gräben, Röschen und Teiche schon in der Agricola-Zeit entstanden (Tabelle 26) und damit indirekt Zeugnisse der von AGRICOLA beschriebenen Maschinentechnik auf Wasserkraftbasis.

Tabelle 26. Kunstgräben, Röschen (Wasserleitungstunnel) und Kunstteiche aus dem 15. und 16. Jahrhundert in Sachsen und im Harz (die meisten heute noch erhalten)

Jahr	Revier	Graben, Rösche, Teich	Länge in km
1380	Ehrenfriedersdorf/ Erzgebirge	Röhrgraben	6
14. Jh.	Lautenthal/Harz	Oberer Kranicher Teich	
1396/1404	Geyer/Erzgebirge	Oberer Geyerscher Teich	
1460/1464	Altenberg/Erzgebirge	Aschergraben	7
1485	Schneeberg/Erzgebirge	Filzteich	
1524	Freiberg	3 Waldteiche	
um 1530	Grund/Harz	Innerste-Pochgraben	
1540	Platten (Horni Blatná)	Plattener Kunstgraben	20
um 1546	Zellerfeld	Eulenspiegeler Teich	
1548	Zellerfeld	Oberer Eschenbacher Teich	
um 1550	Marienberg/Erzgebirge	Oberer Lautaer Teich	
1550 – 1570	Freiberg	Kohlbach-Kunstgraben	13
1551	Marienberg/Erzgebirge	Reitzenhainer Zeuggraben	20
1545/1553	Altenberg/Erzgebirge	Galgenteiche	
1553	Altenberg/Erzgebirge	Neugraben	5
1554	Altenberg/Erzgebirge	Quergraben	3
1555	Eibenstock/Erzgebirge	Grüner Graben	8
1555/1560	Freiberg	Berthelsdorfer Hüttenteich	
1555/1560	Freiberg	Alter Thurmhofer Kunstgraben	3
1558/1568	Freiberg	Müdisdorfer Rösche	2,8

Tabelle 26 (Fortsetzung)

um 1560	Lautenthal/Harz	Kranicher Graben	0,12
um 1560	Lautenthal/Harz	Herrenwieser Graben	0,32
1561	Rammelsberg/Goslar	Herzberger Teich	
1562	Freiberg	Unterer Großhartmannsdorfer Teich	
1562 – 1568	Freiberg	Müdisdorfer Kunstgraben	7
vor 1563	Zellerfeld	Carler Teich	
1564/1570	Freiberg	Langenauer Pochwerksteiche	
1564/1570	Freiberg	Langenauer Wasser	4
1564/1570	Freiberg	Zethauer Kunstgraben	7,7
vor 1565	Zellerfeld	Alter Wasserläufer Teich	
vor 1565	Zellerfeld	Oberer Zechenteich	
vor 1565	Zellerfeld	Mittlerer Zechenteich	
um 1568	Freiberg	Erzengler Teich	
um 1568	Freiberg	Rothbächer Teich	
um 1568	Freiberg	Lother Teich	
1570	Lautenthal/Harz	Lautenthaler Kunstgraben	
1588	Clausthal	Oberer Hausherzberger Teich	
1589/1590	Freiberg	Hohbirker Kunstgraben	4,8
1590/1592	Freiberg	Oberer Großhartmannsdorfer Teich	
1592/1607	Freiberg	Obersaidaer Kunstgraben	2,1

5 AGRICOLA zum Salinenwesen, zur Chemischen Technologie und zur Silikattechnik

Im XII. Buch von »De re metallica« beschreibt AGRICOLA die Gewinnung von Salz, Soda, Salpeter, Alaun, Vitriol, Schwefel, Bitumen und Glas. Die Technologien zur Herstellung dieser Stoffe werden heute verschiedenen Wissenschaften zugeordnet. Während das Salinenwesen traditionell zum Montanwesen gezählt wird, rechnet man die Produktion von Soda, Salpeter, Alaun, Vitriol und Schwefel zur Chemischen Technologie, bezeichnet die Verarbeitung des Bitumens als Petrolchemie und ordnet die Glasherstellung der Silikattechnik zu.

Alle Verfahren, die AGRICOLA beschreibt, werden in Mitteleuropa nicht mehr angewandt, und doch gibt es auch bei ihnen verschiedene Beziehungen zu gegenwärtig bekannten Orten und Begriffen.

Die Herstellung von Salz

Die Salzgewinnung in Salzgärten (AGA VIII, S. 667 – 670) findet man z. B. heute noch in Uferregionen des Mittelmeeres. Solquellen, die Förderung von Salzsole aus Brunnen und Siedehäuser sind aus der Geschichte der deutschen Salinen bekannt, so von Halle, Bad Sulza, Bad Kösen, Bad Nauheim und vieler anderer, von denen heute auch technische Denkmale erhalten sind. Allerdings stellen diese durchweg nach Konstruktion und Größe Weiterentwicklungen der von AGRICOLA beschriebenen Technik dar. Haben z. B. die Siedepfannen bei AGRICOLA eine Grundfläche von 2,26 x 1,98 m = 4,48 m^2 (AGA VIII, S. 673) (Abb. 92), so wurden sie in der Folgezeit

Abb. 91
Siedepfanne in der Saline Sulza, um 1960

Die Schöpfeimer A. Die Kufe B. Der Bottich C. Der Siedemeiſter D. Der Burſche E. Die Frau F. Holzſpatel G. Bretter H. Körbe I. Schaufel K. Rechen L. Stroh M. Becher N. Gefäß mit Blut O. Bierkanne P.

Abb. 92
Sieden von Salz in einer Pfanne mittels Strohfeuer und Ausschöpfen des auskristallisierten Salzes in Körbe (De re metallica, 1556, AGA VIII, S. 678)

immer größer angefertigt, insbesondere nachdem um 1800 gewalzte statt gehämmerte Eisenbleche verfügbar wurden. Die im technischen Denkmal Saline Sulza erhaltene Siedepfanne der Zeit um 1900 ist etwa 10 m lang und etwa 8 m breit, hat also 80 m^2 Grundfläche (Abb. 91). Das Prinzip des Salzsiedens ist seit AGRICOLA jedoch das gleiche geblieben, bis die Salinen um 1930 bis 1970 überhaupt (fast) alle stillgelegt wurden. Selbst das in »De re metallica« abgebildete Trocknen des Salzes in Körben war in der Saline Bad Kreuznach bis 1975 beibehalten worden.

Der Ofen A. Platz für die Lagerung des Gesteins B. Gestein C. Schöpflöffel D. Der Kessel E. Die Rinne F. Die Wanne G.

Abb. 93
Brennen des Alaunschiefers, Auslaugen und Sieden von Alaun (De re metallica, 1556, AGA VIII, S. 696)

Soda und Salpeter

Alaun und Vitriol

Für Soda und Salpeter gibt AGRICOLA (AGA VIII, S. 685 – 689) Verfahren an, die im 19. und 20. Jahrhundert durch die chemische Industrie abgelöst worden sind, ebenso für Alaun. Doch erinnert an die von AGRICOLA beschriebene Alaun- und Vitriolherstellung (AGA VIII, S. 690 – 704) noch der Name »Alaunschiefer« für mehrere je 8 bis 10 m mächtige Schichtfolgen des Silurs im thüringischen Schiefergebirge, im Vogtland, Frankenwald und Böhmen.

Abb. 94
Alaunbergwerk »Jeremiasglück«, die jetzigen Tropfsteinhöhlen Feengrotten bei Saalfeld, 3. Sohle: Der Märchendom

Dort wurde, wie AGRICOLA beschreibt, Alaunschiefer bergmännisch untertage gewonnen, in Behältern oder in großen Haufen unter freiem Himmel durch den Regen ausgelaugt, die Lauge aufgefangen und nach bestimmtem Rezept auf Alaun oder Vitriol eingedampft (Abb. 93). AGRICOLA erwähnt die Alaunherstellung bei Saalfeld (AGA IV 75, S. 263), und davon gibt es heute noch ein berühmtes Zeugnis, die Feengrotten. Dort, im Arnsgereuther Tal bei Garnsdorf, begann 1530, also zur Zeit AGRICOLAS, der Abbau von Alaunschiefer.

Die Saalfelder Feengrotten

Eine Alaunhütte wurde sicher gleichzeitig errichtet, wird aber erst 1599 urkundlich erwähnt. Der Betrieb fand mit Unterbrechungen statt, ebenso wie bei den Alaunschiefergruben bei Obernitz, Schmiedefeld und Gräfenthal. Die Garnsdorfer Grube wurde 1757 von dem kursächsischen Amtmann J. E. JEREMIAS in Weida als Grube »Jeremias-

Die Pfeifen A. Die kleinen Fenster B. Die Marmorplatten C. Die Zange D. Formen für die Gestaltung der Glaswaren E.

Abb. 95
Hafenofen für die Glasproduktion und Arbeiten mit der Glasmacherpfeife (De re metallica, 1556, AGA VIII, S. 722)

glück« wieder aufgenommen, ab 1760 aber – wie auch die anderen Alaunwerke bei Saalfeld – von dem Leipziger Handelsherren FREGE weitergeführt. Stillgelegt wurde der Bergbau 1855, die Alaunhütte 1860. In den vom Menschen unberührt gebliebenen ehemaligen Alaungruben bildeten sich bunte Tropfsteine aus verschiedenen Mineralen, die, 1912 entdeckt, nun Anlaß zur Erschließung des alten Alaunbergwerks Jeremiasglück als Besucherhöhle »Saalfelder Feengrotten« gaben (Abb. 94). An den relativ senkrechten Seitenwänden und der horizontalen Decke erkennt man, daß die Feengrotten keine natürlichen Höhlen, sondern alte Grubenbaue sind.

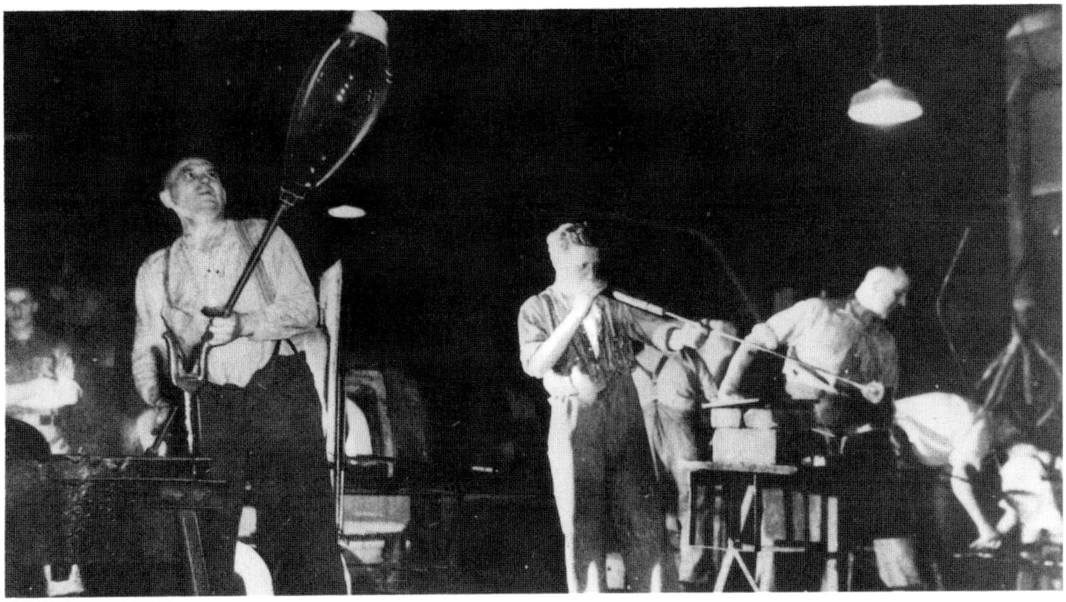

Abb. 96. Glasbläser am Hafenofen in einer Glashütte bei Ilmenau/Thüringen (um 1980)

Bei Schmiedefeld ist das ehemalige Alaunbergwerk Morasina auch wieder zugänglich gemacht worden.

Die Herstellung von Glas

Aus den Glashütten behandelt AGRICOLA (AGA VIII, S. 713 – 723) den Hafenofen, der bis zur Erfindung des kontinuierlich arbeitenden Glas-Wannenofens 1867 das alleinige Schmelzaggregat für Glas war, und die Arbeit des Glasmachers mit der Glasmacherpfeife (Abb. 95). Für bestimmte Produkte gibt es auch heute noch Hafenöfen und den mit der Pfeife arbeitenden Glasmacher (Abb. 96). Auch die Glasindustrie von Murano bei Venedig besteht noch, die AGRICOLA am Schluß seines Hauptwerkes »De re metallica« mit den Worten beschreibt: »Die Glasmacher stellen verschiedene Gegenstände her, nämlich Becher, Schalen, Krüge, Kolben, Schüsseln, Fensterglas, Figuren von Tieren, Bäume, Schiffe. Ich habe viele solche hervorragende und bewundernswerte Gegenstände gesehen, als ich einst zwei Jahre in Venedig mich aufhielt; vor allem zu den jährlich wiederkehrenden Festtagen der Himmelfahrt des Herrn, wenn die Waren zum Verkaufe aus Murano gebracht wurden. Dort sind die allerberühmtesten Glashütten. Diese sah ich auch sonst, vor allem aber, wenn ich zu bestimmten Zwecken mit ANDREAS NAUGERIUS in dessen Hause dort zusammen mit FRANCISCUS ASULANUS zusammenkam.«

Murano bei Venedig

Quellen, weiterführende Literatur und Werkübersichten

Literatur zum Abschnitt 1

BLASCHKE, K. H.: Geschichte Sachsens im Mittelalter. – Berlin 1990
GROß, R. (Hrsg.): Sachsen und die Wettiner, Chancen und Realitäten. – Dresden 1990
LAUBE, A.: Studien über den erzgebirgischen Silberbergbau von 1470 bis 1546. – In: Forsch. z. mittelalt. Gesch. **22**. – Berlin 1974
STEINMÜLLER, K.: Wirtschaft und Gesellschaft Leipzigs im Zeitalter der Renaissance. – In: Leipziger Bautradition. – Leipzig 1955, S. 53
WAGENBRETH, O., WÄCHTLER, E., u. a.: Bergbau im Erzgebirge. – Leipzig 1990
WUßING, H. (Hrsg.): Geschichte der Naturwissenschaften. – Leipzig 1983

Literatur zum Abschnitt 2

a) Archivalien

Annaberg-Buchholz: Kirchenbibliothek St. Annen: Sammlung **Jenisius**
Chemnitz St. Jakobikirche:
Taufbuch 1548
Begräbnisse 1548 – 1565
Chemnitz Stadtarchiv:

II IV 1a II	Bürgerbuch 1536 – 1566
III II 42b	Geschoßbuch 1531 – 1540
III II 53a I Bd 3	Eynnambuch [des Rates] 1541 – 1555
	Ausgabe Buch [des Rates] 1545 – 1555
III II 53a II Bd 1	Ausgabenbuch des Rates 1531 – 1544
III VII b4	Beyder Rethe Handelsbuch 1548 – 1600
IV I 46	Protokoll Kirchensachen 1511 – 1763
IV IX 51, 52	Gemeinkosten
VI I 1b	Der Schmalkaldische Krieg
VII IV 200b	Türkensteuer 1542
VII IV 200d	Bausteuer
VII IV 200e	Schocksteuer 1547

	VII IV 200 f	Türkensteuer 1551
	Convolut 87b Stück 79 Herzog Moritz an Agricola 14.6.1543	
Dresden	Hauptstaatsarchiv:	
	Gerichtsbuch Chemnitz No. 62 Gerichtsbuch der Vögte 1535 – 1550	
	Original-Urkunde 10700b	
	Locat 891 Register, was das Closter Kemnitz einkommt ... 1541	
	Locat 9138, 9354 Landtag Freiberg 1546	
	Locat 9441 Kurfürstliche Kriege	
	Copial 259 Briefe des Kurfürsten	
Gotha	Landesarchiv: Briefband A 123 Folio 247 Mathesius an Eber 1.1.1551	
Gotha	Landesbibliothek:	
	Briefband Chart. A 123 Mosellanus an Stella 19.11.1519	
	Briefband A 129 Eber an Gluenspies 21.10.1545	
Hamburg	Stadt- und Universitätsbibliothek:	
	sup. ep. 104.1 Agricola an Roth 12. 1517	
Zwickau	Ratsschulbibliothek:	
	B 19	Brief Hertel an Roth 1531
	B 21	Brief Hertel an Roth (1525)
	B 116	Brief Hertel an Roth (1527)
	B 120	Brief Hertel an Roth (1526)
	B 199	Brief Agricola an Roth (1520)
	D 64	Brief Camitianus an Roth 27.12.1521
	N 5	Brief Cruciger an Roth 6.1.1518
	N 59	Brief Camitianus an Roth 8.3.1522
	XL	Brief Unbek. Humanist an Roth 5.6.1523
Zwickau	Stadtarchiv:	
	A^x A I 27 Quittungen	
	A^x A I 28 Quittungen 1534	
	A^x A III 26 Nr. 2e Verzicht vom 26.3.1522	
	Ratsprotokolle 1518/19	
	Ratsprotokolle 1519/20	
	Konzeptbuch 1533/37	

b) Literatur

ALBINUS, P.: Meißnische Land- und Berg-Chronica. – Dresden 1589/1590

BAUMGARTEN-CRUSIUS, D.: Georgii Fabricii Chemnici epistulae ad Wolf. Meurerum. – Leipzig 1845

BEIERLEIN, P. R.: Lazarus Ercker. Freiberger Forsch.-H. **D 34**. – Berlin 1960

BRÄUER, H.: Zur bürgerlichen Chronistik der Stadt Zwickau im 16. Jahrhundert. – Diss. Univ. Leipzig 1969

BRÄUER, H.: Der politisch-ideologische Differenzierungsprozeß in der Zwickauer Bürgerschaft unter dem Einfluß des Wirkens Thomas Müntzers (1520/1521). – In: Der deutsche Bauernkrieg und Thomas Müntzer. – Leipzig 1976, S. 105 – 111

BRÄUER, H.: Die Stadtbevölkerung von Chemnitz zwischen 1450 und 1600. – Karl-Marx-Stadt 1978

BRÄUER, H.: Zwickau und Luther, zur städtischen Kirchenpolitik in Zwickau 1527 – 1531. – Karl-Marx-Stadt 1983

BRÄUER, H.: Zu einigen Problemen der Finanzpolitik des Chemnitzer Rates im 15. und 16. Jahrhundert. – In: Hess. Studien. – Weimar **5** (1981), S. 184 – 193

CLEMEN, O.: Zwei theologische Abhandlungen des Georg Agricola. – In: N. Arch. f. sächs. Gesch. **21** (1900), S. 65 – 273

ENGEWALD, G. R.: Georgius Agricola. – Leipzig 1982 (Biogr. hervorrag. Naturwiss., Techn. u. Med. **61**)

FISCHER, W.: Zum 450. Geburtstag Agricolas, des »Vaters der Mineralogie« und Pioniers des Berg- und Hüttenwesens. – In: N. Jb. Min., Geol. u. Pal., Monatsh., Abt. A. – Stuttgart 1944, S. 1 – 113

FRIEDBERG, E.: Die Universität Leipzig. – Leipzig 1898

HARTMANN, H.: Georg Agricola, 1494 – 1555. – Stuttgart 1953

HERLITZIUS, E.: Georgius Agricola, seine Weltanschauung und seine Leistung als Wegbereiter einer materialistischen Naturauffassung. Freiberger Forsch.-H. **D 32**. – Berlin 1960

HOFMANN, R.: Dr. Georg Agricola. – Gotha 1905

HORST, U.: Das Agricola-Büchlein. – Dresden 1955

HORST, U.: Die Agricola-Forschung. – In: Ber. Dtsch. Gesellsch. Geol. Wiss. – Berlin **1** (1955/56), S. 99 – 116

JANČAREK, P.: Die Grundzüge der Joachimsthaler Gesellschaft in der Zeit Georg Agricolas. – In: Sächs. Heimatbl. – Dresden **27** (1981), S. 58 – 62

KIRNBAUER, F.: Agricola und der alpine Bergbau. – In: Agricola-Festschrift. – Berlin 1955, S. 198 – 209

KUNZE, H.: Zur Buchillustration wissenschaftlicher Werke im 16. und 17. Jahrhundert. – In: Beitr. Gesch. d. Buch- u. Bibl.-wesens (W. Schellhas zum 85. Geburtstag). – Freiberg 1982, S. 64 – 72

LADWIG, R.: Georgius Agricola und das zeitgenössische ökonomische Denken. – In: Sächs. Heimatbl. – Dresden **27** (1981), S. 78 – 80

LADWIG, R.: Beiträge zur Herausbildung eines wissenschaftlichen ökonomischen Denkens durch Georgius Agricola. Freiberger Forsch.-H. **D 194**. – Leipzig 1989

LEHMANN, C.: Chronik der Stadt Chemnitz. – Schneeberg 1843

MATHESIUS, J.: Chronica der Keyserlichen freyen Bergkstadt Sanct Joachimsthal. – Nürnberg 1562

MICHAELIS, R.: Dr. Georgius Agricola und der sächsische Münzstreit um 1530. – In: Festschrift Georg Fraustadt. – Dresden 1960, S. 54 – 63

MOTHES, O.: Festschrift zur Einweihung der erneuerten Marienkirche. – Zwickau 1891 (S. 44: Plastik STEPHAN ROTH)

POLLET, J. V.: Julius Pflug. – Leiden 1969 – 1973

PRESCHER, H.: Georgius Agricola im Bild seiner Zeit. – In: Bergakademie. – Berlin **7** (1955) 3, S. 140 – 142

PRESCHER, H.: Georgius Agricola (24.3.1494 – 21.11.1555). Leben und Werk. – In: Sächs. Heimatbl. – Dresden **27** (1981), S. 49 – 54

PRESCHER, H.: Leben und Werk des Georgius Agricola. Neue Bergbautechnik. – Leipzig **11** (1981), S. 243 – 245

PRESCHER, H.: Georgius Agricola, Persönlichkeit und Wirken für den Bergbau und das Hüttenwesen des 16. Jahrhunderts. – Kommentarband zum Faksimiledruck »Vom Bergbau XII Bücher«, Basel 1557. – Leipzig u. Weinheim 1985

PRESCHER, H.: Georgius Agricola (1494 – 1555) und seine Beziehungen zu Herzog und Kurfürst Moritz 1543 – 1553. – In: Sächs. Heimatbl. – Dresden 1989, H. 5, S. 209 – 211

RESCH, F.: Neue urkundliche Forschungsergebnisse zur Sippengeschichte von Georg Agricola aus Glauchau (Sachsen). – In: N. Jb. Min., Geol. u. Pal., Monatsh. Abt. A. – Stuttgart 1944, S. 114 – 128

SCHAMBERGER, A.: Aus den Schätzen der Stiftsbibliothek. Zeitzer Heimat. – Zeitz 1955, Sonderh. 4

SCHMID, F. A.: Georg Agricolas Bermannus. – Freiberg 1806

STEINMÜLLER, K.: Agricola in Zwickau. Freiberger Forsch.-H. **D 18**. – Berlin 1957, S. 20 – 44

STIMMEL, E.: Die Familie Schütz. Ein Beitrag zur Familiengeschichte des Georgius Agricola. – In: Abh. Staatl. Mus. Min. u. Geol. – Dresden **11** (1960), S. 377 – 417

UHLE, P.: Urkunden zur Geschichte der Stadt Chemnitz im Schmalkaldischen Kriege. – In: Mitt. Ver. f. Chem. Gesch. – Chemnitz **4** (1884), S. 225 – 251

WILSDORF, H.: Präludien zu Agricola. Freiberger Forsch.-H. **D 5**. – Berlin 1954

WILSDORF, H.: Georg Agricola und seine Zeit. – Berlin 1956 (AGA 1, 1956)

WILSDORF, H.: Die ungedruckte Handschrift: Sippschaft des Hausses zu Sachßen. Freiberger Forsch.-H. **D 18**. – Berlin 1957, S. 61 – 79

WILSDORF, H.: Der erste sächsische Hofhistoriograph Georg Agricola und seine mediävistische Handbücherei. – In: Forsch. u. Fortschr. – Berlin **31** (1957), S. 266 – 272

WILSDORF, H.: 450 Jahre lehren und lernen in Sankt Joachimsthal. – In: Sborn. pro dej priv. ved. a techn. – Praha **12** (1967), S. 231 – 276

WILSDORF, H., u. QUELLMALZ, W.: Bergwerke und Hüttenanlagen der Agricolazeit. – Berlin 1971 (AGA, Erg.-Bd. 1)

• WINKELMANN, H.: Der Bergbau in der Kunst. – Essen 1958

WINKLER, S.: Der Innungsbrief der Glauchauer Weber von 1528. – In: Schriftenr. Mus. u. Kunstsamml. Schloß Hinterglauchau. – Glauchau **2** (1980), S. 2 – 11

ZAUNICK, R.: Beiträge zur Geschichte der Leipziger chirurgisch-anatomischen Professur von 1580. – In: Sudhoffs Arch. f. Gesch. d. Med. u. Naturwiss. **16** (1925), S. 102

Literatur zum Abschnitt 3

ENGEWALD, G. R.: Einige Gedanken zu Georgius Agricolas Beitrag zum Entstehen der geologischen Wissenschaften. – In: Sächs. Heimatbl. – Dresden **27** (1981), S. 81 – 84

FISCHER, W.: Mineralogie in Sachsen von Agricola bis Werner. – Dresden 1939

• FISCHER, W.: Gesteins- und Lagerstättenbildung im Wandel der wissenschaftlichen Anschauung. – Stuttgart 1961

GESNER, C.: De omni rerum fossilium genere, gemmis, lapidibus, metallis et huiusmodi libri aliquot, plerique nunc primum editi. – Zürich 1565 [Darin Brief von Kentmann mit Zeichnung der Basaltsäulen von Stolpen]

• HÖLDER, H.: Geologie und Paläontologie in Texten und ihrer Geschichte. – Freiburg, München 1960

• HÖLDER, H.: Kurze Geschichte der Geologie und Paläontologie. – Berlin, Heidelberg, New York ... 1989

JACOBI, G. H.: Der Mineraloge Georgius Agricola und sein Verhältnis zur Wissenschaft seiner Zeit. – Zwickau 1899

KOCH, R. A., u. STAMMLER, L.: Die Basaltgruppendarstellung im Vestungsbereich Stolpen in der Lausitz durch Johannes Kentmann 1565. – In: NTM-Schriftenreihe Gesch. Naturwiss. Techn. Med. – Leipzig **1** (1979) 16, S. 69 – 82

KOCH, R. A., u. a.: Der Basalt von Stolpen in der Lausitz. – In: Abh. Staatl. Mus. Min. u. Geol. – Dresden, Leipzig **32** (1983)

PRESCHER, H.: Die Mineralogie in den Werken von Dr. Georgius Agricola. – In: Natur und Heimat. – Berlin 1955, S. 334 – 336

PRESCHER, H.: Die Bedeutung G. Agricolas für die Geschichte der Lagerstättenkunde. – In: Geologie. – Berlin **20** (1971), S. 740 – 747

WAGENBRETH, O.: Zur Herausbildung der Montanwissenschaften in Sachsen im 16. Jahrhundert. – In: Sächs. Heimatbl. – Dresden **32** (1986), S. 56 – 63

WAGENBRETH, O.: Technisches Wissen im Montanwesen vom 12. Jahrhundert an und die Herausbildung der Montanwissenschaften im 16. Jahrhundert. – In: Beitr. z. Wissenschaftsgesch., Wiss. in Mittelalter u. Renaissance. – Berlin 1987, S. 175 – 204

WAGENBRETH, O.: Anfänge der Montanwissenschaften bis zur Gründung der ersten Bergakademie. – In: BUCHHEIM, G., u. SONNEMANN, R. (Hrsg.): Geschichte der Technikwissenschaften. – Leipzig 1990, S. 69 – 91

WERNER, A. G.: Neue Theorie von der Entstehung der Gänge. – Freiberg 1791

Literatur zum Abschnitt 4

ARNOLD, W. (Hrsg.): Eroberung der Tiefe. – Leipzig 1983, S. 108/109 [Pferdegöpel]

BACHMANN, M., u. PRESCHER, H.: Georgius Agricola und Reflexionen in erzgebirgischer Schnitzerei. – In: Reihe Weiß-Grün 1 (Landesstelle für erzgeb. u. vogtl. Volkskunst, Schneeberg). – Dresden 1983

BERG, B. J.: Gruvetektnikk ved Kongsberg sölvverk. – Kongsberg 1991

CANCRINUS, F. L.: Beschreibung der vorzüglichsten Bergwerke in Hessen, in dem Waldekkischen, an dem Harz, in dem Manfeldischen, in Chursachsen und in dem Saalfeldischen. – Frankfurt/M. 1767

• DIRKS, H. G.: Der 19-Lachter-Stolln und die Grube Ernst August in Wildemann. – Clausthal-Zellerfeld 1989

• FLEISCH, G.: Die Oberharzer Wasserwirtschaft in Vergangenheit und Gegenwart. – Clausthal-Zellerfeld 1983

• HAASE u. LAMPE, W.: Kunstbauten alter Wasserwirtschaft im Oberharz. – Clausthal-Zellerfeld 1985

HEß v. WICHDORFF, H.: Die Antimonerzlagerstätten der Umgegend von Schleiz und Greiz im Reußischen Vogtlande. – In: Zeitschr. f. prakt. Geol. – Halle **18** (1910), S. 240 – 249

HEß v. WICHDORFF, H.: Die Goldvorkommen des Thüringer Waldes und Frankenwaldes und die Geschichte des Thüringer Goldbergbaus und der Goldwäschereien. – Berlin (Preuß. Geol. Landesanstalt) 1914

KASPER, H. H.: Die sächsischen Saigerhütten zur Zeit Georg Agricolas und ihre Widerspiegelung in seinem Werk »De re metallica«. – In: Sächs. Heimatbl. – Dresden **27** (1981) 2, S. 69 – 73

KLÄHN, J.: Historisches Silber-Erzbergwerk Andreasberg/Oberharz. – St. Andreasberg o. J. (um 1990)

KRAUSE, R.: Altbergbau um Arlesberg. – Ilmenau 1990 [S. 33: Braunsteinmühle Geraberg]

LANGE, P.: Saigerhütten in Thüringen. – Techn. Inform., Kammer der Technik. – Eisenhüttenstadt **9** (1988) 1, S. 23 – 28

MAJER, J.: Zur Entwicklung der Bergbautechnik des 16. Jahrhunderts im Westteil des böhmischen Erzgebirges. – In: Dtsch. Jb. f. Volkskunde. – Berlin **13** (1967) II, S. 313 – 338

MAJER, J., u. SCHENK, J.: Die Joachimsthaler Bergbautechnik (Orig. tschechisch mit dtsch. Zus.). – In: Sbornik pro dějiny přirodnich věd a techniky. – Prag **12** (1967), S. 137 – 201

MAJER, J.: Über die Frage der Bergbautechnik in den Zinngruben des 16. Jahrhunderts in Slavkovský Les. – In: Rozpravy Národniho Technického Můzea – Prag **39** (1970), S. 83 – 102 [tschech.; dtsch. Zusammenf.]

PODA, N.: Kurzgefaßte Beschreibung der bei dem Bergbau zu Schemnitz in Nieder-Ungarn errichteten Maschinen. – Prag 1771 [Faksimile-Druck, Prag, Techn. Nationalmuseum 1975]

PRESCHER, H.: Georgius Agricola im Bild seiner Zeit. – In: Bergakademie. – Berlin **7** (1955) 3, S. 140 – 142

RÖßLER, B.: Speculum Metallurgiae politissimum oder hellpolierter Bergbauspiegel. – Dresden 1700 [Faksimile-Druck mit Kommentarband, Leipzig 1980]

• RUCKDESCHEL, W.: Wasser für Schloß Augustusburg. – In: Sanitär- und Heizungstechnik. – Düsseldorf 1993, S. 124 – 132

SCHENK, J.: Der Fund einer mittelalterlichen Erzmühle für die Bearbeitung von Golderz in Pisek. – In: Rozpravy Národniho Technického Muzea. – Prag **39** (1970), S. 45 – 51 [tschech.; dtsch. Zusammenf.]

SCHMIDT, G. H.: Aus der Geschichte der alten Hämmer und Hütten im Raum Pirna. – Pirna 1984

SCHWABENICKY, W.: ... war einst eine reiche Bergstadt. Archäologische Forschungen zum hochmittelalterlichen Montanwesen im Erzgebirge und Erzgebirgsvorland. – In: Veröff. Kreisarbeitsstelle Bodendenkmalpflege. – Mittweida **1** (1991)

SIEBER, S.: Zinnseifner im Erzgebirge. – In: Jb. f. Wirtschaftsgesch. – Berlin 1975, III, S. 99 – 124

• SLOTTA, R.: Technische Denkmäler in der Bundesrepublik Deutschland. – Bochum 1975

SPIER, H.: Historischer Rammelsberg. – Wieda, Hornburg 1988

• STELLING, W.: Der Tiefe Julius-Fortunatus-Stollen am Rammelsberg. – Der Anschnitt, Essen **45** (1993) 4, S. 132 – 143

WAGENBRETH, O.: Bergbauliche Denkmale im Lichte der Bergbautechnik Agricolas. Freiberger Forsch.-H. **D 18**. – Berlin 1957, S. 90 – 126

WAGENBRETH, O.: Die bergmännischen Pferdegöpel und ihre historische, architektonische und denkmalpflegerische Bedeutung. – In: Sächs. Heimatbl. – Dresden **23** (1977) 2, S. 49 – 62

WAGENBRETH, O.: Vom Betrieb des Kehrrades in der Roten Grube in Freiberg. – In: Sächs. Heimatbl. – Dresden **29** (1983) 2, S. 52 – 58

WAGENBRETH, O.: Goethe und der Ilmenauer Bergbau. – Weimar 1983 [Pferdegöpel, Kehrrad, Stolln]

WAGENBRETH, O.: Der Freiberger Oberbergmeister Martin Planer (1510 – 1582) und seine Bedeutung für den Bergbau und das Salinenwesen in Sachsen. – In: Sächs. Heimatbl. – Dresden **33** (1987) 1, S. 24 – 36 [Kunstgezeuge, Gruben und Teiche]

WAGENBRETH, O.: Historische Anlagen der bergmännischen Wasserwirtschaft im sächsischen Erzgebirge. – In: Schriftenreihe Frontinus-Ges. – Bergisch-Gladbach **15** (1991), S. 113 – 133

WAGENBRETH, O., WÄCHTLER, E., u. a.: Der Freiberger Bergbau. Technische Denkmale und Geschichte. – Leipzig 1986 (2. Aufl. 1988)

WAGENBRETH, O., WÄCHTLER, E., u. a.: Bergbau im Erzgebirge. Technische Denkmale und Geschichte. – Leipzig 1990

WILSDORF, H.: Arbeit und Arbeitsgerät im sächsischen Erzbergbau des 16. Jahrhunderts. – In: Dtsch. Jb. f. Volkskunde. – Berlin **5** (1959), S. 255 – 300

WILSDORF, H.: »Was hölstu von den neien Kinsten?« Ein Gespräch zweier Schneeberger Steiger aus dem Jahre 1556. – In: Jb. f. Volkskunde u. Kulturgesch. – Berlin 31, NF 16 (1988), S. 171 – 182

WILSDORF, H., u. QUELLMALZ, W.: Bergwerke und Hüttenanlagen der Agricola-Zeit. – Berlin 1971 – AGA Ergänzungsband I

Literatur zum Abschnitt 5

BEYERSDORFER, P.: Georgius Agricola und das Glashüttenwesen. – In: Agricola-Festschrift. – Berlin 1955, S. 154 – 162

EMONS, H. H., u. WALTER, H. H.: Mit dem Salz durch die Jahrtausende. – Leipzig 1986

EMONS, H. H., u. WALTER, H. H.: Alte Salinen in Mitteleuropa. – Leipzig 1988

LANGE, P.: Die Alaun-, Vitriol- und Schwefelsäureproduktion in Thüringen. – In: Rudolst. naturhist. Schriften **2** (1989), S. 3 – 19

LANGE, P., SENF, L., u. LOCHNER, B.: Die Saalfelder Feengrotten. Zur Geschichte, Geologie und Mineralisation der ehemaligen Alaunschiefergruben. – In: Veröff. Mus. Naturkunde. – Gera **19** (1992), S. 71 – 85

Übersicht: AGRICOLAS Werke und deren sämtliche Auflagen

I. Die lateinische Schulgrammatik
   1. Libellus de prima ac simplici institutione grammatica. – (1. lat. Ausgabe: Leipzig 1520)
   2. Büchlein vom einfachen grammatischen Anfangsunterricht. – (1. dtsch. Ausgabe: Berlin 1961, AGA VI)

II. Die Ausgaben der Aldinen
   1. Galeni librorum, pars quinta. – (Griech.: Venedig 1525)
   2. Omnia opera Hippocratis. – (Griech.: Venedig 1526)
   3. Pauli Aeginethae medici optimi libri septem. – (Griech.: Venedig 1528)

III. Bermannus oder ein Gespräch vom Bergbau (insgesamt 13 Ausgaben)
   1. Bermannus sive de re metallica. – (Lat. Ausgaben: 1. Basel 1530, 2. Paris 1541, 3. Leipzig 1546, 4. Basel 1546, 5. Basel 1558, 6. Wittenberg 1612, 7. Basel 1657)
   2. Il Bermanno o de le cose metallice, Dialogu. – (Ital. Ausgabe: Venedig 1550)
   3. Gespräch vom Bergwesen. – (1. dtsch. Ausgabe: Rotenburg 1778)
   4. Bermannus, Gespräch vom Bergwerke. – (2. dtsch. Ausgabe: Freiberg 1806)
   5. Bermannus oder über den Bergbau, ein Dialog. – (3. dtsch. Ausgabe: Berlin 1955, AGA II)
   6. Bermannus aneb rozmlura u hornictvi. – (1. tschech. Ausgabe: Prag 1957)
   7. Bermannus (le Mineur) un dialogue sur les Mines. – (1. französ. Ausgabe: Paris 1990)

IV. Die Rede gegen die Türken (insgesamt 8 Ausgaben)
   1. Oration, Anrede und Vermahnung. – (Dtsch. Ausgaben: 1. Dresden 1531, 2. Nürnberg 1531, 3. Frankfurt/M. 1597)
   2. Rede von der Notwendigkeit des Krieges gegen die Türken. – (4. dtsch. Ausgabe: Berlin 1963, AGA VII)
   3. Oratio de bello adversus Turcam suscipiendo. – (Lat. Ausgaben: 1. Basel 1538, 2. Leipzig 1594)
   4. De bellos adversus Turcam. – (3. lat. Ausgabe: Leipzig 1595, 4. lat. Ausgabe: Leipzig 1603)

V. Über Maße und Gewichte (insgesamt 5 Ausgaben)
   1. De mensuris et ponderibus. – (Lat. Ausgaben: 1. Basel 1533, 2. Paris 1533, 3. Venedig 1535, 4. Basel 1550)
   2. Maße und Gewichte der Römer und Griechen. – (2. dtsch. Ausgabe: Berlin 1959, AGA V)

VI. Die Entstehung der Stoffe im Erdinnern (insgesamt 7 Ausgaben)

1. De ortu et causis subterraneorum. – (Lat. Ausgaben: 1. Basel 1546, 2. Basel 1558, 3. Wittenberg 1612, 4. Basel 1657)
2. De la generatione de la cose, che sotto la terra sono. – (Ital. Ausgabe: Venedig 1550)
3. Von den Entstehungsursachen der unterirdischen Körper. – (1. dtsch. Ausgabe: Freiberg 1806)
4. Die Entstehung der Stoffe im Erdinnern. – (2. dtsch. Ausgabe: Berlin 1956, AGA III)

VII. Die Natur der aus dem Erdinnern hervorquellenden Stoffe (insgesamt 8 Ausgaben)

1. De natura eorum, quae effluunt ex terra. – (Lat. Ausgaben: 1. Basel 1546, 2. Venedig 1553, 3. Basel 1558, 4. Wittenberg 1612, 5. Basel 1657)
2. De la natura di quelle cose, de la terre scorono. – (Ital. Ausgabe: Venedig 1550)
3. Von den Eigenschaften der Körper, die aus dem Innern der Erde auf die Oberfläche hervordringen. – (1. dtsch. Ausgabe: Freiberg 1807)
4. Die Natur der aus dem Erdinnern hervorquellenden Dinge. – (2. dtsch. Ausgabe Berlin 1956, AGA III)

VIII. Die Minerale (insgesamt 8 Ausgaben)

1. De natura fossilium. – (Lat. Ausgaben: 1. Basel 1546, 2. Basel 1558, 3. Wittenberg 1612, 4. Basel 1657)
2. De la natura de la cose Fossili. – (Ital. Ausgabe: Venedig 1550)
3. Oryktognosie. – (1. dtsch. Ausgabe: Freiberg 1809 – 1810)
4. Die Mineralien. – (2. dtsch. Ausgabe: Berlin 1958, AGA IV)
5. De natura fossilium. – (Engl. Ausgabe: New York 1955)

IX. Erzlagerstätten und Erzbergbau in alter und neuer Zeit (insgesamt 9 Ausgaben)

1. De veteribus et novis metallis. – (Lat. Ausgaben: 1. Basel 1546, 2. Basel 1558, 3. Wittenberg 1512, 4. Basel 1657)
2. De le minere antiche e moderne. – (Ital. Ausgabe: Venedig 1550)
3. Geschichte der Metalle. – (Dtsch. Ausgabe: Freiberg 1812)
4. Erzlagerstätten und Erzbergbau in alter und neuer Zeit. – (2. dtsch. Ausgabe: Berlin 1961, AGA VI)
5. O starożytnych i nowych kopalniach ksiag olwoje. – (Poln. Ausgabe: Katowice 1931)
6. О месторождениях и рудниках в старое и новое время. – (Russ. Ausgabe: Moskau 1972)

X. Die Lebewesen unter Tage (insgesamt 16 Ausgaben)

1. De animantibus subterraneis. – (Lat. Ausgaben: 1. Basel 1549, 2. Basel 1556, 3. Basel 1561, 4. Wittenberg 1614, 5. Basel 1621, 6. Basel 1657, 7. Rom 1954, 8. Brüssel 1967)
2. De gl'Animali di sotto terra. – (Ital. Ausgabe: Basel 1563)
3. Buch von den Lebewesen unter Tage. – (Dtsch. Ausgabe: 1. Berlin 1928, 2. Düsseldorf 1953, 3. München 1977, 4. Düsseldorf 1977, 5. Düsseldorf 1978)
4. Die Lebewesen unter Tage. – (Dtsch. Ausgabe: 1961, AGA VI)
5. Etres vivants sous terre. – (Französ. Ausgabe: Thionville 1987)

XI. Die ausländischen Maße und Gewichte (insgesamt 2 Ausgaben)

1. De externis mensuris et ponderibus. – (Basel 1550)
2. Die ausländischen Maße und Gewichte. – (1. dtsch. Ausgabe: Berlin 1959, AGA V)

XII. Kurze Verteidigung gegenüber dem, was Andreas Aliciatus von neuem über Maße und Gewichte vorgebracht hat

1. Ad ea, quae Andreas Alciatus denuo disputavit. – (Basel 1550)
2. Kurze Verteidigung gegenüber dem, was Andreas Alciatus kürzlich von Neuem über Maße und Gewichte vorgebracht hat. – (1. dtsch. Ausgabe: Berlin 1959, AGA V)

XIII. Maße, mit denen wir Entfernungen messen

1. De mensuris, quibus intervalla metimur. – (Lat. Ausgabe: Basel 1550)
2. Die Maße, mit denen wir Entfernungen messen. – (Dtsch. Ausgabe: Berlin 1959, AGA V)

XIV. Die Wiederherstellung der Gewichte und Maße

1. De restituendis ponderibus atque mensuris. – (Lat. Ausgabe: Basel 1550)
2. Die Wiederherstellung der Gewichte und Maße. – (Dtsch. Ausgabe: Berlin 1959, AGA V)

XV. Der Preis der Metalle und die Münzen

1. De precio metallorum et monetis. – (Lat. Ausgabe: Basel 1550)
2. Der Preis der Metalle und die Münzen. – (Dtsch. Ausgabe: Berlin 1959, AGA V)

XVI. Die Pest (insgesamt 5 Ausgaben)

1. De peste. – (Lat. Ausgaben: 1. Basel 1554, 2. Schweinfurt, 1607, 3. Gießen 1611)
2. Über die Pest. – (1. dtsch. Ausgabe: Leipzig 1952)
3. Die Pest. – (2. dtsch. Ausgabe: Berlin 1961, AGA VI)

XVII. Die Sippschaft des Hauses zu Sachsen

1. Die Sippschaft des Hauses zu Sachsen. – (Dtsch. Ausgabe: Berlin 1963, AGA VII)

XVIII. Bergbau und Hüttenwesen (insgesamt 36 Ausgaben)

1. De re metallica. – (Lat. Ausgaben: 1. Basel 1556, 2. Basel 1561, 3. Basel 1621, 4. Basel 1657, 5. Rom 1959, 6. Brüssel 1967, 7. Mailand 1977)
2. Vom Bergwerk. – (Dtsch. Ausgaben: 1. Basel 1557, 11. Leipzig 1985, 12. Weinheim 1985, 13. Essen 1985, 14. Hannover 1985)
3. Bergwerk Buch. – (Dtsch. Ausgaben: 2. Frankfurt/M. 1580, 3. Basel 1621)
4. Zwölf Bücher vom Berg- und Hüttenwesen. – (Dtsch. Ausgaben: 4. Berlin 1928, 5. Düsseldorf 1953, 6. Düsseldorf 1961, 7. Berlin 1974, 9. Düsseldorf 1977, 10. Düsseldorf 1978, 11. Düsseldorf 1980)
5. Vom Berg- und Hüttenwesen. – (Dtsch. Ausgaben: 8. München 1977)
6. Opera de l'Arte de Metalli. – (Ital. Ausgaben: 1. Basel 1563, 2. Turin 1969)
7. ... (Chines. Ausgabe: Peking 1640/43)
8. De re metallica. – (Engl. Ausgaben: 1. London 1912, 2. New York 1950)
9. Dvanáct knih o hornictvi a hutnictvi. – (Tschech. Ausgaben: 1. Prag 1933, 2. Prag 1976, 3. Prag 1986)
10. О горном деле и металлургии. – (Russ. Ausgabe: Moskau 1962)
11. De re metallica. – (Japan. Ausgabe: Tokio 1968)
12. De re metallica. – (Span. Ausgabe: Madrid 1972)
13. Tizenket konyv a Bánászatról es kohászatról. – (Ungar. Ausgabe: Budapest 1985)
14. De re metallica. – (Französ. Ausgaben: 1. Thionville 1987, 2. Paris 1991)

XVIII. Teilübersetzungen von »De re metallica«

1. Zwölftes Buch: deutsch (Dresden 1599)
2. Diversi secretti: italienisch (Bergamo 1699)
3. Auszüge aus den zwölf Büchern ... vom Bergbau: deutsch (Marienberg 1777/78)
4. Beschreibung der Fördermaschinen und Wasserhebezeuge der Alten (Dresden 1799)
5. De re metallica: polnisch (Lwow 1903)
6. A Bányá szatról: ungarisch (Budapest 1933)
7. De re metallica, Buch VIII: deutsch (Freiberg 1971)

XIX. Verlorengegangene Werke AGRICOLAS

1. Institutiones baccalaurei (I. Schulordnung für die schola graeca in Zwickau), 1519
2. Reformatio studii (?) (II. Schulordnung für die schola graeca in Zwickau), 1520

3. Nova reformatio studii, Ordnunge der Newhen schule, 1520/21
4. Rudimenta Graeca (Anfangsgründe des Griechischen), vor 1522
5. Libellus Galeni (Übersetzung des griechischen Textes ins Lateinische), 1525/30
6. Castigationes in Hippocratem et Galenum (Textbereinigungen zu Hippokrates und Galen), 1529/34
7. De Varie temperie sive constitutione aeris (Über die verschiedene Zusammensetzung oder Mischung bei der Verhüttung des Kupfers), um 1535
8. Typographia Mysnae et Toringiae (Bildhafte Beschreibung von Meißen und Thüringen), 1544 – von Agricola 1544 dem Dresdener Hof eingereicht und nicht zurückerhalten (?)
9. De terra motu (Vom Erdbeben), 1544 – befand sich im Nachlaß
10. Commentarii libri VI (Kommentare, 6 Bücher), 1548/49 – Erläuterungen, vermutlich zu schwierigen Stellen in Texten antiker Autoren, genauer Titel unbekannt
11. De medicatis fontibus (Über Heilquellen), nach 1549
12. De ortu metallorum defensio ad Jacobum Schekium (Verteidigungsschrift gegen Jakob Schecks Schrift über die Entstehung der Metalle), um/nach 1550
13. Gutachten über Ernst Brottuf: Meißnische Chronik, 1550
14. De aere statibus (Die Zustände der Luft), nach 1554
15. De putredine solidas partes humani corporis corrumpente (Über die Fäule, die die festen Körperteile des Menschen zerstört), um 1554 – war im Nachlaß vorhanden, ist später verschollen
16. De jure et legibus metallis (Bücher über das Bergrecht), um 1554, geplant

XX. Bearbeitungen von AGRICOLAS metrologischen Schriften

1. URANIUS, HENRICUS: De re numaria, mensuris et ponderibus Epitome ex ... Agricola (Lat. Ausgaben: 1. Solingen 1540, 2. Köln 1569)
2. PHILANDRUS, GULIELMUS: Epitome omnium Georgii Agricolae de mensuris et ponderibus (Lat. Ausgaben, z. T. zusammen mit Vitruv: Architectura; 1. Lyon 1552, 2. Lyon 1552, 3. Paris 1585, 4. Paris 1585, 5. Lyon 1586, 6. Paris 1589, 7. Amsterdam 1649, 8. Udine 1830)
3. DU PINET, ANTOINE: Des poids, mensures et dimensiones des Anciens (In: Plinius: Histoire naturalis) (Französ. Ausgaben: 1. Lyon 1562, 2. Lyon 1566, 3. Lyon 1581, 4. Lyon 1584, 5. Lyon 1605, 6. Paris 1608, 7. Cologny 1608, 8. Paris 1615, 9. Paris 1622, 10. Cologny 1625)

XXI. Brief an Petrus Plateanus

1. Epistola ad Plateanum. – Basel 1534

Übersicht: Georgius Agricola – Ausgewählte Werke

Gedenkausgabe des Staatlichen Museums für Mineralogie und Geologie zu Dresden, Herausgeber: HANS PRESCHER und GERHARD MATHÉ. (Deutscher Verlag der Wissenschaften, Berlin / Hüthig Verlagsgemeinschaft, Heidelberg – Berlin)

Band I (1956):	Georgius Agricola und seine Zeit. Von HELMUT WILSDORF
Band II (1955):	Georgius Agricola: Bermannus sive de re metallica Dialogus (Bermannus oder über den Bergbau, ein Dialog). Von HELMUT WILSDORF, HANS PRESCHER und HEINZ TECHEL
Band III (1956):	Georgius Agricola: Schriften zur Geologie und Mineralogie I. – Epistula ad Meurerum (Brief an Meurer. Ein lateinisch-deutsches Wörterverzeichnis), 1546 – De ortu et causis subterraneorum libri V (Die Entstehung der Stoffe im Erdinnern), 1544 – De natura eorum, quae effluunt ex terra (Die Natur der aus dem Erdinnern hervorquellenden Stoffe), 1546 Von GEORG FRAUSTADT und HANS PRESCHER
Band IV (1958):	Georgius Agricola: Schriften zur Geologie und Mineralogie II. – De natura fossilium libri X. (Die Minerale), 1546 Von GEORG FRAUSTADT und HANS PRESCHER
Band V (1959):	Georgius Agricola: Schriften über Maße und Gewichte (Metrologie). – De mensuris et ponderibus Romanorum et Graecorum libri V (Maße und Gewichte der Römer und Griechen), 1533/1550 – De externis mensuris et ponderibus libri II (Die ausländischen Maße und Gewichte), 1550 – Ad ea quae Andreas Alciatus denuo disputavit de mensuris et ponderibus, brevis defensio liber (Kurze Verteidigung Georg Agricolas gegenüber dem, was Andreas Alciatus von neuem über Maße und Gewichte vorgebracht hat), 1550 – De mensuris quibus intervalla metimur liber (Maße, mit denen wir Entfernungen messen), 1550 – De restituendis ponderibus atque mensuris liber (Die Wiederfeststellung der Gewichte und Maße), 1550

	– De precio metallorum et monetis libri III (Der Preis der Metalle und die Münzen), 1550 Von GEORG FRAUSTADT und WALTER WEBER
Band VI (1961):	Georgius Agricola: Vermischte Schriften I. – Libellus de prima ac simplici institutione grammatica (Ein Büchlein über den ersten und einfachen Grammatikunterricht), 1520 – De veteribus et novis metallis libri II (Erzlagerstätten und Erzbergbau in alter und neuer Zeit), 1546 – De animantibus subterraneis liber (Die Lebewesen unter Tage), 1549 – Die peste libri III (Die Pest), 1554 Von GEORG FRAUSTADT, THEODOR BRUGSCH, ROLF HERTEL und HANS PRESCHER
Band VII (1963):	Georgius Agricola: Vermischte Schriften II. – Oratio de bello adversus Turcam suscipiendo (Rede von der Notwendigkeit des Krieges gegen die Türken), 1530/38 – Die Sippschaft des Hauses zu Sachsen, 1555 Von GEORG FRAUSTADT
Band VIII (1974):	Georgius Agricola: De re metallica libri XII (Bergbau und Hüttenwesen, 12 Bücher). Von GEORG FRAUSTADT und HANS PRESCHER
Band IX (1992):	Georgius Agricola: Briefe und Urkunden. Von ULRICH HORST, HANS PRESCHER UND GEORG FRAUSTADT
Band X (1971):	Agricola-Bibliographie 1520 – 1963 Von RUDOLF MICHAELIS und HANS PRESCHER – Bestandsaufnahme der Werke des Dr. Georgius Agricola mit bibliographischen Forschungsergebnissen. Von ULRICH HORST
Ergänzungsband I (1971):	Bergwerke und Hüttenanlagen der Agricola-Zeit. Von HELMUT WILSDORF und WERNER QUELLMALZ

Bildquellenverzeichnis

B. BASTIAN, Dresden 38
Chr. FREUND, Greiz 88
D. GÜNTHER, Rammelsberger Bergbaumuseum Goslar 68
J. KLÄHN, Andreasberg 61
M. KNOPFE, Freiberg
Reproduktionen 6, 11, 14, 15, 18, 22, 23, 24, 26, 27, 28, 29, 34, 35;
Fotos 46, 50, 75
R. KRAUSE, Geraberg 78
B. LOCHNER, Saalfeld 94
H. L. RADIG, Bad Sulza 91
W. D. RÖBER, Zwickau 5, 10
O. WAGENBRETH, Freiberg
Zeichnungen 1, 2, 3, 4, 36, 40, 56, 59, 65, 72
Fotos 8, 9, 16, 17, 32, 40, 44, 48, 60, 66, 67, 70, 73, 77
HBS Bergakademie Freiberg (BARTSCH) 42
Technisches Glas, Ilmenau (KÖDITZ) 96
Landesamt für Denkmalpflege, Dresden 7
Sächsische Landesbibliothek / Deutsche Fotothek, Dresden, 12, 13, 19, 30 (KRAMER), 52 (MÖBIUS), 53, 55 (DÖRING), 80 (NOWAK), 82, 84, 90 (REINECKE)
Stadtarchiv Chemnitz 21 (S. WEINGART), 25
Reproduktionen aus Agricola: De re metallica (AGA VIII) 39, 41, 43, 45, 47, 49, 51, 54, 58, 62, 64, 69, 71, 74, 76, 79, 81 83, 85, 86, 87, 89, 92, 93, 95
Reproduktionen aus Literatur: 31 (AGA), 33 (Das schöne Zeitz, um 1935), 37 (R. A. KOCH u. a. 1983, aus GESNER 1565), 57 (W. ARNOLD u. a. aus de Marsigli 1723), 63 Ansichtskarte um 1950

Ortsverzeichnis

Personenverzeichnis

(Seite mit * enthält Porträt)